普通高等教育经管类专业系列教材

财经应用文写作

（第二版）（微课版）

秦效宏　递　春　主　编
梁林蒙　史高峰　副主编

清华大学出版社
北　京

内 容 简 介

本书旨在帮助读者掌握各种常用财经应用文的写作方法。全书共9个模块，主要内容包括财经应用文写作基础，请柬、邀请函、感谢信、慰问信、庆贺信、欢迎词、欢送词、讲话稿等财经礼仪文书写作，通告、通知、通报、报告、请示、批复、函、会议纪要等财经公务文书写作，广告文案、推广类电商文案、商务函、产品说明书、财经新闻、规章制度等财经信息文书写作，条据、合同、招标书、投标书、经济纠纷文书、仲裁文书等财经法律文书写作，市场调查报告、市场预测报告、可行性研究报告、经济活动分析报告等财经报告文书写作，财经工作计划、财经工作总结、商业计划书、营销策划书等财经计划文书写作，职业生涯规划书、求职文书、述职报告、申请书等财经个人职业管理文书写作，财经学术论文、财经毕业论文、科研课题申报书等财经研究文书写作。

本书可作为高等院校财经类、管理类专业相关课程的教材，也可作为各行各业人士学习财经应用文写作的参考书。

本书配套的电子课件可以到 http://www.tupwk.com.cn/downpage 网站下载，也可以扫描前言中的二维码获取。扫描前言中的视频二维码可以直接观看教学视频。

图书在版编目(CIP)数据

财经应用文写作：微课版 / 秦效宏，递春主编. —2版.— 北京：清华大学出版社，2023.7
普通高等教育经管类专业系列教材
ISBN 978-7-302-63999-2

Ⅰ．①财… Ⅱ．①秦… ②递… Ⅲ．①经济—应用文—写作—高等学校—教材 Ⅳ．①F

中国国家版本馆 CIP 数据核字 (2023) 第 110882 号

责任编辑：胡辰浩
封面设计：周晓亮
版式设计：妙思品位
责任校对：成凤进
责任印制：杨 艳

出版发行：清华大学出版社
网　　　址：http://www.tup.com.cn，http://www.wqbook.com
地　　　址：北京清华大学学研大厦 A 座　　　　邮　　编：100084
社 总 机：010-83470000　　　　邮　　购：010-62786544
投稿与读者服务：010-62776969，c-service@tup.tsinghua.edu.cn
质 量 反 馈：010-62772015，zhiliang@tup.tsinghua.edu.cn
印 装 者：三河市龙大印装有限公司
经　　销：全国新华书店
开　　本：185mm×260mm　　　印　　张：17.5　　　字　　数：415 千字
版　　次：2018 年 8 月第 1 版　　2023 年 7 月第 2 版　　印　　次：2023 年 7 月第 1 次印刷
定　　价：76.00 元

产品编号：098819-01

应用文是人类在长期社会实践活动中形成的一种文体，具有独特的惯用格式，是人们传递信息、处理事务、交流情感的工具。随着社会的发展和科学技术的进步，应用文也将发挥越来越重要的作用，逐渐成为管理国家、处理政务、传递信息、发展科学，以及进行社会交往、思想交流的重要工具。财经应用文写作不仅是高校财经类和管理类相关专业的一门基础课，也是财经工作者经常需要面对的一种写作实践。因此，熟练掌握财经应用文写作的方法，不仅是经济管理活动的具体要求，还是社会经济发展的必然趋势。

随着网络信息时代的来临，越来越多的人逐步弱化了基本的写作能力。各种数码通信设备上输入法的频繁使用，导致人们对汉字、词语越来越陌生。更可怕的是，人们对行文结构、逻辑、文字表达也缺少应有的思考。对于财经应用文而言，完善的内容、合理的结构、清晰的逻辑，以及准确流畅的文字表达是非常必要的。

本书以提高财经应用文写作能力为目的，希望通过对本书的学习，读者能够掌握各种常用财经应用文的写作方法，为将来的学习、工作和生活提供帮助。

本书共分9个模块，各模块内容如下。

模块一主要介绍了财经应用文基础知识，包括财经应用文的含义、特点、作用和类别，以及财经应用文的写作思路与撰写财经应用文应该具备的能力。

模块二主要介绍了财经礼仪文书写作，包括常见的请柬、邀请函、感谢信、慰问信、庆贺信、欢迎词、欢送词和讲话稿的写作方法。

模块三主要介绍了财经公务文书写作，包括常见的通告、通知、通报、报告、请示、批复、函和会议纪要的写作方法。

模块四主要介绍了财经信息文书写作，包括常见的广告文案、推广类电商文案、商务函、产品说明书、财经新闻和规则制度的写作方法。

模块五主要介绍了财经法律文书写作，包括常见的条据、合同、招标书、投标书、经济纠纷文书和仲裁文书的写作方法。

模块六主要介绍了财经报告文书写作，包括常见的市场调查报告、市场预测报告、可行性研究报告和经济活动分析报告的写作方法。

模块七主要介绍了财经计划文书写作，包括常见的财经工作计划、财经工作总结、商业计划书和营销策划书的写作方法。

模块八主要介绍了财经个人职业管理文书写作，包括常见的职业生涯规划书、求职文书、述职报告和申请书的写作方法。

模块九主要介绍了财经研究文书写作，包括常见的财经学术论文、财经毕业论文和科研课题申报书的写作方法。

本书由西京学院秦效宏、递春担任主编，梁林蒙、史高峰担任副主编。全书共分9个模块，第一至第五模块由秦效宏编写，第六至第九模块由递春编写，梁林蒙、史高峰负责编写各模块案例。全书由递春负责统稿，秦效宏负责审定。

本书在编写过程中借鉴和吸收了国内同类教材的大量资料和优点，书中列出的参考文献仅是其中的一部分，还有很多没有列出，在此谨向这些文献的作者致以诚挚的敬意并表示感谢。

由于作者水平有限，书中难免有错误与不足之处，恳请专家和广大读者批评指正。我们的电话是010-62796045，邮箱是992116@qq.com。

本书配套的电子课件可以到http://www.tupwk.com.cn/downpage网站下载，也可以扫描下方的"配套资源"二维码获取。扫描下方的"看视频"二维码可以直接观看教学视频。

扫描下载

配套资源

扫一扫

看视频

编　者
2023年3月

目录

财经应用文写作基础

随着社会经济的发展，各种经济活动变得越来越频繁和重要，这就使得财经应用文有了更加广阔的应用前景。财经应用文是社会经济活动中经济组织之间，以及个人与经济组织之间进行必要经济活动的交流媒介，在保证社会经济活动的规范性、有效性、持续性方面起着重要作用。财经应用文是应用文的一个分支，它能够为经济活动提供必要的文字资料，以确保经济活动能够顺利开展。

本模块将介绍财经应用文基础知识，只有理解了财经应用文写作的基础知识，才能更好地掌握各种财经应用文的写作方法和技巧。

▶ 学习任务

- 认识应用文与财经应用文
- 掌握财经应用文写作基础知识

【写作故事】

三纸无驴

《颜氏家训》的《勉学》篇中记载了一则博士买驴的笑话。当时有个博士，熟读四书五经，满肚子都是经文。他非常欣赏自己，做什么事都要咬文嚼字一番。

有一天，博士家的一头驴子死了，他准备到市场上再买一头。双方讲好价后，博士要卖驴的写一份凭据。卖驴的表示自己不识字，请博士代写，博士马上答应。卖驴的当即借来笔墨纸砚，博士马上书写起来。他写得非常认真，过了好长时间，三张纸上都是密密麻麻的字，才算写成。卖驴的请博士念给他听，博士干咳了一声，便摇头晃脑地念了起来，过路人都围上来听。

过了好半天，博士才念完凭据。卖驴的听后不理解地问博士说："先生写了满满三张纸，怎么连个驴字也没有呀？其实，只要写上某月某日我卖给你一头驴子，收了你多少钱，也就完了，为什么唠唠叨叨地写这么多呢？"

在旁观看的人听了，都哄笑起来。这件事传开后，有人编了几句讽刺性的话："博士买驴，书券三纸，未有驴字。"后来，人们形容写文章或讲话不得要领，虽然写了一大篇，说了一大堆，但都离题很远为"博士买驴"，或叫"三纸无驴"，也就是所谓的"下笔千言，离题万里"。

任务一 认识应用文与财经应用文

应用文是人类在长期的社会实践活动中形成的一种文体，主要用于以明文规定或约定俗成的惯用格式来传递信息和处理事务。财经应用文是应用文中的一种，主要用于处理各种与经济活动相关的事宜。

一、应用文的含义与特点

严格来讲，应用文并没有统一和准确的定义。就写作目的而言，应用文的写作目的是解决实际的公务或个人问题，这与以艺术创作为目的的文学写作有所区别。因此可以说，应用文是带有某种固定格式的、用于解决实际问题的一类文体。

应用文一般具有以下显著特点。

（一）实用性强

应用文在内容上十分重视实用性，因为应用文主要用于处理各种事务、解决各种实际问题，所以它具有实用性。

（二）真实性强

应用文叙述的事实是客观存在的，如一些党政公务，它所传达的上级指示精神是确定的，不能经过任何艺术加工，所以具有真实性。

（三）针对性强

应用文根据不同的领域、不同的具体业务、不同的行文目的，使用不同的文种，所以具有针对性。

（四）时效性强

应用文在传递信息、解决实际问题等方面具有很好的效果，但是须注意时间和效率，讲究时效性。

（五）固定格式

应用文有其惯用的格式和风格。一些应用文的格式是国家法律法规明文规定的，一些应用文的格式是在长期写作过程中逐渐形成的。应用文格式的固定，既提高了应用文的传达效率，又更好地发挥了它作为工具的作用。

二、财经应用文的含义与特点

财经应用文是指在财经活动中形成、发展起来的和在财经工作中经常使用的应用文，它是记录财经活动实践者成果的载体。在进行财经应用文写作时，总是关系到作者、作品、读者及作品所反映的财经活动等多个写作要素。而财经应用文写作的任务就是研究这四种要素在整个写作活动中表现出的特点、规律及处理技巧。

财经应用文写作作为应用文写作的分支，它更注重文章的应用性，这主要表现在以下3个方面。一是使用性主体，即指从事财经应用文写作的主体是这种书面文字材料的直接使用者或间接使用者，该使用群体既可以是从事财经工作的行政管理单位、社会团体，也可以是财经工作领域以外从事财经活动的单位和个体。主体的社会性、团体性得到了强化，而个性得到了弱化，这就使文章内容在表现过程中，不能抒发个性张扬的感情，而应完全遵从客观性和写实性冷静地进行表现。二是实用性价值，指财经应用文写作所形成的文字书面材料能帮助人们解决具体问题、处理具体事务、提供决策依据、咨询业务信息，具有很强的实用性价值。三是惯用性格式，指财经应用文写作所形成的文字书面材料在长期的写作实践过程中，逐步地约定俗成或法定而成一种规范惯用的形式。这种格式的形成大大提高了财经应用文写作的方便性和频率，极大地拓展了财经应用文写作的应用对象和范围。

财经应用文具备一般文章所具有的特点，如观点明确、结构严谨、层次清晰、轻重分明等，但同时又具有以下独有的特点。

（一）政策性

财经应用文写作产生于财经业务活动的需要，又直接受财经业务活动的制约。国家机关、社会团体、企事业单位和其他经济组织的财经业务活动，都是在国家的财经法规、规章、政策的指导下进行的，作为反映财经业务活动的财经应用文写作必然要有国家的财经法规、政策作为写作的依据。财经应用文写作的内容要符合国家财经政策法规，不能存在与国家财经政策法规相左的内容。同时在有些情况下，财经应用文写作的过程就是对国家财经政策的宣传、贯彻和落实，如法规性通知、意见、规章制度等。财经应用文写作成果本身就是某一政策的载体，由此可见，财经应用文写作的内容具有很强的政策性。

（二）真实性

真实性是对财经应用文内容的根本要求。无论是财经应用文写作的通用文书还是专业文书，在内容上都应是真实的，所反映的事件、处理的事务、发生的时间、引用的数字都应完全真实可靠，和实际情况没有出入，绝不允许任意编造、弄虚作假。

另外，财经应用文的写作反映财经活动中的客观事物不能只局限在表面的真实，还应反映财经实践活动的客观规律，即本质上的真实。否则，即使写的确有其事、其人、其数，但因这些人、事、数据只是客观规律的外在表现，而没有反映事物的本质，同样也会造成财经应用文内容的失真。

（三）客观性

客观性主要指财经应用文写作主体反映财经活动内容的态度。在反映内容的态度上，作者应客观表现，应如实地反映财经业务活动中的各种事物、事件、问题、数据，不能人为、主观地夸大或缩小，甚至虚构想象，导致财经应用文写作失真，从而在客观管理实施中造成失误。这点尤其要引起我们在财经应用文写作中的注意，一定要审慎行事，客观真实地反映财经业务活动中的每件事、每种情况或每个问题，万不可随心所欲。例如，粗枝大叶会造成反映信息失真，造成决策失误，引起不良的后果。

（四）专业性

财经应用文反映的是财经领域的经济活动，传递的是各项财经工作的信息，这要求财经应用文应具备较强的专业性，主要表现在以下3个方面。

1. 内容的专业性

财经应用文写作的最终成果就是各种财经应用文，它们主要运用于财经领域的各管理部门，反映的内容主要是具体的财经业务活动，具有显著的专业色彩。

2. 语言表述的专业性

财经应用文结合了许多经济学和管理学方面的原理和方法，使用了较多的财经专业术语，运用了大量的统计数据、图表来说明问题，具有明显区别于其他专业应用文的语言表述。

例如，经济活动分析的全过程需要运用大量数据来说明。在生产、分配、交换、消费的各个环节，小至一个企业的资金、成本、利润、产值、消耗等，大至一个国家的国民经济计划安排、社会发展预算和产业比例设置等，都要运用数据来监测、鉴定和衡量，都要运用统计、财务、会计、财政、税收、金融、投资等相关专业知识进行分析和预测。

3. 作者的专业性

内容的专业性和语言表述的专业性决定了财经应用文作者的专业性。财经应用文的作者必须熟悉并掌握财经领域的运行规律，了解各项财经工作的特点，判断不同财经信息的价值，发现财经活动中的新事物或新问题，提出解决问题的办法，预测经济活动的走向。

现在民间各种从事财经写作的组织实体得到了迅速发展，如各类咨询公司、理财公司、律师事务所、会计师事务所、审计师事务所、调查公司等都是高素质、专业化的专职人员来为从事财经活动的各类顾客提供服务。财经应用文写作的专业化、社会化、服务化是未来发展的方向。

（五）规范性

虽然财经应用文的文体繁多、形式各样，但这并不影响它的规范性。文种的规范性、格式的规范性、语言的规范性等，都体现了财经应用文的规范性这一特点。

1. 文种的规范性

不同文种有其不同的撰写方式。例如，市场调查报告、经济管理决策报告适用叙述方式撰写；商业广告、产品说明书适用说明方式撰写。

2. 格式的规范性

财经应用文的格式包括法定格式和惯用格式。法定格式即强制规定的格式，如《党政机关公文处理工作条例》对党政公文的写作格式做了明确规定。惯用格式即在长期使用过程中逐渐形成并被承认和接受的约定俗成的格式，如经济合同、招标书和投标书等的写作格式。

3. 语言的规范性

财经应用文的写作必须使用规范的财经语言，包括财经专业术语和数据、图示、缩写、符号、计量单位等，其都应符合财经领域的专业规范。

（六）实用性

财经应用文的实用性是指财经应用文作者在文中所提出的办法、措施要切实可行。财经应用文的写作目的并不是供人欣赏和收藏，而是回答和解决人们在经济领域中所发现和提出的各种问题，服务经济生活、经济活动、财经工作和经济建设的需要，推动国民经济持续、稳定、健康地向前发展。因此，财经应用文必须遵循实用性原则，这样才能据以办事、解决实际问题。

（七）时效性

财经应用文一般用于在特定时间内处理特定问题，具有一定的时效性。例如，通告、通知、批复等，一旦工作完成，就失去效用，转为档案备查；又如，市场调查报告、投标书、市场预测报告等，都是针对不同项目、在不同时期所做的工作，一旦错过时机，所做的工作就会付之东流。随着经济活动节奏的加快，机关、企事业单位的工作效率也会加快，这必然要求为之服务的财经应用文更加迅捷、高效。

（八）简约性

财经应用文的实用性，决定了其语言的简约性。语言的简约主要表现在概念清楚、详略得当、轻重分明、说理明确、表意简明上。简约性是现代社会财经应用文写作的要求，篇幅短小、简洁明了才能适应现代经济生活快节奏、高效率的需要。语言的简约性要求作者选用内涵丰富的词语，少花笔墨、多用直笔，语言通俗易懂。

三、财经应用文的作用

财经应用文对现代经济活动的进行和社会经济的发展起着重要作用，而由于党政机关、企事业单位、社会团体等市场主体之间的经济业务活动日趋频繁，其对财经应用文的重视也达到了前所未有的高度。财经应用文在经济全球化背景下的经济建设中发挥着越来越大的作用。

（一）有助于科学决策，加强财经管理

无论是国家制定的国民经济发展战略和规划、确定的经济目标，还是发布的与财经政策相关的文件，财经应用文都是这些对象的应用手段和载体。同样，无论是企业在前期进行市场调查、市场预测、行政请示，还是在项目实施过程中书写实施方案，招标、投标书，

各种工作通知、报告，订立经济合同，或是项目结束后撰写工作总结报告和产品说明书等，都需要运用财经应用文来落实具体的工作任务，利用财经应用文来指导财经工作、加强对财经工作的管理。

（二）有助于反映经济业务活动，提高经济管理效率

财经应用文在记录财经工作内容、反映经济业务活动情况的同时，还用文字记载了财经管理的要求和经济业务活动的情况，从而具备了反映经济业务活动的功能，并成为从事财经管理工作和经济业务活动的凭证。这种作用具体体现在以下3个方面。

(1) 相关部门在制定经济政策、做出财经决策时，可以把财经应用文所反映的客观事实作为依据和凭证。

(2) 下级机关、企事业单位在开展工作、处理问题时，上级机关发布的有关法规、指示、决定等文件是执行任务和解决问题的重要依据和凭证。事业单位在进行奖惩时，相关规章也是奖惩执行的依据。

(3) 有些财经应用文不仅能指导当时的各项财经工作，在归档后也能对今后的经济工作起到查考、凭证的作用，具有重要的史料价值。

在经济管理方面，各市场主体在开展财经业务活动时要讲究规范性和效率性，要按照国内外市场惯例、准则来规范活动行为，不能随心所欲、杂乱无章地从事财经业务活动，而应当在规范管理、规范经营的基础上提高自身的工作效率。财经应用文可以在这方面起到积极作用，如各种法规性公文、规章制度、审计报告、合同、经济纠纷诉状等，都有助于有效提高管理效率。

（三）有助于宣传政策，传播财经信息

经济应用文有不少文种，如决定、通知、通报、条例等，其本身就是政策载体，用来宣传党和国家的方针政策，以及表彰先进、批评错误、推广经验等。在市场经济条件下，信息不仅是一种资源，还是一种产业。财经工作离不开对信息的搜集与传播，作为信息的载体，财经应用文在上传下达、内外交流、宣传产品和树立企业形象方面发挥着越来越重要的作用。

（四）有助于沟通联系，开发智能

财经应用文是加强上下级联系的纽带，也是同市场中各经济实体进行财经业务联系的有效工具。例如，上下级间的上情下达、下情上报，各单位之间的信息交流、经验交流，各经济实体之间的业务往来等，都要通过相应财经应用文写作的载体来进行联系、连接。财经应用文写作是一种复杂的精神活动，是一种智能产品，其写作过程中有选材、构思和表述三个步骤。在这些步骤中，必须充分调动写作主体的感受能力、想象能力、分析能力、判断能力、结构能力和语言能力，在写作主体各种智能和非智能因素的共同作用下，才能使感性认识上升到理性认识，使原汁原味的材料抽象出规律性的观点，使内在构思变为具体有据、有理、有序、有言的写作成果。因此，财经应用文的整个写作实践过程有利于智能的开发。

任务二 掌握财经应用文写作基础知识

一、财经应用文的类别

财经应用文因其写作目的不同、使用对象不同等原因，有着不同的分类标准。一般而言，可以将财经应用文按照文种性质的不同进行分类，其中包括财经公务文书、财经报告文书、财经宣传文书、财经计划文书、财经礼仪文书、财经法律文书、财经个人职业管理文书、财经研究文书等。

（一）财经公务文书

公务文书是指党政机关、企事业单位、社会团体在处理公务时通常使用的文书。这类文书各行各业都要使用，主要包括公告、通告、通知、通报、意见、请示、批复、会议纪要与函等。财经公务文书也属于公务文书的范畴，即由财经部门或财经人员写作和发布的与财经活动相关的公文。

根据《党政机关公文处理工作条例》的规定，党政机关公文共有15种，分别是决议、决定、命令、公报、公告、通告、意见、通知、通报、报告、请示、批复、议案、函和纪要，其中纪要通常指会议纪要。

（二）财经报告文书

财经报告文书主要指调研决策类报告文书，即在经济活动开展的不同阶段、经济项目实施的不同环节所使用的专业性较强的文书。市场调查报告、市场预测报告、财务分析报告、可行性分析报告、审计报告与财务预决算报告等，均属于财经报告文书。

（三）财经宣传文书

财经宣传文书指在商务活动中可以帮助各单位、各部门进行传播与宣传，或有利于宣传销售产品的重要文书，它能够有效地帮助企业在市场上与其他产品进行竞争。产品说明书、财经新闻、经济评论与广告文案等均属于财经宣传文书。

（四）财经计划文书

财经计划文书是财经活动中主体为达到某一目标或完成某一任务，针对目标或任务完成前特定时段工作的设计和安排类文书。财经计划、商业计划书、营销策划书均属于财经计划文书。

（五）财经礼仪文书

财经礼仪文书是指在财经活动中，单位、集体或个人在迎来送往、节日庆典、致谢慰问等各种礼仪和仪式中，以及其他社交场合用以表示礼节、抒发感情、具有较规范固定格式的一种应用文。财经礼仪文书能够密切人际关系，增强友好气氛，是显示礼貌风范的一种重要工具，有利于建立良好的工作关系，促进双方事业的发展。请柬、邀请函、感谢信、慰问信、欢迎词、演讲稿等都属于此类文书。

（六）财经法律文书

财经法律文书是人们在经济诉讼程序中所使用的格式相对固定的专门的法律文书的总称。财经法律文书不仅可以维护当事人的合法权益和社会经济秩序，还是法院及仲裁机构处理、调解和判决经济纠纷的重要依据。财经纠纷文书、财经契约文书均属于此类文书。

（七）财经个人职业管理文书

财经个人职业管理文书是人们在从事财经工作的过程中，用以对个人的职业活动进行管理的文书。职业生涯规划书、求职信、简历、劳动合同、述职报告属于此类文书。

（八）财经研究文书

财经研究文书是人们在财经研究中所使用的各类文书的总称，财经研究文书可以反映财经活动中的新动态、新情况、新经验、新问题，并认真地加以剖析研究，从而探索和发现财经活动的发展规律，为制定经济方针、政策做出决策，提供科学的依据。财经论文、财经类课题申报书都属于此类文书。

二、财经应用文的写作思路

财经应用文的种类很多，但写作思路都是相似的，整体思路大致可以划分为3个阶段，即准备阶段、写作阶段和校验阶段。其中，准备阶段包括对财经应用文主题的明确和材料的搜集；写作阶段分为财经应用文框架的创建和内容的写作；而校验阶段则为检查校验已经写好的文章。

（一）明确主题

明确主题就是要弄清这份财经应用文的写作目的是什么。主题的形成大致有以下3种情况。

(1) 主题在成文前确定，即所谓的"主题先行"，这也是财经应用文有别于其他文体的特点之一。根据领导意图、上级有关精神，或有关文件、政策等的要求，预先确定一个主题，再围绕它组织材料、实施写作。因此，财经应用文的主题不是通过提炼产生的，而是预先确定的。

(2) 有时在领会上级有关精神后，确立的只是一个临时的主题。围绕该主题进行调研后，再对得到的材料进行分析、归纳，此时产生的结论才是真正的主题。

(3) 如果调研后对原先的主题进行了修改，那么就需要重新确定主题。

实际上，以上这3种主题的产生情况是相辅相成的，互相运用才能确定出最好的主题。明确主题后，为了更好地搜集资料并着手写作，还应该思考这篇财经应用文应该选择什么文种、受文对象和范围如何、主要写什么内容等，具体如下。

选择文种：给上级领导的文书，应该写报告还是请示？如果写报告，应该写专题报告还是综合报告？如果写请示，应该写请求批准的请示还是请求指示的请示？写给下级的文书，应该用针对下级机关的请示、意见被动式行文，还是发现普遍存在的问题而主动发文？如果是写批复，应该写指示性批复还是批准性批复？

弄清财经应用文发送的对象和范围：主要是弄清财经应用文拟制后，是向上级领导汇报，还是向下级机关指导工作，或是给领导和机关人员阅读，又或是向其他团体传递某种信息等；弄清了发文对象和范围，也可以进一步判断文种的选择是否正确。

财经应用文的主要写作内容：如果是写报告，则要思考汇报什么内容，或反映什么情况；如果是写请示、意见，则需思考要上级审批什么、指示什么，还是解决什么问题；如果是写通知，则需要思考是安排任务，还是传达信息或精神等。

（二）搜集资料

发文的目的和主题确定后，要围绕主题搜集资料，并进行一定的调研工作。搜集资料和调研是一个需要充分酝酿和构思的过程，通过对大量材料的搜集、掌握与分析，可以更加透彻地理解财经应用文的主题。当然，这里所说的搜集资料，针对的是工作计划、调查报告等内容较复杂的文种，而不是通知、请示、公告等相对简单的文种，虽然这类公文也需要搜集资料，但过程比较简单，也不需要酝酿和分析。

假设需要搜集撰写部门年度工作报告的资料，可以从以下几个方面着手。

(1) 国家的有关方针政策。

(2) 上级的有关精神、要求和布置的任务。

(3) 本部门去年的工作报告和本年度的工作计划。

(4) 上级机关下达的工作计划。

(5) 本部门一年来制发的主要文书，下级机关单位报送的工作报告、统计报表，有关重要会议的文件，本部门大事记等。

（三）创建框架

创建框架指拟制财经应用文写作的提纲，安排财经应用文的结构。简短的文书不需要拟制提纲就可以直接写作，但对于篇幅较长的财经应用文，拟制一个写作提纲可以使作者更熟悉它的结构，有利于作者顺利进行写作，避免半路返工。

拟制提纲前，可以思考先写什么，再写什么，内容一共分几段、分几层等。篇幅长的、非常重要的文书，需拟出较详细的提纲，如正文分为几部分，每部分讲哪些内容，各个内容的要点是什么等。提纲也有反复修改、补充的过程，即拟出提纲后还需要进行反复讨论、修改、补充，以保证后期写作时不会偏题或跑题。

（四）撰写内容

撰写内容就是开始财经应用文的起草。这个过程一是要注意财经应用文的观点鲜明，观点和材料要充分结合；二是文字要简练，交代的问题要清楚。只有观点和材料结合得好，才能使这篇财经应用文写作符合准确性、鲜明性、生动性的要求。例如，只有观点而没有材料，受文对象就很难理解观点，或者即使理解观点后，也不知道怎么学习、怎么贯彻等；而只有材料没有观点，受文对象就更不知道应该学习什么和贯彻什么了。

（五）检查校验

财经应用文的内容拟定后，一定要反复多看几遍，并耐心仔细地检查、修改，通过检查、修改既可提高文件质量，也为领导顺利审核签发这份文件打下了良好基础。好的文书都是反复修改出来的，财经应用文更是如此。例如，删除可有可无的语句和段落，改正没有说清楚的地方，使观点更加鲜明；推敲词句，调整结构，使表达更加准确得当。

三、财经应用文写作应具备的能力

财经应用文因其特有的专业性，要求作者应当具备一定的专业能力，这样才能在写作时得心应手，最终写出高质量的文书。

（一）熟悉经济理论和国家政策

要想熟练地进行财经应用文的写作，作者应具备一定的政策理论水平。任何社会工作的顺利开展都离不开政策理论的指导与制约，财经工作同样如此，它的开展也不能离开党和国家的方针政策及理论的正确指导与宏观制约。因此，要想写好财经应用文，就应当认真研究党和国家的路线方针，加强政策理论学习。

（二）具备综合分析能力

综合分析指将对象的各个部分、各个方面、各个环节、各个因素都联系起来加以整体分析，它是认识事物、形成概念的重要思维方法。综合分析能力是写好财经应用文应具备的能力之一。只有依靠作者的分析能力和综合判断能力，对现象进行研究分析，才能找出问题所在。综合分析能力的强与弱，可以决定一篇财经应用文质量的高与低。

（三）具备逻辑判断能力

在财经应用文写作中，要想得出正确的概念，或给客观事物做出正确的判断，必须依靠较强的逻辑判断能力，通过综合、比较、抽象、概括等方法对经济现象进行分析，反映经济现象的本质，体现经济现象的内在联系及经济工作的内部规律。因此，财经应用文作者应当有意识地进行逻辑判断能力的训练，努力做到能够全面、具体、严密、深刻地思考和分析客观事物，并正确地通过财经应用文表现出来。

（四）具备财经业务能力

高质量的财经应用文的作者无疑是非常熟悉经济业务的。应用文写得好不好、问题揭示得深不深入、制定的规章起不起作用，与作者是否熟悉经济业务有着十分密切的关系。专业性强的财经应用文，会要求作者具有较强的业务能力。只有平时多学习、多思考，通过不断地积累和总结，不断提高财经业务能力，才能胜任财经应用文撰写工作。

四、财经应用文的写作规范

财经应用文作为应用文的一种，应遵守一定的写作规范，写作内容应符合要求。一般来说，财经应用文写作应满足下面5个方面要求。

（一）观点正确

经济与政治密切相关，党和国家的路线、方针和经济政策、法规等是一切经济部门、单位工作的根本依据，财经应用文中表述的经济现象和财经工作成果也与国家、社会的发展息息相关，财经工作直接关系国计民生。因此，财经应用文写作必须要有鲜明的政治性和政策性，无论是起草公文，还是拟写财经专业文书等，均要以法规政策为依据，维护党和人民的利益，保证政治正确，这是财经应用文写作的基本要求。

（二）格式规范

财经应用文中的文书，不仅包括财经事务文书、财经诉讼文书、财经报告文书和财经契约文书等，还包括请示、通报、函等党政机关公文。这类公文是人们在一定范围内的行动准则与规范，具有明显的规范和约束作用，甚至某些文种还具备法律效力，一旦生效，党政机关或企事业单位也可通过强制手段保证公文的执行。因此，财经应用文的写作必须规范标准，这样才能更好地维护它的权威性与严肃性。此外，财经应用文在应用的过程中大多形成了一定的惯用格式，内容构成要素、前后顺序、行文格式、书写位置及习惯用语等，都有一定的规范与要求，并被社会公众认可。因此，财经应用文作者必须遵循规范的格式进行写作，这样才能达到财经应用文写作的目的。

（三）专业与严谨

财经应用文的作者需要有较强的专业知识和经济基础理论知识，因为财经工作涉及的方面很广，有农、商、服务、财务、金融、税收、审计等方面，还包括各级民营企业、国有企业、个体户等经济体。财经应用文作者只有熟悉自己所处系统内的业务、了解行业知识、熟悉该领域内的专业术语，才能写出符合财经工作客观实际的文章；如果不熟悉本行、本职业务，则会说外行话，乱用专业词汇，以至于表述不当，让读者缺失信任感，从而发挥不了财经应用文的效用。

（四）求真准确

财经应用文具有一定的政策性与严谨性，真实、准确是这类文书的显著特征。因此，在财经应用文的写作过程中，一定要保持求真务实的工作作风，慎重选择写作财经应用文时使用的数据与资料，一丝不苟地进行反复核对，确保数据与资料的来源可靠，展现客观事物的本来面貌，做到"文真意切"。

（五）语言精当

《文心雕龙·议对》有言："文以辨洁为能，不以繁缛为巧；事以明核为美，不以环隐为奇。"这是要求人们在写作文章，尤其是论说文的时候，以说理明晰、言约义丰为佳；文章阐述的道理、例证的事实也应忌用艰涩、隐晦的语言，以明白、简练为佳。财经应用文也应遵循这样的道理。《易经》上说"修辞立其诚"，即要求语言措辞准确、实事求是，做到"不以巧辩饰其非，不以华辞文其失"。

因此，财经应用文的文辞要少文饰、忌奇巧，强调行文简明、清丽、诚实、得体；表达的意思要清楚、贴切，不引起歧义或误解。财经应用文应叙事完整，而又长话短说，做到篇中无冗章、句中无冗字，在提倡朴素求实的前提下，达到与写作目的、写作事项的和谐一致，这样会对文章欲达到的预期效果提供很大的帮助。

五、财经应用文主题

主题又称主旨、立意，是通过文章的具体材料传递给读者的中心思想。主题奠定了整篇文章的写作基调，为文章的后续展开起到引导和指示的作用。

（一）财经应用文主题的特点

文章的主题是文章的中心，对文章内容的选取、铺陈具有决定性作用。综合来看，财经应用文的主题具有以下特点。

1. 与时俱进

财经工作与当代社会的发展、企事业单位的发展密切相关，是特定历史时期经济现象和财经活动的反映。因此，财经应用文的写作主题必须与现状相适应，体现鲜明的时代特征。

2. 制约性

财经应用文写作总会受到一些主客观因素的制约。财经应用文写作作为被动式写作，其主题的提炼、确定并不完全取决于作者自己，势必会受到领导、决策部门、具体事项、约稿对象的制约。此外，财经应用文写作也会受到国家有关法律、规定、方针、政策，以及具体实际情况和行文规则等的制约。

3. 客观性

财经应用文要求对人、对事的分析、评价应站在客观的立场上。财经应用文作者必须在符合国家法律，党的路线、方针、政策，以及企事业单位等的规定的前提下做出公正、客观的判断。因此，财经应用文主题必须具有较强的社会性、公正性与客观性。

（二）确定主题的方法

财经应用文的种类繁多，根据不同的划分标准可以确定出不同的主题。一般来说，可以根据以下3种情况来确定财经应用文的主题。

1. 以任务为主

财经应用文写作一般以我国阶段性的任务为主题内容，如旅游发展、城市建设、乡村振兴等都可能成为财经应用文的主题。不同的地区、不同的发展阶段，财经应用文的写作主题也各不相同。因此，在财经应用文的写作中，要学会结合当前发展任务的大环境，结合实际，挑选具有现实社会意义的话题作为文章写作的主题。

2. 以领导意图为主

财经应用文作为一种被动式写作，领导意图是确定其主题的依据之一。财经应用文作者应学会根据领导意图和工作需求对主题进行立意，定位文章主题思想。例如，领导者提出需要优化财政支出，以保证对重点项目的支持，那么"优化支出结构"就可以成为财经应用写作的主题。

3. 以材料为主

财经应用文需要以丰富的经济现象和经济生活资料为基础，花时间分析出来的关于这些经济活动的规律也是形成主题的必要条件。因为资料如果在文章中占据较大篇幅，也会构成体现主题的一大内容，也可根据收集的资料来确定本次写作的主题(当然资料必须实用、真实)。例如，一篇名为《××区苹果种植基地建设可行性分析报告》的文章，其内容就是在生产技术、生产过程、经济效益等客观真实资料的基础上写作而成的，主题一目了然。

（三）财经应用文主题的写作方法

在思考财经应用文主题时，需要掌握财经应用文主题的基本要求和突显主题的方法，下面分别对此进行介绍。

1. 主题的基本要求

财经应用文的主题对文章结构的安排、资料的取舍、语言表达手法的运用等都起着决定性的作用，因此对主题的写作应有所要求，具体内容如下。

主题先行：财经应用文写作常常是先确定主题，再组织写作资料。这类应用文通常依据领导的意图写作，或者为了解工作问题而写作，以事为主、意在笔先，针对性与实用性更强。主题事先确认，再按领导的要求或事先确定好的主题选择资料展开写作，才能明确体现文章中心。

单一集中：不管什么文章，都切忌主题分散、旨意不明，财经应用文也不例外。财经应用文写作要求一文一事、主题集中、内容单一，即便篇幅较长，也应只针对一个中心进行写作。

鲜明突出：财经应用文写作需要将文章主题突显出来，清晰、明确地表达出自己的观点。无论是需要阐述的事实、批评或表彰的事项，还是需要表达的意见或者主张，都要注意写作重心能被一把抓住，不拖泥带水，干脆利落、旗帜鲜明。

2. 突显主题的方法

有些作者即便确定了主题，在写作时也常出现中心分散的问题，从而导致文章表意含糊，显得写作没有重心，即便读完文章，读者也会因为内容混杂而很难明白作者的意图。因此，在写作时作者还需注意在文章中将本篇主旨明确地表现出来，起到"点题"的作用。

标题点题：标题点题就是在标题中直接点明主题，将文章的中心内容面向读者。要做到标题点题，一般可以选择用关键词、关键字将文章的主要内容串联起来，从而形成准确、简洁、醒目的标题。例如，一篇名为《××年××公司第三季度财务分析报告》的文章，一下就能让读者明白这是一篇关于公司财务、盈利情况、收支情况等相关数据的财务分析报告。

开篇显题：开篇显题即在文章开篇就开门见山、直接点题，将中心意义、主张或基本观点放在文章的开头。这种写作手法有利于增强文章的说服力，让读者在一开始阅读时就能体会到文章的核心观点，而后面的正文实际上是对主题的细节性描述，使读者的思考重心不知不觉地转移到作者期望其关注的地方，大大增强达到写作目的的可能性。

段首点题：段首点题可以分为两种，一种是在文中各段段首处重复点题，这样可以起到渲染与强调的作用，但要注意文章结构，点题不要过多；另一种就是将文章主题以合理的逻辑关系分成几部分，每部分用一个小标题或段首句来显示，将零散的观点综合起来就是主题，类似于"总分结构""中的"分"。

文中点题：在文中点题的较好方法是在文中的关键处或醒目处点题。例如，在文章内容的转换处揭示主题，能起到高举主张、突出主题的作用。

首尾显题：指正文的开头和结尾前后呼应，突出主题。常见的首尾显题的结构是开篇提出问题，或者点明题意，篇末再彰显主题。

六、财经应用文结构

结构是指文章内容的组织和构造，作为一个汉语词汇，结构的意思可以理解为对组成整体的各部分的组织与安排。衍生到写作层面，结构则是指对文章内容的具体安排，也就是要求作者能按照文章主旨的需要恰当地对文章涉及的资料进行合理的组织，然后依据这种组织安排来写作文章。这种组织好的行文方式就被称为结构，也叫谋篇布局。

财经应用文结构可以分为两层：一层是宏观结构，即文章的总体构思、整体框架设计等；另一层是微观结构，即文章结构的具体内容，包括标题、开头、主体、结尾、落款、附件，以及段落与层次、过渡与照应等结构要素的设计。大部分的应用文都有固定的格式，下面将进行具体介绍。

（一）财经应用文结构的特点

结构能在文章的表现力上产生巨大的作用——结构清晰、明朗的文章，阅读感更强，可以让读者一下就接收到作者想传达的信息。结构混乱，行文便容易受到影响，可能使整个文章逻辑混乱，导致读者不知所云，从而大大降低文章的表现力。财经应用文作为工作中常用的一种写作文体，更是要求文章结构分明、行文流畅规范。财经应用文的结构应该具备以下3个特点。

1. 格式固定

应用文不像其他文章"文无定法"、形式变化多样，它具有一定的格式与写作要素要求。《党政机关公文处理工作条例》对各类事务性文书的格式和外在结构做出了相应的规定，要求作者遵守约定俗成的格式，规范写作。因此，财经应用文的结构具有格式固定的特点。

2. 具有条理性

条理性是对财经应用文结构的主要要求。在财经应用文写作的过程中，常涉及对一些条款的说明与例证，以及计划、策略的铺陈。因此，作者应有计划地对自己要讲的内容进行整理分类，使开头与结尾、段落层次间的结构关系严谨有序，充分展现作者清晰的逻辑思维。

3. 使用惯用语过渡

使用惯用语过渡也是财经应用文结构比较显著的一个特点。例如，从文章开头到主体部分使用"现将……如下"，结尾则根据具体情况使用"盼复""特此函商""综上所述"等。通过简单恰当的过渡，将文章各部分内容自然地衔接起来，不仅使结构精练利落，也能避免文章内容冗杂。

（二）财经应用文结构的基本要求

应用文的结构就像人体的骨干，确定整个文章的脉络与框架对财经应用文写作十分重要。因此，财经应用文写作需满足此项基本要求，以保证文章整体安排合理。

1. 紧贴文章主题

财经应用文的主题就是作者的写作意图，是财经应用文写作的起点和归宿。财经应用文结构必须突出主题，符合主题的表达需要，与主题紧密相连。紧贴文章主题具体表现为，作者在组织文章结构时，要按照主题对文章的结构层次进行划分，合理安排写作资料，凸显主题。

2. 结构与内容联系严密

财经应用文结构的安排主要是为主题服务的，结构划分出来后，各部分内容作为结构的分支，由统一的主旨统领，成为统一的整体。因此，组成结构的各部分之间应有顺承转接的关系，不能互相矛盾或不相关联，即文章的结构、内容应全面周到、联系紧密、相互支撑、相互衔合。

例如，在安排文章结构时，可以使财经应用文各部分之间呈现因果关系、表里关系、主次关系、并列关系、递进关系等关系类型，各部分应互帮互补，使财经应用文的结构、内容联系更加紧密，而不是互相矛盾、互相拆台。结构不完整，行文就难以达到目的，这是作者在确定结构时必须注意的地方。例如，在写通报时，不写明通报缘由；写批评性通报时，没有从中进行分析，提供经验与教训。

3. 遵照不同文种的体式规范

财经应用文有许多不同的文种，虽然这些文种都有相对稳定的结构格式，但不同的文种使用范围、对象和条件不同，因此在内容、格式上存在不同程度的差异，作者应注意区分，并根据不同的文种需要对文章进行结构安排，满足规范性要求。例如，写经济起诉状时，要写明双方当事人的基本情况、案由、诉讼请求、事实理由、致送法院及署名等；写规章制度时，一般按照条款式结构来写。

4. 尊重客观事实与规律

财经应用文描述的财经活动、经济现象等都属于客观事物的范畴，其存在形式、发展变化等都有一定的规律。客观事物作为文章的内容，在遵循结构安排的同时，也必须遵守并体现客观事物本身的内在本质联系。因此，在财经应用文写作的过程中，不管是传达重要信息，还是进行总结、规划，都必须把事实叙述清楚，并遵循客观事物的发展规律，这样才能展示出文章结构的规范性与科学性，反映对象的内在本质及规律。

（三）财经应用文结构的具体内容

通过对大部分应用文结构的分析发现，财经应用文的结构一般包括标题、开头、主体、段落与层次、过渡与照应、结尾、落款、附件等要素，下面分别进行介绍。

1. 标题

标题是对全文主题思想的高度概括，统领全文，奠定文章的基调。

2. 开头

开头是全文的开始，可以起到开启全文的作用。在财经应用文的写作中，开头一般是"开篇入题""开门见山"式，直接表明文章来意，常以原因、目的、根据、概述、引述、提问及结论等作为开头。在财经新闻、调查报告、广告文案等文种中也会使用迂回的"形象法"作为开头。

3. 主体

主体指开头后的正文写作，是对文章所述内容的详细描述，也是文章最主要的部分。例如，市场预测报告中的市场情况、预测及建议等部分，情况通报中对总体情况、抽查发现的问题及有关工作要求的描述，紧急纠纷答辩状中的具体答辩内容等都属于文章主体，主体是财经应用文写作的核心所在。

4. 段落与层次

段落是组成文章、表达思想最基本且相对独立的结构单位，换行、空格提头是其显著特征。段落是构成层次的基础。层次是根据文章内容和性质对段落进行的划分，是作者在财经应用文中表达主旨时展开的内容次序依据，体现了事物发展的阶段和作者的思维过程。财经应用文的层次是按一定的逻辑关系划分的，常见的层次划分方式包括时间顺序式、递进式、并列式及总分式(总分总式)等。

5. 过渡与照应

过渡是指文章上下文之间的衔接与转换，在财经应用文中起着承上启下的作用。一般情况下，当内容在总、分、总之间进行转换或者文章上下文意思存在差距、表达方式发生变化时，需要合理安排过渡，使文章衔接自然。若上下文之间结构不太紧凑，可以用过渡段进行巧妙联结；若后文展开与前文关系紧密，顺接下文，也可使用通知中常用的"现将有关事项通知如下"，或通报中常用的"现将有关事项通报如下"等作为过渡；若前后文语义稍有转折，可使用"但是""因此"等词作为过渡。照应指文本各部分之间的相互关照和呼应，常见的照应方式包括首尾照应、文题照应、文中照应等，可以使文章结构周密严谨、浑然一体，并使文中的某些关键内容得到强调，更好地表现作者的写作意图。

6. 结尾

结尾是全文的总结收篇，能帮助读者加深认识、把握全篇，促使文章达到预期写作目的。常见的结尾方式有希望要求、请求指示、总结建议、提炼归纳、揭示主题、惯用语、自然结尾等。某些在主体部分就意尽言止的文章，对结尾则不做强求，如合作意向书、启示、守则等。

7. 落款

落款包括发文者署名和成文日期两部分。发文者署名要写明作者的姓名或发文单位的名称，在公文写作中，还需要加盖发文单位的印章。成文日期要求写明年、月、日。根据《党政机关公文处理工作条例》的规定，党政公文的日期统一用阿拉伯数字将年、月、日标全；其中，年份应标全，月、日不编虚位，如"2018年10月1日"。

8. 附件

附件是应用文的附带材料，是对财经应用文正文的补充与佐证，有的文种则没有，视文种写作格式的具体情况来定。

七、财经应用文语言

语言是使文章思想得以传播、理解的重要文字符号。在财经应用文中，语言是传达主题、说明情况、探讨现实问题及其解决方法的重要沟通介质，使信息能在作者与读者之间快速、高效地传递。了解财经应用文的语言表达手法，有利于作者更好地进行财经应用文的写作，更好地发挥财经应用文的价值。

（一）财经应用文语言的基本要求

财经应用文属于专业性文书的范畴，主要是指经济部门用来传达经济信息、解决经济工作和协调经济活动的一种文书，具有规范、务实、准确的语体特点。其语言的严谨性、固定指向性较强。因此，财经应用文的语言最好具备以下4点基本要求。

1. 准确与模糊的统一

财经应用文语言的准确性由应用文文体的本质所决定。为了能够最大限度地达到效果，便于读者的理解和有效运用，财经应用文在表述上应清楚、准确。例如，在利用数字、图表表述某些客观事实时，要注意数据的准确性，实事求是地反映财经工作的真实情况。同时，还要注意用词的准确性，如"盈利"与"营利""讹传"与"讹误""会商"与"会晤"等，要区别其具体的使用语境，做到意思的准确传达。

财经应用文语言存在模糊性是因为应用文在实际传播的过程中，可能会面临一定的变化。上级单位在文中提出的建议和要求不可能全部符合当时、当地的实际情况，因此在文书的写作过程中，作者常会在措辞上留有余地，以此保证文章中思想、理论的可行性得到进一步提高，从而帮助下级机构解决实际运用过程中的具体问题。因此，这种语言的模糊性也是必须的，常见的模糊性用语包括"基本上可以确保""诸多因素""近段时间"等。

在财经应用文的写作过程中，作者既要保证词语搭配准确、符合感情色彩，又要注意在表达事物的状态、程度等时，善用模糊性词汇进行处理。要求财经应用文语言做到准确与模糊的统一是为了使文章的表述更真实可靠、符合实际。

2. 得体

语言的得体指作者要根据行文目的、内容和对象恰当地使用语言，做到语言规范舒展、条理清晰、通俗易懂。一方面，因为财经应用文属于应用文，在格式、语体等方面都有一定的表述要求，且主要用来处理事务、解决财经方面的问题，所以事务性语体风格浓烈，基本使用书面语进行叙述，因此要求使用单义语的稳定义、本意，少用引申义、口头语和俚语。另一方面，财经应用文语言的得体性还表现为根据财经应用文文种的不同，把握好各类文书语体风格之间细微的差异。例如，规章制度类文书要求严谨、具体、利落；计划类文书要求实在、周密、可行；通报等文书要体现感情色彩，如惩戒坏人坏事的通报，语言应言之凿凿等。不同文种的语言应有与文体风格相协调的基调。

此外，在上行文、下行文、礼仪文书的写作过程中要注意语言的分寸感，上级机关行文要体现领导机构的权威和指示性，不能模棱两可、摇摆不定；下级机关行文要既恭敬恳切又不卑不亢；商洽性的文书则要展现出诚恳商谈、协商共事、互相尊重、礼貌负责的态度。把握好这些文体特点，就能更好地把握文章语言的得体性。

3. 善用固定语

财经应用文语言有相当一部分沿用了旧语、套语，在财经应用文的发展运用过程中，沿用一些固定的模式化词语与句子的现象比较常见。在不同的或通用的文种中，作者通常会选用一些固定词句进行语言的表达，如"兹定于""特此函复""来函收悉""如无不当"等惯用语的运用，可以使文章的表达更加简练。

4. 简练概说

财经应用文运用任何一种表述方法，都是为了介绍情况、说明原委、陈述事实、总结规律和指示办法。作为一种职场文书，为了节约双方时间、简明扼要地陈述问题，财经应用文在介绍、说明、陈述、总结、指示时通常只求抓住关键和要点进行概说，直接明白地提出观点与主张。这种表述方式的概说性不仅能使信息更加精要，而且能快速满足读者的阅读需要，更能达到行文的目的。

以上即为对财经应用文语言的基本要求。实际上，在写作过程中，财经应用文语言虽说是一种直白且循规蹈矩的语言，在遣词造句上追求质朴、直白，但也可适当运用比喻、对偶、排比等常规修辞，不过夸张、通感、暗示等可使事物有较大变形或曲折达意的修辞则一般不用。但不管是什么要求，都是为了使文章科学实用、顺达通畅、简练得体，从而达到全文的和谐统一，增强文章的质量，实现写作目标。

（二）财经应用文中常见的语言表达手法

这里所说的语言表达手法其实就是文章的语言表达方式，通常有5种，即叙述、说明、议论、描写、抒情。但受限于财经应用文书的写作特点与要求，财经应用文语言的表达手法主要有叙述、说明和议论3种，下面分别进行介绍。

1. 叙述

叙述是财经应用文中最基本、最常用的语言表达方式，是指将人物的经历、言行或事物发展变化的过程有次序地叙说出来的一种表达方式，主要用来介绍情况，表明原委。在财务分析报告、经济评论中，常以叙述的事实作为理论依据和进行预测，在协议书、合同中也常用叙述的事项作为起草或记录的凭证。

完整的叙述一般包括时间、地点、人物、事件、原因和结果6个要素，在写作时，一般采用顺叙的叙述方式，即按时间先后顺序进行叙述，而倒叙、插叙、分叙、环叙则用得较少。叙述可分为总叙和分叙、直叙与间叙、详叙与略叙等。其中，使用直叙的情况较多，详叙在请示、报告等方面的使用较频繁。但不管使用什么语言表达手法，都要注意以下3点：突出重点、线索分明、详略得当。同时，叙述语言应真实确切，适当用"应当""务必"等词来增加语气。

2. 说明

说明是指用简明扼要的文字解说或剖析客观事物或事理的状态，以及性质、特点、功能、成因、关系、功用等属性，达到使读者详细了解或明白的目的。说明在财经应用文中的运用多表现在产品说明书、经济合同和经济纠纷起诉状中，常见的用法包括举例说明、引用说明、数据说明等。说明的用语客观无偏好，只是单纯地解释、介绍，一般不带感情色彩。

作者在运用说明这种表达手法时，要注意做到条理清晰、客观公正、直白质朴。

3. 议论

议论是指通过事实和理论材料对文章进行阐明、逻辑推理、表明观点、发表意见的一种表达方式，条理性与论证性是议论的显著特征。议论主要包括论点、论据、论证3个要素。论点即"是什么"，是作者提出的统领全文的主张或观点；论据是支撑论点的证据和理由，用来回答"为什么"；论证即回答"怎么样"，是利用论据证明论点的全过程。论证可分为立论与驳论：立论是通过归纳法、演绎法、引证法等直接证明观点；驳论则是通过反证法、直驳法等驳斥与自己观点相反的论点或论据，以此证明自己的观点。

议论这种表达方式在财经应用文中比较常见，调查报告、工作总结、通报、经济纠纷起诉状、经济纠纷答辩状等文书，就经常在叙述事实、说明情况的基础上，表明对人物、事件、问题的评价。例如，提出观点、例证分析并提出建议，对经济活动的情况进行本质分析、总结等。议论强调一文一事、就事论事，重证据、逻辑和说理。

（三）财经应用文中其他表达手法的运用

在财经应用文的写作过程中，还常常用到图表、数字的表达方式，使文章内容更加丰富充实，增强佐证效果。

1. 图表

图表在公务文书中也较为常见，它不仅可以传达出大量的信息，还可以使信息显得清晰简洁、一目了然，尤其在列举佐证或制定规划、总结时，使用的频率较高。利用图表，可以很轻松地将一些复杂的信息简单直白地表达出来，在制作如公司盈亏统计表之类的数据表时，通过表格分析，就能清楚地明白数据的变化趋势及变化规律，展现了复杂烦琐的言语所不及的表达力。图表包括常见的饼图、折线图、条形图、线柱组合图及统计表等。

2. 数字

除了统计图表等数据展示的工具，直接的数字表达在文章中也十分常见。尤其在财经工作领域，数字已成为一种十分常见的辅助表达方式，在财经应用文的写作中也占据了一席之地。通常，数字是与文字配合使用的。为了提升数字的表现力，可以利用比较法、变换法、对比法让数字更生动易懂。在利用数字进行写作时，作者还需要注意数字与文字搭配得当、数字使用准确。

【写作训练】

以一篇小文章的形式说说你对财经应用文的理解和认知。

【例文赏析】

例文一：新闻评价

扎实巩固经济恢复向好势头

新华时评：扎实巩固经济恢复向好势头

新华社北京 2022 年 10 月 24 日电 题：扎实巩固经济恢复向好势头

新华社记者何欣荣、魏玉坤

国家统计局 2022 年 10 月 24 日发布的数据显示，前三季度我国 GDP 同比增长 3%，比上半年加快 0.5 个百分点；其中第三季度同比增长 3.9%，比第二季度加快 3.5 个百分点。从前三季度经济运行看，主要指标恢复回稳，保持在合理区间，积极因素累积增多。在经济恢复发展阶段，更需坚定信心，扎实巩固经济恢复向好势头。

今年以来，面对复杂严峻的国内外形势和多重超预期因素冲击，按中央决策部署，各地区各部门坚持稳中求进工作总基调，按照疫情要防住、经济要稳住、发展要安全的要求，高效统筹疫情防控和经济社会发展，加快落实稳经济一揽子政策和接续政策措施，国民经济顶住压力持续恢复，经济发展质量进一步提升。

从宏观数据看，前三季度我国国民经济三大需求持续回升，恢复发展后劲增强。以消费这一经济运行"压舱石"为例，各地各部门通过财政补贴、发放消费券等措施，促进消费市场逐步恢复，既提升了居民消费意愿又稳住了市场主体。

通过全国新增减税降费及退税缓税缓费，不少企业生产经营得到加速恢复发展。综合运用各类结构性货币政策工具，引导金融机构强化对实体经济的支持力度，企业融资环境不断改善，融资成本持续降低。

中国经济是一片大海。尽管外部环境更趋复杂严峻，但新的机遇也在不断涌现。当前，要深入学习贯彻落实党的二十大精神，稳定预期、提振信心，充分释放政策效能，进一步激发市场主体活力，扩大有效需求，有效克服经济运行中的困难挑战，推动全年经济发展不断稳步向前。

例文二：公文

关于加强新时代高技能人才队伍建设的意见

技能人才是支撑中国制造、中国创造的重要力量。加强高级工以上的高技能人才队伍建设，对巩固和发展工人阶级先进性，增强国家核心竞争力和科技创新能力，缓解就业结构性矛盾，推动高质量发展具有重要意义。为贯彻落实党中央、国务院决策部署，加强新时代高技能人才队伍建设，现提出如下意见。

一、总体要求

(1) 指导思想。以习近平新时代中国特色社会主义思想为指导，深入贯彻党的十九大和十九届历次全会精神，全面贯彻习近平总书记关于做好新时代人才工作的重要思想，坚持党管人才，立足新发展阶段，贯彻新发展理念，服务构建新发展格局，推动高质量发展，深入实施新时代人才强国战略，以服务发展、稳定就业为导向，大力弘扬劳模精神、劳动精神、工匠精神，全面实施"技能中国行动"，健全技能人才培养、使用、评价、激励制度，构建党委领导、政府主导、政策支持、企业主体、社会参与的高技能人才工作体系，打造一支爱党报国、敬业奉献、技艺精湛、素质优良、规模宏大、结构合理的高技能人才队伍。

(2) 目标任务。到"十四五"时期末，高技能人才制度政策更加健全、培养体系更加完善、岗位使用更加合理、评价机制更加科学、激励保障更加有力，尊重技能、尊重劳动的社会氛围更加浓厚，技能人才规模不断壮大、素质稳步提升、结构持续优化、收入稳定增加，技能人才占就业人员的比例达30%以上，高技能人才占技能人才的比例达到1/3，东部省份高技能人才占技能人才的比例达到35%。力争到2035年，技能人才规模持续壮大、素质大幅提高，高技能人才数量、结构与基本实现社会主义现代化的要求相适应。

二、加大高技能人才培养力度

(1) 健全高技能人才培养体系。构建以行业企业为主体、职业学校(含技工院校，下同)为基础、政府推动与社会支持相结合的高技能人才培养体系。行业主管部门和行业组织要结合本行业生产、技术发展趋势，做好高技能人才供需预测和培养规划。鼓励各类企业结合实际把高技能人才培养纳入企业发展总体规划和年度计划，依托企业培训中心、产教融合实训基地、高技能人才培训基地、公共实训基地、技能大师工作室、劳模和工匠人才创新工作室、网络学习平台等，大力培养高技能人才。国有企业要结合实际将高技能人才培养规划的制定和实施情况纳入考核评价体系。鼓励各类企业事业组织、社会团体及其他社会组织以独资、合资、合作等方式依法参与举办职业教育培训机构，积极参与承接政府购买服务。对纳入产教融合型企业建设培育范围的企业兴办职业教育符合条件的投资，可依据有关规定按投资额的30%抵免当年应缴教育费附加和地方教育附加。

(2) 创新高技能人才培养模式。探索中国特色学徒制。深化产教融合、校企合作，开展订单式培养、套餐制培训，创新校企双制、校中厂、厂中校等方式。对联合培养高技能人才成效显著的企业，各级政府按规定予以表扬和相应政策支持。完善项目制培养模式，针对不同类别、不同群体高技能人才实施差异化培养项目。鼓励通过名师带徒、技能研修、岗位练兵、技能竞赛、技术交流等形式，开放式培训高技能人才。建立技能人才继续教育制度，推广求学圆梦行动，定期组织开展研修交流活动，促进技能人才知识更新与技术创新、工艺改造、产业优化升级要求相适应。

(3) 加大急需紧缺高技能人才培养力度。围绕国家重大战略、重大工程、重大项目、重点产业对高技能人才的需求，实施高技能领军人才培育计划。支持制造业企业围绕转型升级和产业基础再造工程项目，实施制造业技能根基工程。围绕建设网络强国、数字中国，实施提升全民数字素养与技能行动，建立一批数字技能人才培养试验区，打造一批数字素养与技能提升培训基地，举办全民数字素养与技能提升活动，实施数字教育培训资源开放共享行动。围绕乡村振兴战略，实施乡村工匠培育计划，挖掘、保护和传承民间传统技艺，打造一批"工匠园区"。

(4) 发挥职业学校培养高技能人才的基础性作用。优化职业教育类型、院校布局和专业设置。采取中等职业学校和普通高中同批次并行招生等措施，稳定中等职业学校招生规模。在技工院校中普遍推行工学一体化技能人才培养模式。允许职业学校开展有偿性社会培训、技术服务或创办企业，所取得的收入可按一定比例作为办学经费自主安排使用；公办职业学校所取得的收入可按一定比例作为绩效工资来源，用于支付本校教师和其他培训教师的劳动报酬。合理保障职业学校师资受公派临时出国(境)参加培训访学、进修学习、技能交流等学术交流活动相关费用。切实保障职业学校学生在升学、就业、职业发展等方面与同层次普通学校学生享有平等机会。实施现代职业教育质量提升计划，支持职业学校改善办学条件。

(5) 优化高技能人才培养资源和服务供给。实施国家乡村振兴重点帮扶地区职业技能提升工程，加大东西部协作和对口帮扶力度。健全公共职业技能培训体系，实施职业技能培训共建共享行动，开展县域职业技能培训共建共享试点。加快探索"互联网+职业技能培训"，构建线上线下相结合的培训模式。依托"金保工程"，加快推进职业技能培训实名制管理工作，建立以社会保障卡为载体的劳动者终身职业技能培训电子档案。

三、完善技能导向的使用制度

(1) 健全高技能人才岗位使用机制。企业可设立技能津贴、班组长津贴、带徒津贴等，支持鼓励高技能人才在岗位上发挥技能、管理班组、带徒传技。鼓励企业根据需要，建立高技能领军人才"揭榜领题"，以及参与重大生产决策、重大技术革新和技术攻关项目的制度。实行"技师+工程师"等团队合作模式，在科研和技术攻关中发挥高技能人才创新能力。鼓励支持高技能人才兼任职业学校实习实训指导教师。注重青年高技能人才选用。高技能人才配置状况应作为生产经营性企业及其他实体参加重大工程项目招投标、评优和资质评估的重要因素。

(2) 完善技能要素参与分配制度。引导企业建立健全基于岗位价值、能力素质和业绩贡献的技能人才薪酬分配制度，实现多劳者多得、技高者多得，促进人力资源优化配置。国有企业在工资分配上要发挥向技能人才倾斜的示范作用。完善企业薪酬调查和信息发布制度，鼓励有条件的地区发布分职业(工种、岗位)、分技能等级的工资价位信息，为企业与技能人才协商确定工资水平提供信息参考。用人单位在聘的高技能人才在学习进修、岗位聘任、职务晋升、工资福利等方面，分别比照相应层级专业技术人员享受同等待遇。完善科技成果转化收益分享机制，对在技术革新或技术攻关中做出突出贡献的高技能人才给予奖励。高技能人才可实行年薪制、协议工资制，企业可对做出突出贡献的优秀高技能人才实行特岗特酬，鼓励符合条件的企业积极运用中长期激励工具，加大对高技能人才的激励力度。畅通为高技能人才建立企业年金的机制，鼓励和引导企业为包括高技能人才在内的职工建立企业年金。完善高技能特殊人才特殊待遇政策。

(3) 完善技能人才稳才留才引才机制。鼓励和引导企业关心关爱技能人才，依法保障技能人才合法权益，合理确定劳动报酬。健全人才服务体系，促进技能人才合理流动，提高技能人才配置效率。建立健全技能人才柔性流动机制，鼓励技能人才通过兼职、服务、技术攻关、项目合作等方式更好地发挥作用。畅通高技能人才向专业技术岗位或管理岗位流动渠道。引导企业规范开展共享用工。支持各地结合产业发展需求实际，将急需紧缺技能人才纳入人才引进目录，引导技能人才向欠发达地区、基层一线流动。支持各地将高技能人才纳入城市直接落户范围，高技能人才的配偶、子女按有关规定享受公共就业、教育、住房等保障服务。

四、建立技能人才职业技能等级制度和多元化评价机制

(1) 拓宽技能人才职业发展通道。建立健全技能人才职业技能等级制度。对设有高级技师的职业(工种)，可在其上增设特级技师和首席技师技术职务(岗位)，在初级工之下补设学徒工，形成由学徒工、初级工、中级工、高级工、技师、高级技师、特级技师、首席技师构成的"八级工"职业技能等级(岗位)序列。鼓励符合条件的专业技术人员按有关规定申请参加相应职业(工种)的职业技能评价。支持各地面向符合条件的技能人才招聘事业单位工作人员，重视从技能人才中培养选拔党政干部。建立职业资格、职业技能等级与相应职称、学历的双向比照认定制度，推进学历教育学习成果、非学历教育学习成果、职业技能等级学分转换互认，建立国家资历框架。

(2) 健全职业标准体系和评价制度。健全符合我国国情的现代职业分类体系，完善新职业信息发布制度。完善由国家职业标准、行业企业评价规范、专项职业能力考核规范等构成的多层次、相互衔接的职业标准体系。探索开展技能人员职业标准国际互通、证书国际互认工作，各地可建立境外技能人员职业资格认可清单制度。健全以职业资格评价、职业技能等级认定和专项职业能力考核等为主要内容的技能人才评价机制。完善以职业能力为导向、以工作业绩为重点，注重工匠精神培育和职业道德养成的技能人才评价体系，推动职业技能评价与终身职业技能培训制度相适应，与使用、待遇相衔接。深化职业资格制度改革，完善职业资格目录，实行动态调整。围绕新业态、新技术和劳务品牌、地方特色产业、非物质文化遗产传承项目等，加大专项职业能力考核项目开发力度。

(3) 推行职业技能等级认定。支持符合条件的企业自主确定技能人才评价职业(工种)范围，自主设置岗位等级，自主开发制定岗位规范，自主运用评价方式开展技能人才职业技能等级评价；企业对新招录或未定级职工，可根据其日常表现、工作业绩，结合职业标准和企业岗位规范要求，直接认定相应的职业技能等级。打破学历、资历、年龄、比例等限制，对技能高超、业绩突出的一线职工，可直接认定高级工以上职业技能等级。对解决重大工艺技术难题和重大质量问题、技术创新成果获得省部级以上奖项、"师带徒"业绩突出的高技能人才，可破格晋升职业技能等级。推进"学历证书+若干职业技能证书"制度实施。强化技能人才评价规范管理，加大对社会培训评价组织的征集遴选力度，优化遴选条件，构建政府监管、机构自律、社会监督的质量监督体系，保障评价认定结果的科学性、公平性和权威性。

(4) 完善职业技能竞赛体系。广泛深入开展职业技能竞赛，完善以世界技能大赛为引领、全国职业技能大赛为龙头、全国行业和地方各级职业技能竞赛及专项赛为主体、企业和院校职业技能比赛为基础的中国特色职业技能竞赛体系。依托现有资源，加强世界技能大赛综合训练中心、研究(研修)中心、集训基地等平台建设，推动世界技能大赛成果转化。定期举办全国职业技能大赛，推动省、市、县开展综合性竞赛活动。鼓励行业开展特色竞赛

活动，举办乡村振兴职业技能大赛。举办世界职业院校技能大赛、全国职业院校技能大赛等职业学校技能竞赛。健全竞赛管理制度，推行"赛展演会"结合的办赛模式，建立政府、企业和社会多方参与的竞赛投入保障机制，加强竞赛专兼职队伍建设，提高竞赛科学化、规范化、专业化水平。完善并落实竞赛获奖选手表彰奖励、升学、职业技能等级晋升等政策。鼓励企业对竞赛获奖选手建立与岗位使用及薪酬待遇挂钩的长效激励机制。

五、建立高技能人才表彰激励机制

(1) 加大高技能人才表彰奖励力度。建立以国家表彰为引领、行业企业奖励为主体、社会奖励为补充的高技能人才表彰奖励体系。完善评选表彰中华技能大奖获得者和全国技术能手制度。国家级荣誉适当向高技能人才倾斜。加大高技能人才在全国劳动模范和先进工作者、国家科学技术奖等相关表彰中的评选力度，积极推荐高技能人才享受政府特殊津贴，对符合条件的高技能人才按规定授予五一劳动奖章、青年五四奖章、青年岗位能手、三八红旗手、巾帼建功标兵等荣誉，提高全社会对技能人才的认可认同。

(2) 健全高技能人才激励机制。加强对技能人才的政治引领和政治吸纳，注重做好党委(党组)联系服务高技能人才工作。将高技能人才纳入各地人才分类目录。注重依法依章程推荐高技能人才为人民代表大会代表候选人、政治协商会议委员人选、群团组织代表大会代表或委员会委员候选人。进一步提高高技能人才在职工代表大会中的比例，支持高技能人才参与企业管理。按照有关规定，选拔推荐优秀高技能人才到工会、共青团、妇联等群团组织挂职或兼职。建立高技能人才休假疗养制度，鼓励支持分级开展高技能人才休假疗养、研修交流和节日慰问等活动。

六、保障措施

(1) 强化组织领导。坚持党对高技能人才队伍建设的全面领导，确保正确政治方向。各级党委和政府要将高技能人才工作纳入本地区经济社会发展、人才队伍建设总体部署和考核范围。在本级人才工作领导小组统筹协调下，建立组织部门牵头抓总、人力资源和社会保障部门组织实施、有关部门各司其职、行业企业和社会各方广泛参与的高技能人才工作机制。各地区各部门要大力宣传技能人才在经济社会发展中的作用和贡献，进一步营造重视、关心、尊重高技能人才的社会氛围，形成劳动光荣、技能宝贵、创造伟大的时代风尚。

(2) 加强政策支持。各级政府要统筹利用现有资金渠道，按规定支持高技能人才工作。企业要按规定足额提取和使用职工教育经费，60%以上用于一线职工教育和培训。落实企业职工教育经费税前扣除政策，有条件的地方可探索建立省级统一的企业职工教育经费使用管理制度。各地要按规定发挥好有关教育经费等各类资金的作用，支持职业教育发展。

(3) 加强技能人才基础工作。充分利用大数据、云计算等新一代信息技术，加强技能人才工作信息化建设。建立健全高技能人才库。加强高技能人才理论研究和成果转化。大力推进符合高技能人才培养需求的精品课程、教材和师资建设，开发高技能人才培养标准和一体化课程。加强国际交流合作，推动实施技能领域"走出去""引进来"合作项目，支持青年学生、毕业生参与青年国际实习交流计划，推进与各国在技能领域的交流互鉴。

模块二

财经礼仪文书

人是社会动物，人的社会属性决定了人与人之间交往的必然性和必要性。财经活动同样具有鲜明的社会属性，财经活动中人与人、人与组织、组织与组织之间的交往是财经活动的重要组成部分。社会交往离不开交流沟通，而不管是借助文字还是语言完成的沟通，为了能够更好地表达自己的意思，事先准备一份文书都是必不可少的。

本模块将介绍财经活动中常用的一些礼仪文书，通过对财经礼仪文书的学习和掌握，学生可以更好地处理财经活动中的往来事务。

▶ 学习任务

- 撰写请柬、邀请函
- 撰写感谢信、慰问信、庆贺信
- 撰写欢迎词和欢送词
- 撰写讲话稿

【写作故事】

白居易《问刘十九》：一句邀约温暖了整个冬天

如果你邀请朋友来家里喝酒，你会怎么做？很简单，打个电话说："×××，来家里喝酒啊！"随着科技的发展，生活越来越方便，节奏越来越快，我们在享受这些便利的同时，失去了很多从容与雅致。古人组酒局，要么差人送请柬，要么亲自上门邀约。白居易请人喝酒，随手在请帖上写了一首诗，竟然成了千古名篇，实在是很"白乐天"。其诗如下。

问刘十九

唐·白居易

绿蚁新醅酒，红泥小火炉。

晚来天欲雪，能饮一杯无？

任务一　撰写请柬和邀请函

一、请柬

（一）请柬的概念

请柬也称请帖、邀请书。它是单位团体或个人邀请有关人员出席隆重的会议、典礼，参加某些活动时发出的礼仪书信。发请柬是为了表示郑重其事，有时也用作某种入场或报到的凭证。

随着礼仪活动越来越频繁，请柬的使用也越来越广泛。一些开幕式、落成典礼、纪念活动、节日联欢、各种宴请等重要活动都会使用请柬，鉴定会、联谊会、结婚典礼等重要会议和庄重场合也会使用请柬。

（二）请柬的写法

请柬一般由以下几部分组成。

1. 标题

第一行中间位置标明"请柬"字样。有的把"请柬"二字标于封面上，封面经过艺术加工，美观精致，庄重大方，给人以美感。

2. 称呼

第二行顶格写被邀请者名称。单位名称或姓名之后要有职务、职称等称谓，或用"同志""先生"等，对妇女可根据具体情况用"女士"或"小姐"。

3. 正文

第三行空两格写正文，交代会议及活动的内容、性质、时间、地点。

4. 邀请语

文末多用"敬请光临""恭候光临"等礼貌用语。

5. 落款

最后签署发柬单位的名称或个人的姓名，也可两者都用，位置在正文的右下方。至于日期，应另起一行在署名下标明年月日。

（三）撰写请柬应注意的问题

(1) 措辞典雅得体，语气要带有希望、请求之意，以表诚心。

(2) 函柬比较庄重，要求纸面美观悦目，书写工整清洁。

(3) 要注意时间、地点、人名的准确无误，发送时间要恰当，太早容易遗忘，太晚难免贻误时间。

【例文】

请柬

尊敬的××：

　　为感谢贵公司长期以来对我们的支持与厚爱，我们将在××年××月××日××时(星期×)在××酒店××厅，举办××公司××年庆，我们诚邀您拨冗莅临，与我们同庆公司×周年华诞。

　　谨此奉邀!

××公司
××年××月××日

二、邀请函

（一）邀请函的概念和特点

　　邀请函是邀请亲朋好友或知名人士、专家等参加某项活动时所发的请约性书信。在国际交往及日常的各种社交活动中，这类书信使用广泛。凡精心安排、精心组织的大型活动与仪式，如宴会、舞会、纪念会、庆祝会、发布会、开业仪式等，只有采用礼仪活动邀请函邀请嘉宾，才会被人视为与其档次相称。礼仪活动邀请函有其基本内容、特点及写法上的要求。

　　邀请函的特点主要表现在以下4个方面。

1. 礼貌性强

　　礼貌性是邀请函的最显著特征和基本原则。这体现在对内容的完全赞美、肯定，以及固定礼貌用语的使用上，强调双方和谐友好地交往。

2. 感情诚挚

　　邀请函是为社交服务的专门文书，因此它能够单纯、充分地发散友好的感情信息，适宜在特定的礼仪时机、场合，向邀请对象表达专门、诚挚的感情。

3. 语言简洁明了

　　邀请函是现实生活中常用的一种日常应用写作文种，要注意语言的简洁明了，通俗易懂，文字不要太多、太深奥。

4. 适用面广

　　邀请函适用于国际交往及日常的各种社交活动，而且适用于单位、企业、个人，使用范围非常广泛。

（二）邀请函写作格式

　　邀请函的结构通常由标题、称谓、正文、敬语和落款五部分组成。

1. 标题

　　一般只写文种"邀请函"即可，字号比一般的标题略大。有时也可以加事由，如"关于参加新产品发布会的邀请函"。有时还可包括个性化的活动主题标语，如"沟通无限中部六省城市信息化高级论坛邀请函"。

2. 称谓

称谓是指对邀请对象的称呼。要顶格写受邀单位名称或个人姓名，后加冒号。要写明"先生""女士"，或对方职务、职称、学衔，也可以用"同志""经理"称呼，通常还要加上"尊敬的"之类的定语。

3. 正文

正文是邀请函的主体。开头可简单问候被邀请人，位置在称谓下一行，空两格。接着写明举办礼仪活动的缘由、目的、事项及要求，写明活动的日程安排、时间、地点，以及邀请对象的姓名及其所做的工作等，并对被邀请方发出得体、诚挚的邀请。若附有票、券等物，也应同邀请函一并送给邀请对象。有较为详细出席说明的，要另纸说明，避免邀请函写得过长。

4. 敬语

一般要写常用的邀请惯用语，如"敬请光临""敬请参加""请届时出席"等。有些邀请函可以用"此致敬礼""顺致节日问候"等敬语。

5. 落款

落款应写清单位名称或发函者个人名称，并署上发函日期。邀请单位还应加盖公章，其次是形式上的要求。邀请函的形式要美观大方，不可用书信纸或单位的信函纸代替，而应用红纸或特制的请柬填写。

邀请函的一般格式如下。

邀请函

尊敬的××：

您好！

××公司将于××年××月××日在××地，举办××活动，特邀您参加，谢谢。

×××
××年××月××日

【例文】

邀请函

尊敬的××教授：

本公司决定于2018年1月20日在西安市西安宾馆举办新技术研讨会。恭请您就有关除霾技术的现状与发展发表高见。务请拨冗出席。

顺祝

健康！

××公司
联系人：××
××年××月××日

（三）写邀请函需注意的事项

(1) "邀请函"三字是完整的文种名称，与公文中的"函"是两种不同的文种，因此不宜拆开写成"关于邀请出席××活动的函"。

(2) 被邀请者的姓名应写全，不应写绰号或别名。在两个姓名之间应该写上"暨"或"和"，不用顿号或逗号。网上或报刊上公开发布的邀请函，由于对象不确定，可省略称呼，或以"敬启者"统称。

(3) 严格遵守写作格式，称谓、邀请事由、具体内容、活动时间、活动地点、相关事宜、联系方式、落款等是必不可少的部分，不能丢漏信息。

(4) 邀请事项务必周详，以便邀请对象可以有准备而来，也会使举办活动的个人或单位减少一些意想不到的麻烦。

(5) 邀请函须提前发送，以便受邀方有足够的时间对各种事务进行统筹安排。

总之，邀请函属于社会生活使用文书，具有社会公关及礼仪功能。它不仅表示礼貌庄重，也有凭证作用，要写得简明得体、准确文雅。

【知识拓展】

请柬、邀请函的联系和区别

联系：都用于邀请某人、某单位参加某项活动。

区别：从作用上来说，请柬公私兼用，多用于隆重的庆典仪式等，邀请对象一般只需出席、捧场即可，不承担工作任务；邀请函多用于公务活动，对邀请对象有具体的工作任务与要求。

从内容上来说，请柬只需用一句话点明会议的内容或名称，而邀请函是有具体内容、事项的，不是例行的礼仪活动。因此，为了真诚地邀请对方，也为了使对方能对活动有一个了解，邀请函往往会对活动本身的作用、意义要进行介绍，这是两者最大的区别。

因此，一般请柬内容简单，而邀请函事项复杂。请柬要求精心设计，制作精美，有封面、有内页；邀请函则大多直接用A4纸打印。

任务二　撰写感谢信、慰问信和庆贺信

一、感谢信

（一）感谢信的概念和类型

感谢信是为了答谢对方的邀请、问候、关心、帮助和支持而写的公关礼仪书信，对于弘扬正气、树立良好的社会风尚、促进社会主义精神文明建设具有重要意义。感谢信依据不同的内容可以有不同的划分方法，具体如下。

1. 从感谢对象的特点来划分

1) 给集体的感谢信

写这类感谢信，一般是由于个人在困难时受到了集体的帮助，使自己渡过了难关、走出了困境，所以要用写感谢信的方式表达自己的感激之情。

2) 给个人的感谢信

这类感谢信，通常是个人或单位集体为了对某个人曾给予的帮助、照顾表示感谢而写的。

2. 从感谢信的存在形式来划分

1) 公开张贴的感谢信

这类感谢信包括登报、电台广播或电视台播报的感谢信等，是一种公开的感谢信。

2) 寄往单位或个人的感谢信

这类感谢信直接寄给被感谢的单位或个人。

（二）感谢信的特点

1. 公开感谢和表扬

感谢信以宣传好思想、好作风、好风格，树立新风为宗旨。

2. 感情真挚

感谢信以赞美、扬善、表达真情实意为写作的出发点。

3. 表达方式多样

感谢信的表达方式可灵活多样，不拘一格。

（三）感谢信的写法

感谢信通常由标题、称谓、正文、结尾和落款五部分构成。

1. 标题

感谢信的标题写法通常有以下几种形式。

(1) 单独由文种名称组成，如"感谢信"。

(2) 由感谢对象和文种名称共同组成，如"致某某公司的感谢信"。

(3) 由感谢双方和文种名称组成，如"××街道致××公司的感谢信"。

2. 称谓

称谓写在开头顶格处，要求写明被感谢的机关、单位、团体或个人的名称或姓名，然后加上冒号，如"××交警大队""×××同志"。

3. 正文

感谢信的正文从称谓下一行空两格处开始写，要求写上感谢的内容和感谢的心情。正文应分段写出以下几方面的内容。

1)感谢的事由

应精练地叙述事情的前因后果，以及对方的好品德、好作风。叙述时务必交代清楚人物、事件、时间、地点、原因和结果，尤其要重点叙述关键时刻对方的关心和支持。

2)揭示意义

应在叙事的基础上指出对方的关心支持和帮助对整个事情成功的重要性及体现出的可贵精神，同时表示出向对方学习的态度和决心。

4. 结尾

结尾要写上充满敬意的、感谢的话，如"此致，敬礼""致以诚挚的敬意"等。

5. 落款

感谢信的落款须署上发文单位名称或发文者姓名，并署上成文日期。

（四）感谢信写作注意事项

(1) 感情抒写要真诚朴素、恰如其分，不可漫无边际地空发议论。

(2) 在叙述对方对自己或本单位的帮助时，要把人物、时间、地点、原因、结果和经过写清楚。

(3) 语言要热情洋溢，诚恳地表达自己的感激之情。

(4) 要写得短小精练。叙事要概括，议论要由事而发，切莫不着边际。

【例文】

感谢信

尊敬的领导：

您好！我是×××，是11月8日的60位面试者中来自××大学的大四本科生。感谢贵公司给予我面试的机会。这次面试从各方面开阔了我的视野，增长了我的见识，给予了我全方面不同的改进。感谢您对我各方面综合能力的肯定，让我在求职的路上更加坚定信心，感谢贵公司给我这次毕生难忘的经历！

无论这次我能否被贵公司录用，我都坚信选择贵公司是明智之举。无论我今后在哪个单位上班，我都将尽心尽责地做一位具有强烈责任感、与单位荣辱与共的员工，一位扎根于单位、立志为社会创造价值的攀登者，一位积极进取、脚踏实地而又极具创新意识的新型人才。

大千世界，芸芸众生，如我者甚众，胜我者恒多。虽然我现在还很平凡，但我一定勤奋进取、永不服输。如蒙不弃，惠于录用，我必将竭尽才智，为公司效力。感谢的同时，祝贵公司事业蒸蒸日上，一帆风顺！

此致

敬礼！

×××

××年××月××日

简析：这是一封面试结束后写的感谢信。正文首先概述事由，清楚地交代了感谢的原因，表达了自己的感激之情，完全符合感谢信的一般写法。

【例文】

感谢信

尊敬的××公司：

首先感谢贵司长期以来对××公司的关心与支持。作为数据中心基础设施服务提供商，××公司一直致力于为客户提供高品质的服务，其中，数据安全和响应速度是提升客户感知的关键环节。在过去的××年中，贵司给予了××公司非常有力的支撑和保障，尤其是贵司市场部，作为具体业务接口部门，扎扎实实做工作、勤勤恳恳保质量，集中展现出高度的敬业态度和专业素养。贵司针对我司的客户，不断优化数据服务质量，全年故障次数由××年的××次减少为××次，响应速度大幅改善，特别是针对一些突发状况，曾连续数天奋战到凌晨，各级领导亲自过问抢修进度，让我们十分感动，也获得了客户的普遍认可和好评。在此，我们由衷地感谢贵司对××公司的关心和爱护，同时向曾经帮助过××公司的一线人员、各级领导表示最真挚的敬意，我们真切地感受到双方合作日益紧密，发展环境越来越好。

在新的一年里，我们有信心与贵司一起抓住机遇，合作共赢，不断开拓市场，创造更好成绩。

再次感谢！

此致

敬礼！

××公司

××年××月××日

简析：这是公司写的感谢信。正文首先概述事由，清楚地交代了感谢的原因，描述了事情的前因后果，语言简洁、精练，表达了对对方公司感激之情。这封感谢信比较符合感谢信的一般写法。

二、慰问信

（一）慰问信的概念、分类及特点

慰问信是向对方表示关怀、慰问的信函。如采用电报形式，则称为慰问电。慰问信是有关机关或个人，以组织或个人的名义在他人处于特殊的情况下(如战争、自然灾害、事故)，或在节假日，向对方表示问候、关心的应用文。慰问信的作用主要表现在能够体现组织的温暖、社会的关怀和人与人之间深厚的情谊，能给人以继续前进的动力，以及克服困难的力量、勇气和信心。

慰问信可分为先进(表彰)慰问、遇灾(同情)慰问和节日慰问三种。

1) 先进慰问

先进慰问指向做出重大贡献及取得突出成绩的集体或个人表示慰问。这类慰问信侧重赞扬功绩，如对在抗震救灾及保卫国家和人民生命财产安全等重大社会活动中做出卓越贡献的人民解放军、公安干警等表示慰问。

2) 遇灾慰问

遇灾慰问指对遭受意外灾难、造成严重损失、遇到巨大困难的集体或个人表示慰问。这类慰问信侧重同情、安抚和鼓励，如对灾区人民的慰问。

3) 节日慰问

这类慰问信侧重强调节日意义，以及赞扬有关人员取得的成绩或做出的贡献。例如，春节对英雄模范人物及军烈家属的慰问，教师节对教育工作者的祝贺等。慰问信的特点主要表现在以下3个方面。

(1) 发文的单向性。慰问信通常是单向进行的，由一方慰问另一方。

(2) 内容的针对性。慰问信通常根据对象确定慰问信的内容和作用，行文目的和内容都很有针对性。

(3) 情感的沟通性。慰问通过赞扬表达崇敬之情或者同情表达关切之意的方式来达成双方的情感交流和相互理解。

（二）慰问信的结构

慰问信由标题、称谓、正文、结语(祝颂语)、落款五部分组成。

1. 标题

标题有以下三种形式。

(1) 用文种"慰问信"做标题。

(2) 由慰问对象和文种组成标题，如"致××的慰问信"。

(3) 由写信方、慰问对象及文种组成的标题，如"××学生致北京申奥代表团的慰问信"。标题的位置在第一行，应居中、醒目。

2. 称谓

称谓一般写慰问对象的名称。如果慰问对象是某单位，则写单位全称或规范化简称；如果慰问对象是某个人，则在个人姓名后加"同志""先生""女士"或职务等尊称。在个人姓名前面，往往还要加上"敬爱的""尊敬的""亲爱的"等字样，以表示尊重。称谓的位置在标题下空一行，顶格写，称谓后加冒号。

3. 正文

正文的内容主要有以下两个方面。

(1) 先具体叙述慰问信的背景、原因，以及有关形势和情况。

(2) 概述对方的先进事迹及其意义，并表示赞扬、鼓励；总结对方克服困难、战胜灾害的有利因素，对其遭受的灾难和不幸表示慰问，给予鼓励。

不同类型的慰问信具体写法如下。

(1) 先进慰问。这类慰问信的正文内容主要简述被慰问对象取得的成绩及意义，对其表示赞扬，鼓励其继续努力。常用"欣闻(喜闻)……非常高兴，特表示祝贺并致以亲切的慰问"等概述语句开头。然后写被慰问对象的成绩是如何取得的，有何意义，并赞扬其高尚品德；最后鼓励先进再接再厉，争创更大的成绩。

(2) 灾难慰问。这类慰问信用于表示同情和安慰，勉励被慰问对象鼓足勇气，战胜困难，夺取胜利。常用"惊悉(获悉)……深表同情，并致以深切的慰问"等概述语句开头；然后描写被慰问对象的境遇，鼓励其克服困难，勇往直前，夺取胜利；最后表示良好祝愿和真诚的期望。

(3) 节日慰问。这类慰问信的正文开头概述节日意义，对有关人员表示亲切的问候；然后简叙其对社会的作用及贡献，阐述其肩负的责任，并指出今后的任务；最后提出希望或表示良好祝愿。

4. 结语

结语又称祝颂语，如"祝取得更大的成绩""祝节目愉快""顺致最美好的祝愿"等。

5. 落款

落款包括署名和日期，在单位名称或个人姓名的正下方，写发信的日期。

（三）慰问信写作注意事项

(1) 要根据慰问的情况和对象来确定写法。例如，对死难者用"致以最深挚的哀悼"，对其家属用"致以亲切的问候"；对英雄模范人物或做出重大贡献的集体和个人用"向你们致以亲切的慰问和崇高的敬意"。

(2) 感情要真挚、热切，情深意厚。

(3) 语言要亲切，让对方真正感到温暖，受到鼓舞。

【例文】

慰问信

在外工作的××县同胞：

"风雨送春归，飞雪迎春到"。值此新春佳节即将到来之际，县委、县政府谨代表全县100万父老乡亲向您及您的家人致以诚挚的新年祝福和亲切问候！

"每逢佳节倍思亲"。此时此刻我们更加思念远在异乡的骨肉乡亲，我们深信，您也无限地怀念故土，思念家乡亲人。寄书传情，谨愿带动故乡的音讯，以期抚慰您远离家乡和眷恋故土的亲情。

20××年，在县委、县政府的领导下，经过全县人民的共同努力，全县国民经济和各项社会事业得到持续、快速、健康发展，国内生产总值预计完成31.41亿元，比上年增长10%，其中第一、二、三产业增加值分别比上年增长6.6%、15.2%、12%。粮食生产获得丰收，农村经济全面发展；工业经济持续增长，经济效益有所提高；乡镇企业健康发展，实现了速度效益的同步增长；东西合作成效显著，对外开放进一步加快，城乡面貌焕然一新；城乡居民收入增长较快，生活水平稳步提高；全县社会大局稳定，人民生活幸福，安居乐业。

××县自古人杰地灵，人文荟萃。而今，更涌现出一批像您这样颇有建树的精英人物，虽远离故土，却心系家乡的建设与发展，这份深情家乡人民永远铭记在心家乡人民真诚地感谢您！100万人民大力弘扬"团结奋进，开拓创新，务实苦干"的精神，全面实施"农业重调整，工业重盘活，商贸重拓展，乡企重形象，城镇重开发，开放重环境"的经济发展思路，励精图治，艰苦奋斗。同时，家乡人民也热情地欢迎您"常回家看看"，探亲访友，共同感受家乡的变化与发展，并为家乡的经济建设和各项社会事业发展提出中肯的意见和建议，关心支持家乡振兴大业，共创美好未来！

祝您和您的家人新春愉快，阖家安康，万事如意！

××县县委县政府

××年××月××日

简析：这是某县委、县政府起草的节日慰问信。正文首先表达对在外工作同胞的节日问候，着重描述该县20××年取得的骄人成绩，以及提出下一年工作的希望。全文语言亲切，感情真挚，让在外漂泊的游子感受到了父老乡亲的温暖。

三、庆贺信

（一）庆贺信的概念

庆贺信是表示庆贺的书信的总称。有喜事就要庆贺，例如，会议隆重开幕，科研取得成果，重大比赛获得冠军，庆贺节日、生日等，都可以写信祝贺道喜。

庆贺信有的是以个人名义写的，有的是以单位的名义写的，有的是同级单位之间或上级单位给下级单位写的，总之它是以组织或个人的名义向集体单位或个人表示祝贺的书信。

（二）庆贺信的结构

庆贺信一般由标题、称谓、正文、结尾和落款五部分构成。

1. 标题

庆贺信的标题通常由文种名构成，如在第一行正中书写"贺信"二字。有些贺信的标题同时会写明发信单位或会议名称，如"×××给×××的贺信"。

2. 称谓

顶格写明被祝贺单位或个人的名称或姓名。写给个人的庆贺信，要在姓名后加上相应的礼仪名称，如"同志"。称呼之后要加冒号。

3. 正文

庆贺信可以庆贺家庭、个人婚嫁祝寿一类的喜事，也可以庆贺重大的会议或重要的纪念活动、某工程竣工、某科研项目成功、某人任职等。

贺信的正文要交代清楚以下几项内容。

(1) 结合当前的形势状况，说明对方取得成绩的大背景，或者某个重要会议召开的历史条件。

(2) 概括说明对方都在哪些方面取得了成绩，分析其成功的主观及客观原因。

(3) 表示热烈的祝贺。要写出自己祝贺的心情，由衷地表达自己真诚的祝福。也可以写一些鼓励的话，提出希望和共同理想。

4. 结尾

结尾要写上祝愿的话，如"此致敬礼""祝争取更大的胜利""祝您健康长寿""谨寄数语，聊表祝贺与希望"等。

5. 落款

落款应写明发文的单位名称或个人姓名，并署上成文的时间。

（三）庆贺信写作注意事项

(1) 内容要紧扣庆贺对象和庆贺的事情，抓住重点，善于概括，充分揭示祝贺内容的意义。

(2) 贺信正文的篇幅一般不长。

(3) 结语要视不同情况而写。

(4) 感情要热烈而真诚，富有鼓舞人心的力量。

(5) 贺信要及时，并迅速发出。

(6) 文辞要优美。

【例文】

结婚贺信

亲爱的×××：

喜闻 1 月 1 日是你和×××的新婚吉日，在此，公司全体同事为你们的喜结连理送上最衷心的祝福，祝你们幸福美满，百年好合。

作为公司的老员工，你一直以勤勤恳恳、踏实工作为领导及同事所称赞，入职以来与公司命运相连、共同发展，取得了惊人的成绩。当然，在你取得的成绩背后离不开你的努力与聪慧，更离不开你家人与朋友的鼎力支持，在你取得成功的时候他们分享你的喜悦，在你遇到困难的时候他们分担你的忧虑，是他们的无私奉献与真诚关怀帮助你一步步走向成功，走向更美好的未来。借此机会，公司全体同事对你的家人及朋友致以深深的谢意。

美好的婚姻是一个归宿，也是一个新的起点，它在意味着更多快乐的同时还带来了更多的责任。愿你们在今后共同的人生道路上互相理解、相扶相助，工作与生活齐头并进，共同打造属于你们的幸福家园。

祝 白头偕老 永结同心！

×××有限公司

××年××月××日

【例文】

2014 年新春贺信

三联书店全体员工、离退休老同志：

经过全店员工拼搏奋斗，2013 年我店喜获大丰收，实现大发展、大跨越。一大批好书排闼而出，《重启改革议程》《王鼎钧作品系列》《王世襄集》《百年佛缘》《三联经典文库(第二辑)》《故国人民有所思》《陈寅恪的最后二十年(修订版)》《剑桥中国文学史》《凤凰咏》《红药留梦》《监狱琐记》等，堪称河面上"活蹦乱跳的鱼"，吸引了读者眼球，年终盘点，获奖众多。在一连串畅销书的拉动下，全店图书销售额首次突破3亿元，较上年度的2.1亿元增长46%，《三联生活周刊》《读书》杂志依然在同类刊物中处于领先地位。2014年度邮发订户双双上升，昭示着读者对它们的喜爱。产品营销和经营工作取得突出成绩。发行10万册以上的畅销图书明显增多，创造出多个经典营销案例。年度营业收入达到2.7亿，较上年度增长18%。利润总额6400万元，增长29%，是1995年的20倍，2008年的7倍多，经济实力显著增强。三联书店品牌影响力明显提升。生活书店恢复设立，《新知》杂志创刊，品牌群扩容；和沪港三联深化合作，"打造大三联"迈出新步伐；社店战略合作更加紧密，品牌影响力向发行下游延伸；韬奋图书馆对外开放、捐建云南彝良地震灾区云落希望小学建成开学、江西余江韬奋祖居落成使用等公益事业，增加了社会影响力。此外，群众路线教育实践活动、人才队伍建设等都有新成果、新突破，各项工作都跃上一个新台阶。

这些丰硕成果是在三联几代领导人所奠定的坚实基础上获得的，是三联同仁用血汗浇灌出来的，是我们发展的基石和信心所在。值此迎新春之际，我们满怀丰收的意悦，向全店员工暨离退休老同志致以节日的问候，祝大家马年吉祥，万事如意；祝我们三联乘势而上，再创辉煌。

马蹄得得，战鼓咚咚，2014，我们又开始了新的征程。为了实现新的奋斗目标，我们启动了数字化、国际化、集团化新战略，在继续实施品牌战略、人才战略、企业文化战略的同时，充实和丰富我们的战略思路。所谓数字化，就是开辟数字化出版新领域，使之形成新的一翼，并与传统图书出版形成互动和呼应，这决定着我们的长度，关系到前途的远近。所谓国际化，就是加快走出去步伐，从版权输出转变向国际发展，把国内影响力向国际影响力转移，这决定着我们发展的宽度，关系到品牌的轻重。所谓集团化，就是把各分社、各下属单位做实做优，力争个个成为独立经营和虚拟独立经营的实体，变扁平管理为立体化管理，这决定着我们的高度，关系到三联实力的高低。这三大战略同时是我们工作着力的重点。

我们要勇于克服困难。超越自我、行业竞争、环境变化，我们面临诸多困难。"从今以后更艰难，努力从头再试"，歌词中这样说；"艰难困苦，玉汝于成"，古书上这么讲。唯有困难才能成就我们。所谓成功就是克服一个又一个困难的过程，我们是这么一步一步走过来的，也将这样一步一步走下去。我们有信心、决心和勇气，未来的胜利属于我们，属于我们光荣的三联人。

又是一年春光好，芳草萋萋绿马蹄。让我们扬鞭策马，去创造新的奇迹。

生活·读书·新知三联书店

××年××月××日

任务三　撰写欢迎词和欢送词

一、欢迎词

（一）欢迎词的概念

欢迎词是指在接待或招待客人的正式场合中，主人发表的表示欢迎之意的致辞。外宾来访、领导视察、同仁参观、新生入学、新教师入校等都要表示热烈的欢迎和美好的祝愿。

（二）欢迎词的写法

欢迎词的一般格式和写法如下。

1. 标题

第一行正中写标题，字体略大，可写"欢迎词"三个字或"×××在欢迎×××会上的讲话"。

2. 称呼

第二行顶格写称呼，称呼要讲究礼仪，姓名要写全，要用尊称，可根据主客之间关系的疏密程度在姓名前面加表示亲切的修饰词语，如尊敬的、敬爱的、亲爱的，要因人而异。

3. 正文

正文要表示以下三层意思。

(1) 开头要对客人表示热烈的欢迎、诚挚的问候和致意。

(2) 阐述来访的意义，赞颂客人各方面取得的成就，也可回顾双方之间的交往与友谊，赞扬双方之间友好的合作。

(3) 最后表示良好的祝愿或希望。

4. 结尾

再一次对客人表示热烈的欢迎和良好的祝愿。

5. 署名、日期

应在正文右下方署名。如果标题有名称，则可不署名。署名下一行标明日期。

【例文】

欢迎词

女士们、先生们：

值此×××公司5周年庆之际，请允许我代表×××公司，并以我个人的名义，向远道而来的贵宾们表示热烈的欢迎。

朋友们不顾路途遥远专程前来贺喜并洽谈贸易合作事宜，为本公司5周年庆增添了一份热烈和祥和，我由衷地感到高兴，并对朋友们为增进双方友好关系做出努力的行动表示诚挚的谢意！

今天在座的各位来宾中，有许多是我们的老朋友，我们之间有着良好的合作关系。本公司创建5年来能取得今天的成绩，离不开老朋友们的真诚合作和大力支持。对此，我们表示由衷的钦佩和感谢。同时，我们也为能有幸结识来自全国各地的新朋友感到十分高兴。在此，我谨再次向新朋友们表示热烈欢迎，并希望能与新朋友们密切协作，发展友好合作关系。

"有朋自远方来，不亦乐乎"。在此新朋老友相会之际，我提议：为今后我们之间的进一步合作，为我们之间日益增进的友谊，为朋友们的健康幸福，干杯！

×××公司
××年××月××日

二、欢送词

欢送词是指向客人告别的正式场合中主人发表的表示送别之情的致辞。会议闭幕、学生毕业、客人结束访问等，都要表示热烈的欢送。

欢送词的格式和写法一般同欢迎词，只是正文部分的内容有所区别，应对客人表示热烈的欢送并对客人在这一阶段取得的成绩予以肯定，给予适当的评价。最后的结束语要以生动感人的语言对客人表示希望和勉励，并显示出依依惜别的感情。

【例文】

欢送词

尊敬的××博士，尊敬的朋友们、同志们：

××博士结束了在我校为期三年的执教生活，近日就要回国了。今天我们备此薄餐，为××博士送行。

三年来，××博士以出众的才智和辛勤的工作，赢得了全校师生的信赖与尊敬。他所做的几次学术报告，开阔了我们的视野，推动了学校的教学改革。对此，请允许我代表全体师生对××博士再次表示感谢！

在三年的教学工作和日常交往中，××博士与油脂专业的师生诚挚交流，以友相待，结下了较为深厚的友谊，我们为此感到高兴。

中国有句古话："海内存知己，天涯若比邻。"千山万水无阻于我们友谊的发展，隔不断彼此的联系，我们期望××博士在适当的时候再回来做客、讲学。

××博士踏上回程的时候，请带上我们全体师生的深情厚谊，也请给我们留下宝贵的意见和建议。

最后，祝××博士一路平安，万事如意。

××
××年××月××日

任务四　撰写讲话稿

一、讲话稿的含义、作用和特点

（一）讲话稿的含义及作用

讲话稿又称演讲稿，它是演讲者演讲前准备的文字稿，它为演讲的内容和范围提供了依据、规范和提示，是演讲获得成功的重要保证。

讲话稿的作用主要有以下四点。

(1) 保证演讲内容的完善。演讲稿是演讲内容正确、全面、深刻和富有逻辑性的基本保证。

(2) 保证演讲者临场发挥自如。写好演讲稿，演讲者对所讲内容及形式胸有成竹，演讲时便可消除心理上的顾虑和紧张，不必临时组织演讲思路，以免惊慌失措。

(3) 能加强语言的规范化和表现力。经过语法、修辞方面的推敲，不仅可以避免用词不当、词不达意、带口头语等问题，使演讲口语更加规范化，还能使语言更有表现力。

(4) 能帮助演讲者恰当地掌握时间。没有演讲稿的演讲者，往往会在演讲中失去对时间的把控。写好演讲稿，试讲时发现问题就能及时调整，演讲时便不会出现前松后紧的现象。

（二）讲话稿的特点

讲话稿既具有一般议论性质的应用文的特性，如中心突出、逻辑严密、说理性强等，又具有文艺作品的艺术手法多样、感情色彩浓厚等特点。

讲话稿的基本特点如下。

(1) 具有鲜明的对象感和现场感。

(2) 具有突出的可说性和可听性。

(3) 具有灵活的临场性。

二、讲话稿的结构

（一）讲话稿的结构

讲话稿一般由标题、称谓、正文、署名、日期五部分构成，但撰写技巧主要体现在正文。正文又可分为开头、主体、结尾三部分。

1. 开头

讲话稿开头又叫"开场白"，它虽不是主体，但起着特殊的作用。有句谚语说"良好的开端是成功的一半"，也有句谚语说"万事开头难"，前者说的是开头的重要性，后者说的是开头难度大。

开头的作用主要有两点：一是建立演讲者和听众之间感情上的联系；二是打开场面，引入正题。开头的方法固然很多，然而万变不离其宗，即吸引听众，即刻抓住其注意力，打动他们听下去。

几种常见的演讲稿开头如下。

(1) 落笔入题，开宗明义。这种方式是开门见山，直截了当地揭示演讲主题，运用得较为普遍，特别是些比较庄重、严肃的演讲，常采用这种开头。其优点是干脆利落，中心突出，使听众快速把握演讲的主旨。

(2) 提出问题，发人深思。这种开场白的优点在于能引起听众的注意力，引导听众积极地思考问题，参与演讲的议题，而不是消极被动地听演讲。而且，由于听众是带着问题去听演讲，故而增强了其对演讲内容认识的深度和广度。

(3) 故事开场，引出正题。故事的特点是内容生动精彩，情节扣人心弦，因而吸引力极强。演讲用故事开场，故事本身的生动性、形象性和趣味性，能即刻将听众的注意力和兴趣吸引过来。

(4) 哲理名言，统领题旨。哲理名言是实践经验的结晶，它永远具有引人注意的力量，尤其是富有文采的哲理名言，对青年人来说有独特的魅力。直接引用哲理名言来开场，可以使演讲纲举目张。

(5) 巧设悬念，引人入胜。巧设悬念的开场白，可以立即激发听众的好奇心，引起听众的注意，使听众始终关注演讲者的话题。

(6) 结合现场，联络感情。这种开头能沟通演讲者与听众的情感，使听众对演讲者的好感油然而生，从而首先在感情上认可演讲。

(7) 展示实物，引申开去。可以拿出一些实物，如图画、照片、统计表等物品，展示给听众看，这是引起听众注意的一种最直接的方法。

2. 主体

这是讲话稿的重点。既要紧承开场白，又要内容充实、主旨鲜明，并合乎逻辑地逐层展开论述，还要设置好演讲高潮，以使听众产生心灵共鸣。

(1) 主题鲜明突出。

(2) 内容充实有说服力。

(3) 层次清晰。讲话稿安排层次时要注意通篇统筹安排，给人以整体感；要主次分明，详略得当，给人以稳定感；要互相照应，过渡自然，给人以匀称感。

(4) 精心设置高潮。

3. 结尾

俗话说，慎终承始。讲话也是如此，当听众的激情被点燃后，对结尾的期待相应会更高。这时只有使结尾比开头、主体更精彩，才能激起听众的兴趣，从而在热烈的掌声中结束讲话。

讲话结尾应完成以下4个任务。

(1) 再现题旨，使听众加深认识。

(2) 收拢全篇，使之统一完整。

(3) 点燃听众激情，使其为之行动。

(4) 耐人寻味，给予听众美的享受。

三、讲话稿的写作要求

1. 了解对象，有的放矢

应了解听众对象，了解他们的思想状况、文化程度、职业状况；了解他们所关心和迫切需要解决的问题是什么。不考虑听众对象，即使说得天花乱坠，听众也会无动于衷。

2. 观点鲜明，感情真挚

观点鲜明可以显示出讲话者对客观事物见解的透彻程度，能给人以可信性和可靠感。观点不鲜明，则会缺乏说服力，从而失去演讲的作用。

3. 事例要新鲜、典型、具体、感人

最好选择能引发听众同感的、自己亲身经历过的事件，但不能一味取悦听众，使用离题甚至庸俗的事例。

4. 行文变化，富有波澜

构成讲话稿波澜的因素很多。如果能掌握听众的心理特征和认识事物的规律，恰当地选材、安排结构，做到有起伏、有张弛、有强调、有反复、有照应，则能使演讲牢牢地吸引听众，在听众心里激起波澜，引起共鸣。

5. 语言口语化，通俗生动

表达讲话内容的语言始终要清晰通畅，尽量用短句，少用复杂的长句和倒装句，多用易于上口的双音节和多音节词语，多用利于声音传递的开口呼音节，不用或少用书面语；要充分运用多种修辞手法，如比喻、排比、拟人、反复、拟声等，使演讲声情并茂。

6. 准备充分，随机应变

事前准备好的讲话稿并不是一成不变的，要根据讲话现场的情况进行适当增删，或者调整顺序。要有几种备用方案和材料，以免临场生变，拙于应付。

【例文】

人工智能：影响未来人类发展的变革力量

——李彦宏2021年WAIC演讲

世界人工智能大会自2018年以来，已成功举办三届。人工智能作为一个国家战略已经深入人心。人工智能是上海落实国家战略部署、重点发展的三大先导产业之一，也是城市数字化转型的重要驱动力量。

过去几年，关于人工智能的探讨多集中在两个方面，一是人工智能对于未来经济发展和效率提升的帮助，二是如何防范人工智能技术发展带来的不可预知的风险，也就是人工

智能的伦理道德问题。而关于人工智能对于人类社会其他方面的价值，也就是人工智能的社会价值讨论并不多，而我认为人工智能的社会价值恰恰跟人民对美好生活的向往，跟高质量发展，是息息相关的，是值得社会各界认真对待的。

如我们讲到智能交通的时候，较多地关注了通行效率的提升会对城市 GDP 增长带来促进作用。经过我们的测算，15%的通行效率的提升，可以转化为2.4%的 GDP 增长。但是我们忽略了交通其实是个民生问题，带有明显的社会属性、服务属性和公共属性。人们对于交通拥堵的感受，对于限行限购的感受，远远超越了它们所对应的经济损失。

据机构统计，每年有约135万人在交通事故中失去生命，这意味着全球平均每二十几秒就有一人丧生于交通事故。而94%的交通事故是人为因素造成的。我们国家的刑事犯罪中，危险驾驶罪高居首位，达到了总刑事犯罪数量的四分之一左右，这是让人非常触目惊心的数字。

每年全球大约510亿吨的碳排放当中，交通运输行业占比是16%。提升交通效率，就意味着减少碳排放，就意味着远离气候灾难。

而通过"聪明的车"和"智慧的路"，构建一个智能交通系统，不仅可以明显降低交通事故的发生，提升安全通行的概率，还能够让人们对美好生活更有感知，让出行更加绿色环保。

再比如，我国正在步入老龄化社会，有关部门预测，"十四五"时期，全国老年人口将突破3亿，从轻度老龄化迈入中度老龄化。这一转变，对经济增长、科技创新、社会保障、公共服务等各方面都提出了新的挑战。在智能助老这个领域，AI 也大有可为。无论是社区还是居家养老，AI 在为老年人提供生活便利、康复护理、助餐助行、紧急救援、精神慰藉等方面都能起到明显的作用。一个老年人在家里跌倒了，如何第一时间发现，第一时间通知家人，第一时间进行救助，计算机视觉技术可以做得很好。自然语言理解方面的进步可以让智能屏跟老年人进行长达数小时的聊天解闷，且永远对老人忠诚、陪伴。

AI 还在不断拓展人类的生存空间和自由度。刚刚大家在屏幕上看到了祝融号火星车数字人，这是中国火星探测工程联合百度，基于人工智能技术开发的全球第一个火星车数字人。机器翻译技术的突破，可以让人类通过不同的自然语言进行自由交流。自动驾驶技术的突破，可以让汽车不像汽车，更像一个机器人，跑得比人快，还能听懂人说的话，说得跟专业主持人一样好。郊区农场的苹果熟了，你可以让自己的汽车机器人帮你取回来，不必自己舟车劳顿。

这方面我们和业界很多人的认知有不一样之处，现在造车很多人认为汽车是一个大个的手机，也有人认为车是一台电脑加四个轮子。我们觉得智能汽车未来更像智能机器人，或者反过来说也对，也就是未来机器人的主流方向，更像一台智能汽车。

在我看来，人工智能无疑将会是影响未来40年人类发展的变革力量。这个力量今天正在不断地积蓄，在交通、金融、工业、能源、媒体等各行各业，人工智能技术的应用，都给出了行业数字化升级的新思路和新解法，甚至已经开始重塑整个行业的面貌，进而影响人类社会的未来。

为了迎接这一变革的到来，百度准备了很多年。我们的自动驾驶技术处于全球技术领导者阵营。不久前百度刚刚推出了新一代共享无人车 Apollo Moon，目标是让出行比现在的网约车更便宜；未来2~3年，我们计划将共享无人车服务全面开放至国内的30个城市，服务更广泛的用户；我们最新的智能汽车也正在快速研发中，预计2~3年内大家就可以体验到一款更像机器人的汽车。

百度 ACE 交通引擎已经在上海、北京、广州、重庆等二十余个省市地区开展落地。借助"ACE 智能交通引擎"带来的绣花级数字化路口与智能交通运营商模式，中国的城市正在构建起世界级的智能交通系统集群。

从更宏观的角度来看，智能交通系统是未来数字城市运营的一个缩影。大家对机场、高速铁路、电信网络的运营商模式非常熟悉，但是目前我们还没有数字城市的运营商。我认为，AI 技术助力下的数字城市运营商模式，会是一种很好的解决方案。通过 AI 新基建，我们有信心进一步为工业和城市的数字化转型，贡献创新解决方案。

人工智能给行业和社会带来的变革，最终是为了服务于人。人工智能存在的价值是帮助人、教人学习，让人成长，而非超越人、替代人。技术只有服务于人、服务于社会，产生更多的正向价值和贡献，才真正有意义。

在智能助老这个领域，我们也在行动。我曾经听同事们讲过这样一个故事——在百度智能公益试点小区，每户老人的家里都配备了定制化的小度智能屏，老人们可以利用它们放音乐、放视频、网上购物，打发休闲时光；也可以利用智能屏检查身体情况，实时掌握健康状态，做好慢病管理，远程呼叫医疗救援，拥有十八般武艺的智能设备已然可以提升爷爷奶奶们的生活质量。

我们正在利用 AI 实现这样一个高度智能化的场景——通过将与老年人相关的医疗服务和健康管理设备智能化，帮助老年人对健康医疗数据进行收集与跟踪，从而更好地管理他们的身体情况；通过搭载在智能设备中的适老化综合服务平台，打通社区服务资源和卫生医疗资源，面向老年人提供家医服务、慢病管理、紧急呼叫等综合服务；通过普及以语音为核心，结合眼神、手势等多模交互的人工智能助手，让老年群体能在日常生活的各个场景享受到科技发展带来的便捷。

这些智能系统或许是几十年前科幻故事里才会出现的场景，但今天经过技术追逐者们的不懈努力，它们正在成为现实。百度以"用科技让复杂的世界更简单"为使命。我们对于人工智能的思考，一直在于它能否促进人们平等地获取技术和能力，给人类带来更多自由和可能。我们也在不断携手更多志同道合的伙伴，持续探索更多"科技为更好"的路径。

过去几百年间，资源消耗型的工业发展被认为是社会进步的基石保障，但未来几百年，科技的进步足以支撑人类回归低碳社会——这也是最初人与自然的相处模式。在这个过程中，AI 正在帮助人类做出改变，并将在更多领域为经济发展和社会进步创造价值，如 AI 助力下的生物计算为人类的生命健康谋福祉，通过 AI 技术创新减少碳排放、助力碳中和等。

不久前，百度也发布了自己的碳中和目标，我们承诺到2030年实现集团运营层面的碳中和。百度也将与生态伙伴一道用 AI 助力"零碳成长",进一步努力实现负碳排放,助力中国"2060 碳中和"目标的达成,助力实现全球温升不超过 1.5 摄氏度的气候目标。

一直以来,我们把探索人工智能视为星辰大海一般的征途。而今天,我们越来越感觉到,一个全新的人工智能社会即将到来。AI 技术与物理世界不同的人群、场景结合,让其不经意间融入社会的脉络,人工智能技术带来的便利也终将演变成为人与社会的一种"下意识",在这方面,我一直抱有坚定的信心。

正如艾伦·图灵所说:"这不过是将来之事的前奏,也是将来之事的影子。"

谢谢!

【写作训练】

1.商文电器有限公司要举办公司成立 20 周年庆,计划邀请行业知名企业讯飞公司总裁郭佳华前来参与庆典,并进行讲话,请你从商文公司角度完成一则邀请函。

2.商文电器有限公司连续 3 年蝉联行业销量榜冠军,你们公司海阔数据科技有限公司是尚文公司的合作伙伴,请你从海阔公司角度完成一则贺信。

3.商文电器有限公司要举办公司成立 20 周年庆,请你从公司角度完成一篇欢迎词。

4.学校要举办 30 周年校庆,假如你将作为学生代表讲话,请为自己撰写一篇讲话稿。

【例文赏析】

例文:慰问信

慰问信

全体女教职员工们:

阳春三月,我们迎来了 20×× 年"三八"国际劳动妇女节。在这美好的日子里,诚向我校全体女教职员工致以节日的祝贺和亲切的慰问。

"三八"国际劳动妇女节,是全世界劳动妇女的光辉节日,中国妇女运动和妇女事业取得了巨大的发展进步。无论在哪一时期,中国妇女都谱写着辉煌的业绩。在这辉煌的业绩当中,也有 ×× 中学全体女教职员工的一份力量。

我校现有女教职员工 ×× 人,其中女教师 ×× 人,女职工 ×× 人。她们在推动学校事业的发展中,具有举足轻重的作用。她们在各自岗位上勤奋工作、积极进取、无私奉献,为我校教育事业的发展做出了应有的贡献,展示了新时期职业女性的良好形象。×× 名女教职员工在 ×× 中学这块土地上呕心沥血,耕云播雨,书写着学校美好的明天。我们要把最美丽的鲜花献给你们,把最崇敬的诗章献给你们,愿你们青春永驻,事业辉煌。

时代的发展呼唤富有知识和智慧的女性。希望你们再接再厉,不断提升个人素养,以素质树地位,以业绩求平等,不断追求人生新境界;要处理好学习和工作、家庭之间的关系,保持持久的学习热情,不断用新知识、新技能充实自己,提高自己,完善自己,更好地履行教书育人、管理育人、服务育人的职责;要自尊、自信、自立、自强,勇于表现和施展才能,积极参与学校教育教学改革,用出色的工作成绩证明自己的价值;要敢于应对各种挑战，提高岗位竞争能力和心理能力，拓展空间，实现更高层次的发展。

　　妇女同志们，学校长足发展的目标为我们提供了新的发展机遇，也给我们广大女教职员工创造了更广阔的发展天地，相信我们的妇女同志们一定能把握机遇、开拓创新，以饱满的热情、执着的追求，为教育事业再创新成绩，再做新贡献。

　　最后，祝大家节日快乐、工作顺利、身体健康、家庭幸福！

××中学

××年××月××日

模块三

财经公务文书

在科学技术迅猛发展、企业竞争日趋激烈和信息时代高速发展的今天，公文在政府机关、企事业单位实施领导、处理公务、沟通信息、传达企业决策中发挥着越来越重要的作用，公文写作的质量将直接影响企业对外的形象，以及对内的信息传达准确度。培养大学生提高公文文书写作的能力，从而把握科学、精准的表达能力，对大学生走向工作岗位有重要的意义。

本模块要求学生掌握通告、通知、通报、报告、请示、批复、函、会议纪要等几种常用公文的撰写，帮助学生提升公文写作的职业素养。

▶ 学习任务

- 撰写通告、通知、通报
- 撰写报告、请示、批复
- 撰写函、会议纪要

【写作故事】

老虎开会

一天，老虎想邀请动物们来开会，于是在一棵树上挂了个牌子，上面写着：请来开会。

一周过去了，一年过去了，老虎等了很久，但一个小动物都没来，老虎大发雷霆，眼睛像迸发着愤怒的火花，鼻子喘着粗气，嘴张得大大的，露出了锋利的牙齿，胡子像一根根锋利的针，愤怒地说："我森林大王说的话居然没人听！怎么没人来开会！"

后来老虎遇到了忙碌的小马，老虎说："你为什么不来开会？"小马一脸委屈地说："大王，你都没有写时间，我以为一百年后才开会。"

老虎看见调皮的小猴，一下子冲了过去，拽起小猴的尾巴，大声质问："你为什么不来开会？"小猴连声求饶："老虎大王，你没有说地点，我以为要到火星去开会，可是我没有飞船，没有办法去开会。"

老虎去小猪的家，奋力地打开了小猪家的门，小猪伸了伸懒腰，打了个哈欠。"你为什么不来开会？"老虎愤怒地问。小猪懒洋洋地说："老虎大王叫谁去开会，您没有写清楚。"

老虎看见胆小的兔子，老虎说："你为什么不来开会。"兔子吓得蜷成一团，连头都不敢抬，结结巴巴地说："大王，您以前都是邀请豹子、狮子开会，如果这次是比武大会我不就惨了？"

老虎听了他们的建议，把牌子内容改了改，写着：××年××月××日上午8点在森林最高的大树下开会，所有动物务必参加，讨论森林环保问题。于是，动物们都来开会了。

任务一　撰写通告、通知和通报

一、通告

通告适用于公布社会各有关方面应当遵守或者周知的事项，具有法规性、政策性、广知性的特点。各级行政机关、团体、企事业单位都可发布通告。

（一）通告的种类

1. 法规性通告

法规性通告是指国家政府职能部门根据有关法律、规定制定的强制性行政法规。

2. 知照性通告

知照性通告是指政府机关或企事业单位告知公众某种事项或要求被通告者办理一些例行事项的通告，如《北京市地方税务局关于对本市企事业单位机动车辆征收车船使用税的通告》。

（二）通告的写作

1. 标题

通告的标题一般由发文机关、事由、文种三部分构成，如《国务院关于保障民用航空安全的通告》。有时还可使用省去发文机关或事由的省略式标题，如《中华人民共和国公安部通告》《关于税收财务大检查实行持证检查的通告》。还有的通告标题只有文种"通告"两字。

2. 正文

通告正文一般由通告的缘由、通告事项和结尾构成。缘由阐明发布通告的目的、依据或意义，要求简单明了。缘由的后面常用承启用语"现通告如下""特做如下通告"等。通告事项应写明具体的规定和要求等，多数分条列项写，要求具体明确，注意内容的条理性和表意的严密性。结尾或提出要求，或指明执行时间等，一般以"特此通告"收束。

通告一般不需要写出收文机关和读者对象。

【例文】

关于社区文明停车的通告

小区全体业主：

大家好！为引导广大业主文明规范停车，创造良好停车秩序，给您及他人提供停车便利，物业服务中心特提示广大车友朋友们规范、安全停车，具体应注意以下事项。

(1) 请不要冲闯出入口岗，不要占用他人固定地下停车位，临停车辆请将车辆停靠在临时停车位上。

(2) 不在非停车位区域停车，不在各出入口、公共通道、消防通道上停车。

(3) 骑线、压线停车等于一车占两位，致使他人车辆无法停靠，属侵犯他人利益的行为，请将车辆按照车位停放整齐。

(4) 如发现有车阻碍通行，或其他违停现象，请及时与服务中心取得联系，我们将尽快联系该业主移车。

(5) 车辆停靠完毕请及时关好门窗，车卡分离，以防物品丢失。

让我们携起手来，从我做起、从现在做起，倡导文明停车、规范停车，拒绝违停，共同创建和谐的社区！

××物业服务有限公司

物业服务中心

××年××月××日

【例文】

关于进一步明确女性灵活就业人员退休年龄相关问题的通告

近期，省人力资源和社会保障厅对企业职工基本养老保险女性灵活就业人员的退休年龄问题做了进一步工作提示，现就相关事项通告如下。

(1) 根据《社会保险法》和国家及我省有关政策规定，我省参加企业职工基本养老保险的女性无雇工个体工商户及灵活就业人员(参保缴费比例为20%)，法定退休年龄为55周岁。

(2) 按单位职工身份参加企业职工基本养老保险(参保缴费比例为24%)的女性退休年龄规定仍按"企业女职工年满50周岁时，在管理(技术)岗位上工作的，退休年龄按年满55周岁确定；在工人岗位上工作的，退休年龄按年满50周岁确定"等相关规定执行。

(3) 参加企业职工基本养老保险期间，在企业职工与无雇工个体工商户、灵活就业人员之间进行参保身份转换的女性参保人员，按其申请退休时的参保身份(参保缴费比例)确定退休年龄。

(4) 参保人员在《社会保险法》实施之前(2011年6月30日前)有以企业职工身份参保缴费记录的，可按企业女职工退休年龄政策办理退休。

我市从2023年1月1日起全面执行上述政策，政策咨询可致电各地社保中心企业养老保险待遇政策咨询电话。

××社会保险服务中心

××年××月××日

二、通知

通知是"批转下级机关的公文，转发上级机关和不相隶属的公文，传达要求下级机关办理和需要有关单位周知或者执行的事项，任免人员"时使用的公文。通知对发文机关没有任何限定，适用范围广泛，是各级机关单位较普遍使用的一种文种。

（一）通知的种类

1. 批转、转发性通知

批转性通知用于批转并转发下级机关的公文。转发性通知用于转发上级机关、平级机关和不相隶属机关的公文。被批转或转发的公文成为通知的附件，如《国务院办公厅转发国家乡村振兴局中央农办财政部关于加强扶贫项目资产后续管理指导意见的通知》(国办函〔2021〕51号)。

2. 发布性通知

发布性通知用于发布(印发、下达)条例、办法等行政法规和其他重要文件，如《国务院办公厅关于复制推广营商环境创新试点改革举措的通知》(国办发〔2022〕35号)。

3. 指示性通知

指示性通知可用于对下级布置有关工作、传达上级指示和安排，让下级机关办理或执行，如《国务院办公厅关于进一步做好高校毕业生等青年就业创业工作的通知》(国办发〔2022〕13号)。

4. 知照性通知

这类通知可分为三种：①会议通知，用于通知召开会议的有关事项，如《××市工商银行关于召开会议决算编审工作会议的通知》；②一般事务通知，用于向下属告知需要周知的一般性事项，如机构的设置、变更与撤销、印章启用与废除、节假日安排等；③任免通知，用于任免和聘用干部或下达任免事项，如《××局关于×××等同志职务任免的通知》。

（二）通知的写作

1. 标题

通知的标题，一般由发文机关、事由、文种三部分构成。事由是通知主要内容的准确、简要概括，可在文种前加上"重要""紧急""联合""补充"等词语。通知还可采用省去发文机关或事由的省略式标题。

2. 正文

通知种类不同，正文写法也有差别。

1) 批转、转发性通知

这类通知的正文一般由批转、转发的内容和执行要求两部分组成。批转通知要写明批转机关名称和态度，再加被批转公文的发文机关名称和标题，然后提出简要的执行要求。转发通知直接写被转发公文的机关名称和标题，然后提出执行的要求。有的通知还会对转发公文的内容做进一步阐述，强调所涉及问题的重要意义，提出执行的具体措施和要求。发布性通知与转发通知的写法类似。

2) 指示性通知

这类通知的正文一般由三部分组成，即发文的缘由或目的、通知的具体事项和执行要求。开头部分写发通知的意义或存在的问题，有的写通知的依据和任务。常用"现就有关事项(问题)通知如下""特通知如下"等承启语引出下文。中间部分一般分项写通知内容，如处理问题的原则、方法及具体措施，布置工作的内容、要求、标准等，内容要写得明确具体、条理清晰、切实可行。结尾部分写贯彻落实事项的要求和希望，可作为通知事项的最后一项，列项写出执行的具体要求，或以"特此通知，望认真贯彻执行"等常用结束语收束。

3) 知照性通知

这类通知的正文一般比较简单，开头简要说明通知的目的或依据，然后简明交代告知的有关事项。会议通知的内容一般包括会议名称、会议内容、起止时间、会议地点、参加人员、报到事宜及有关要求等。

【例文】

国务院办公厅关于推广行政备案规范管理改革试点经验的通知

国办函〔2022〕110号

各省、自治区、直辖市人民政府，国务院各部委、各直属机构：

经国务院批准，自2021年7月起，河北、浙江、湖北三省开展了为期一年的行政备案规范管理改革试点。试点期间，三省认真落实《国务院办公厅关于同意河北、浙江、湖北省开展行政备案规范管理改革试点的复函》(国办函〔2021〕68号)有关要求，制定行政备案管理办法，全面梳理、分类规范行政备案事项，大力推进行政备案网上可办、"一网通办"，有效提升了行政备案标准化、规范化、便利化水平，对消除市场准入隐性壁垒、激发市场主体活力等发挥了积极作用。为进一步深化行政审批制度改革，持续优化营商环境，经国务院同意，现将三省行政备案规范管理改革试点经验印发给你们，请结合自身实际学习借鉴。

各地区各部门要高度重视行政备案规范管理工作，加强行政备案规范化、法治化建设。严格设定要求，对行政备案事项，不得规定经行政机关审查同意，企业和群众方可从事相关特定活动；能够通过政府内部信息共享、涉企电子证照库等渠道获取有关信息的，一般不得设定行政备案。要细化优化行政备案实施规范，制定并公布办事指南，对违规增加办理环节或者备案材料、超时限办理备案、无正当理由不予备案等问题，要及时整改。要建立和完善协同机制，鼓励将行政备案纳入政务服务中心集中办理、统一管理，加强相关信息共享共用，更大力度推进行政备案易办快办。要加大监督检查力度，坚决纠正以备案之名行许可之实。要充分运用备案信息提升政府监管效能和政务服务水平，不断降低制度性交易成本，努力为市场主体发展营造更好的营商环境。

附件：1. 河北省坚持问题导向 强化分类管理 大力推动行政备案规范运行

2. 浙江省坚持精细管理 强化数字赋能 全力推进行政备案规范管理

3. 湖北省坚持标准指引 强化利企便民 推动行政备案规范管理走深走实

国务院办公厅

2022年11月5日

三、通报

通报适用于表彰先进、批评错误、传达重要精神或者情况。通过将典型事例、重要的工作情况予以及时发布，发挥通报的教育引导作用。

（一）通报的种类

1. 表扬性通报

这类通报用于表彰先进集体、先进个人，介绍先进经验，以宣传典型、推广经验。如《江西省公安厅关于好民警邱娥国先进事迹的通报》。

2. 批评性通报

这类通报用于批评错误或不良倾向，通报事故，以吸取教训，引以为戒，如《国务院办公厅关于四川山东两省部分市(县)乱集资乱收费问题的通报》。

3. 情况通报

这类通报用于传达重要的精神或情况，以便上情下达，协调工作，如《关于全国干线公路养护与管理工作检查情况的通报》。

（二）通报的写作

通报的正文一般包括以下内容：①通报事实，这是通报的原因和依据，要交代通报当事人的姓名、单位，以及事件发生的时间、经过、结果等；②分析与评价，从事实出发适当予以评论分析，指出重要意义或严重后果，揭示本质性问题；③通报决定，提出对被通报者的表彰或惩处办法；④提出希望要求，或写学习先进，再创佳绩，或写引以为戒，防止类似事件发生，或提具体意见，指导今后工作。

通报写作内容要准确无误，通报事件或问题应具有典型性。因此，通报叙述情况要客观，分析问题要实事求是，评判定性要慎重、准确。发现情况要及时通报，充分发挥通报的教育引导作用。

【例文】

陕西省人民政府关于表彰第十五次哲学社会科学优秀成果的通报

各设区市人民政府，省人民政府各工作部门、各直属机构：

按照《陕西省人民政府办公厅关于印发陕西省哲学社会科学优秀成果评奖办法的通知》(陕政办发〔2017〕96号)和陕西省第十五次哲学社会科学优秀成果评审结果，省政府批准授予《延安时期中国共产党局部执政研究》等84项成果一等奖；授予《陕派律学家事迹纪年考证》等138项成果二等奖；授予《高校党建进学生公寓理论与实践》等121项成果三等奖。

全省广大哲学社会科学工作者要以获奖者为榜样，坚持以习近平新时代中国特色社会主义思想为指导，认真贯彻落实党的十九大、十九届历次全会精神和省第十四次党代会精神，坚持正确的政治方向和学术导向，围绕全面建设社会主义现代化强国目标，进一步联系改革实践，加强对重大理论和现实问题的研究和成果运用，推动我省哲学社会科学事业繁荣发展，为我省经济社会高质量发展贡献智慧力量，以优异的成绩迎接党的二十大胜利召开。

附件：陕西省第十五次哲学社会科学优秀成果获奖名单

陕西省人民政府
2022年6月27日

任务二　撰写报告、请示和批复

一、报告

报告适用于向上级公司汇报工作、反映情况，答复上级公司的询问。报告有利于上级公司了解掌握下级公司的工作及其他情况。

（一）报告的种类

报告按内容和性质可分为以下三种。

1. 工作报告

这类报告用于向上级报告本单位工作进展情况、存在的问题和主要的经验，如《关于全国清理三角债工作情况的报告》。

2. 情况报告

这类报告用于向上级公司反映重要情况、突发的重大事故或问题，如《××省商业厅关于××市百货大楼重大火灾事故的报告》。

3. 答复性报告

这类报告用于答复上级公司的询问和回复上级的批办件。

（二）报告的写作

工作报告的正文重在汇报工作。开头概述工作开展总的情况，然后用"现将××情况汇报(报告)如下"一类的过渡语引出主体部分。主体是报告的核心，用于陈述具体情况，如工作进展情况、成绩和经验、问题与不足、意见和打算等。

情况报告的正文一般包括情况或问题发生的原因、经过、情况分析、处理意见和建议等。情况概述应实事求是，分析应客观具体，建议应切实可行。

答复性报告一般先交代写作缘由，即写明针对上级提出的什么问题或询问的事项，再具体作答。

报告结尾常用"特此报告""专此报告""请审阅"等词。

报告写作要中心明确，内容可靠，针对性强，叙述简明，不能夹带请示事项。

【例文】

第一期员工培训总结报告

在各级领导和各位培训师的支持与帮助下，以及各位参训员工的积极配合下，本次培训工作进行得紧张有序并取得圆满成功。现将本次培训情况总结如下。

一、培训基本概况

1. 培训时间：2017年2月22日至2月24日

2. 培训目的：给员工提供正确的、相关的公司及工作岗位信息，鼓励员工的士气，让员工了解公司的规章制度、企业文化及发展方向，使员工明白自己工作的职责、加强同事之间的关系，培训员工解决问题的能力及提供寻求帮助的方法

3. 实际参加培训总人数：19人

4. 参训单位：总经办、生产部、保卫科

5. 组织单位：总经办

二、培训考核

培训考核侧重于理论考试和技能考核两部分，笔试的权重为40%，技能考核的权重为50%，课堂表现和课堂笔记各占5%。

备注：所看到的得分已经转换成为百分位数，表示该被考核人在本部门的考核中各项指标的排名位置。

1. 理论考试

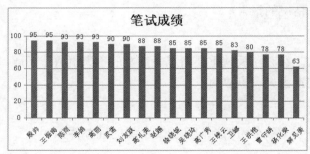

2. 技术能力考核成绩

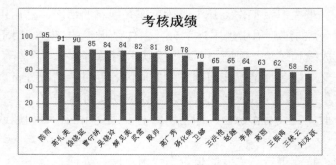

3. 综合成绩

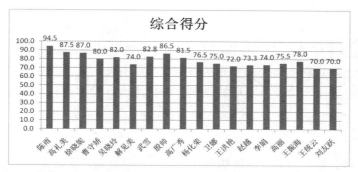

综合成绩根据课堂表现、课堂笔记、笔试及技能考核综合计算得出。此次培训为鼓励员工士气共设立了三个奖项，其中，一等奖1名，二等奖2名，三等奖3名，分别对前六名的员工(陈雨、高礼美、徐晓妮、殷帅、武雪、吴晓玲)进行了物质奖励。

三、培训综合分析

这次员工入职培训以生产一线员工为主，在三天的集训中，通过对公司概况、规章制度、礼仪培训、心态培训、车间管理及安全防护知识等课程的讲解，学员对公司有了一个整体印象，掌握了工作必备的制度与知识，以及安全防护意识；尤其是灭火器使用的现场演习，通过保卫科柏科长演示、员工的操作，大家掌握了使用干粉灭火器的方法。这次演习帮助员工们增强了安全防火意识，掌握了火灾发生时的自救办法。3个小时的车间管理培训使车间员工深入了解了自己的岗位职责，逐步开始完善自己的工作进程。

这三天的培训基本上达到了原定的培训目标，使员工深入了解了公司的概况，熟悉了工作的基本流程，了解并掌握了工作必需的知识与技能。这次培训经过各位授课教师的辛苦讲解，得到了员工的肯定。大家普遍认为《员工心态培训》《礼仪培训》《安全防护知识》等课程讲解深入、授课方式灵活、容易接受，深受参训员工的欢迎。不过在与车间员工沟通的过程中也发现了授课及组织协调的许多不足，具体如下。

授课方式的生动化、多样化方面有所欠缺。在制度讲解部分只是"照本宣科"，并没有深入、透彻、灵活地讲解，课堂氛围很沉闷，这也是一直以来的培训授课中存在的通病，建议通过提高授课技巧来解决。

应注重加强岗位操作人员的基本技能训练，使培训工作与选拔人才相结合，与提高岗位操作能力相结合，切实提高岗位操作人员的技能水平。

在日后的培训工作中，公司会充分调动员工的积极性，保证培训知识能及时吸收和消化，做到逐步完善公司管理配套机制。

总经办

2017年3月10日

二、请示

请示适用于向上级公司请求指示、批准。

（一）请示的种类

1.请求指示的请示

这类请示是指下级公司在工作中遇到无章可循的新情况、新问题时，会请求上级指示；对有关方针、政策和上级公司发布的规定、指示有疑问时，需要上级公司给予解答。如《××省财政厅关于〈会计人员职权条例〉中"总会计师"是行政职务或是技术职称的请示》。

2.请示批准的请示

这类请示是指为增设机构，增加编制，上项目，要资金、设备等而请求上级机关审核、批准的请示。如《关于请求追加我省自然灾害救济款的请示》。

3.请示批转的请示

政府职能部门提出相关问题的处理意见和办法，但无权直接要求平级公司和不相隶属公司照办时，可用请示的方式请求上级单位审定批转给有关部门执行。

（二）请示的写作

1.标题

请示的标题由发文公司、事由、文种三部分构成。其中，发文公司可以省略，事由部分一般不能省略。概括事由时一般不应出现"申请""请求"之类的词语，避免与"请示"之意重复。

2.正文

请示的正文一般由请示缘由、请示事项、请示结尾三部分组成。

请示缘由即请示事项的背景、原因和依据，应写得充分、具体、合理、清楚。请示事项即请求上级公司指示、批准、帮助解决的具体事项。请示事项要明确具体，切忌模棱两可，让上级难以答复。

请示结尾通常以征询期复性的话语结尾。如"妥否，请批复""当否，请批复""以上意见当否，请批复""以上请示如无不妥，请批转有关部门执行"等。

三、批复

批复适用于答复下级公司的请示事项，它是与请示相对应的下行文。

（一）批复的种类

批复按照内容性质主要有同意性批复、否定性批复和解答性批复三种。

（二）批复的写作

1.标题

批复标题的常见形式有如下两种。

1) 三项式

这类标题由发文公司、事由、文种三部分组成，如《国务院关于东北地区振兴规划的批复》。在标题的事由一项中，可以明确表示对请示事件的意见和态度，也可在文种前加上"给×××"请示公司的字样。

2) 省略式

这类标题省略发文公司，标题由事由加文种组成，如《关于××乡人民政府申报兴建工业园问题的批复》，其中，事由部分不能省略。

2. 正文

批复的正文一般包括批复依据和批复意见两部分。批复依据先引叙对方来文(包括对方来文日期、标题和文号)，并以"收悉"两字结束，如"你局《关于×××的请示》(××局〔20××〕1号)收悉"，接着用过渡语"现批复如下"引出批复意见。

批复意见是对请示事项表明态度，做出明确答复。同意性批复较简单，一般只需表示同意即可。否定性批复一般需阐述不同意的理由。解答性批复根据情况做具体的解答，内容可繁可简；有的批复在答复后还提希望和要求。结尾为"特此批复"等语。

批复的写作要态度明确，语气肯定，言简赅。

【例文】

关于申请筹建生物工程实验室项目缺口资金的请示

省科技厅：

近年来，在省委、省政府和贵厅的大力支持和关心下，我所的工作取得较快发展，开发的项目多次获奖，有的项目已进入市场，创造了较好的社会效益和经济效益。我所按照科学发展观的要求，以项目为载体，积极筹建生物工程实验室项目，经过努力，项目进展较快，现还差项目配套资金100万元，请省科技厅按筹建生物工程实验室专题会会议精神给予拨付。

××研究所
××年××月××日

【例文】

关于对××研究所资金缺口请示的批复

××研究所：

你所上报的"关于申请筹建生物工程实验室项目缺口资金的请示"已收悉，同意拨付资金100万元，请你所按要求使用好该项资金，项目完成后，提交资金用途报告，我厅将进行审核。

省科技厅
××年××月××日

任务三 撰写函和会议纪要

一、函

函适用于不相隶属公司之间商洽工作、询问和答复问题、请求批准和答复审批事项。函的使用范围广泛，行文灵活简便。

（一）函的种类

(1) 按性质分，可分为公函、便函。

(2) 按行文方向分，有发函(也称去函)、复函。

(3) 按内容和作用可分为以下几种。

① 商洽函：用于不相隶属公司之间商洽工作，如商调人员、洽谈业务等。

② 询问函：去函的一种，用于向有关部门询问具体问题。

③ 请批函：用于无隶属关系的公司向业务主管部门请求批准某一事项。

④ 答复函：复函的一种，用于回复公司收到的商洽函、询问函、请批函。

⑤ 告知函：去函的一种，用于告知受文公司或单位某项具体事宜，不需要对方回复。

（二）函的写作

1. 标题

1) 三项式标题

这类标题由发文公司、事由、文种三部分组成，如《××公司关于选派技术人员进修的函》。

2) 省略式

这类标题省略发文公司或事由，如《关于征求对加快道路运输发展的若干政策意见的函》。

2. 正文

函的正文一般包括缘由、事项和结语三部分。开头交代函的目的、根据或原因等。复函应说明来函收悉情况，先引用对方来函的标题或发文字号或发文日期，如"你单位××年××月××日函悉"。

主体提出商洽、请求、询问或答复请批的具体事项，要写得具体明确、条理清楚、直陈其事。

结尾根据不同情况可使用"请予函复""特此函告""特此函复""此复"等语。

3. 写作要求

函要求一事一文，内容单一集中，不枝不蔓。用语应简洁明快，恳切实在。语气应力求平和，谦恭有礼。要摒弃不必要的客套、无须讲的道理，以及空洞的套话。

【例文】

中国科学院××研究所关于建立全面协作关系的函

××大学：

近年来，我所与你校双方在一些科学研究项目上互相支持，取得了一定的成绩，建立了良好的协作基础。为了巩固成果，建议我们双方今后能进一步在学术思想、科学研究、人员培训、仪器设备等方面建立全面的交流协作关系，特提出如下意见。

(1) 定期举行所、校之间学术讨论与学术交流。

(2) 根据所、校各自的科研发展方向和特点，对双方共同感爱好的课题进行协作。

(3) 根据所、校各自人员配备情况，校方在可能的条件下对所方研究生、科研人员的培训予以帮助。

(4) 双方科研教学所需要的高、精、尖仪器设备，在可能的条件下，为对方提供利用。

(5) 加强图书资料和情报的交流。以上各项，如蒙同意，建议互派科研主管人员就有关内容进一步磋商，达成协议，以利工作。

特此函达，务希研究见复。

中国科学院研××究所(盖章)

××年××月××日

二、会议纪要

会议纪要适用于记载、传达会议情况和议定事项。对大型或重要会议的基本情况、讨论的事项和决议加以综合概括和反映，以达到通报会议精神、统一认识、指导工作的目的。

（一）会议纪要的种类

会议纪要按会议的内容与方式，主要有办公会议纪要、工作会议纪要和座谈会议纪要等。按会议的性质和作用，可分为决议型会议纪要和情况型会议纪要。

（二）会议纪要的写作

1. 标题

会议纪要的标题常见的有如下两种。

1) 单行标题

一般由会议名称或议题加文种组成，如《省科技创新"六个一"工程领导小组第二次会议纪要》。

2) 双行标题

正题概括会议的主要内容或精神，副题补充说明会议名称等情况，如《探讨新时期文学的发展——中国当代文学研究会第二次学术会议纪要》。

2. 正文

会议纪要正文一般分为开头、主体和结尾三部分。

(1) 开头部分是总述，概述会议基本情况。包括会议召开的时间、地点、参加人员、会议议题等，有的还会写会议的背景、依据、目的和意义等。

(2) 主体部分通常分述会议的主要精神。内容主要包括会议议定的事项、提出的要求等。通常可采用综合式、条项式和摘要式等结构形式。层次段落的开头常使用习惯用语，如"会议认为""会议强调""会议要求""会议同意""会议号召"等。

(3) 结尾一般写落实纪要的措施，提出希望，发出号召。

会议纪要写作时要将会议内容分门别类地整理，集中会议讨论的实质意见和主要精神，使之系统化、条理化和理论化，重点要点突出。

【例文】

××公司第一次总经理办公会议公司会议纪要

××年××月××日下午，公司召开第一次总经理办公会议，研究讨论公司经济合同管理、资金管理办法、机关××年3~5月份岗位工资发放等事宜。会议由总经理主持，公司领导，总经办、党群办及相关处室负责人参加。现将会议决定事项纪要如下。

1. 关于公司经济合同的管理办法

会议讨论了总经办提交的公司经济合同管理办法，认为实施船舶修理、物料配件和办公用品采购对外经济合同管理，有利于加强和规范企业管理。会议原则通过。会议要求，总经办根据会议决定进一步修改完善，发文执行。

2. 关于职工因私借款的规定

会议认为，职工因私借款是传统计划经济产物，不能作为文件规定。但是，从关心员工考虑，在职工遇到突发性困难时，公司可以酌情借10 000元内的应急款。计财处要制定内部操作程序，严格把关。人力资源处配合。借款者本人要做出还款计划。

3. 关于公司资金的管理办法

会议认为计财处提交的公司资金管理办法有利于加强公司资金管理，提高资金使用效率，保障安全生产需要。会议原则通过，计财处修改完善后发文执行。

4. 关于职工工资由银行代发事宜

会议听取了计财处提交的关于职工岗位工资和船员伙食费由银行代发的汇报，会议认为银行代发工资是社会发展的必然趋势，既方便船舶和船员领取，又有利于规避存放大额现金的风险。但需要2个月左右的宣传过渡期，让职工充分了解接受。会议要求计财处认真做好实施前的准备工作，人力资源处配合，计划下半年实施。

5. 关于公司机关11月份效益工资发放问题

会议听取了人力资源处关于公司机关11月份岗位工资发放标准的建议。会议决定机关员工3~5月份岗位工资发放，对已经下文明确的干部执行新的岗位工资标准，没有下文明确的干部暂维持不变。待三个月考核明确岗位后，一律按新岗位标准发放。

会议最后强调，公司机关要加强与运行船舶的沟通，建立公司领导每周上岗接船制度，完善机关管理员工随船工作制度，增强工作的针对性和有效性。

××公司

××年××月××日

【例文】

××有限责任公司会议纪要

会议时间：××年××月××日上午9:00

会议地点：办公楼509会议室

主 持 人：×××

参会人员：×××

会议记录：×××

9月3日上午，公司总经理在公司509会议室召开总经理办公会议。会议听取了办公室关于参与××年国际酒类博览会的相关事宜，审议了公司投资项目管控模式及机构调整方案、公司多元化企业管理体制改革实施方案，讨论研究了相关事宜。

现将会议议定事项纪要如下。

1. 关于参与××年酒类博览会相关事宜

8月24日，酒类博览会执委会来函，拟于××年××月××日至××日在贵阳举办第二届酒类博览会(以下简称酒博会)，希望我司按照省政府有关要求，积极参与并给予相关支持。会议认为，此类情况要理性对待，一旦投入就要对品牌形象传播产生积极效果。会议明确，在酒博会会场租用一定场地开展企业形象和品牌形象宣传，费用控制在××万元左右。

2. 关于公司领导休年休假事宜

自公司执行带薪休假制度以来，公司大部分干部未休过假。为此，会议明确，今年北京会议前后,公司领导班子成员带头执行年休假制度。

3. 审议通过《公司投资项目管控模式及机构调整方案》

有关生产厂易地技改工作要全面实施，建设项目要启动，投资项目管控模式及机构调整应着重解决：技改项目如何在讲求质量的前提下高效推进；如何使用好现有的人力资源；如何确保项目建设上不出问题、不出廉政问题；集中管理和充分授权如何实施四个方面问题。综合计划部要认真梳理、汇总会议意见后进行调整。

4. 审议通过《公司多元化企业管理体制改革实施方案》

法律与改革部按照会议意见修改后报×××。会议明确如下方面。一是公司多元化管理体制改革的定位为已成立公司投资管理公司为契机理顺公司投资管理关系。二是投资管理公司批复后，人力资源部向相关部门提出人员配置意见。先要明确需求，再确定岗位配置，关键要组建好管理团队。三是劳动用工分配管理，一开始就要把事做正确。人力资源部商投资管理部进一步理顺劳动用工关系。四是公司多元化投资管理体制改革工作组抓紧推进投资管理公司建立的各项工作，待人员配置完成后，再理顺管理关系。

发：公司各部门、各单位

送：公司领导、副巡视员、总经理助理

××有限责任公司办公室
××年××月××日印发

【写作训练】

情景：科华陶瓷制品有限公司员工顾米入职以来工作认真，想尽办法提高自己的工作技能，工作岗位上兢兢业业，积极完成班组长交给的生产任务，所生产的产品质量达标率名列前茅。公司决定评选其为优秀员工，并给予5000元奖励。

要求：学生从公司角度出发，完成一则通告的撰写。

情景：苏光陶瓷制品贸易公司销售部业务员王语接了一个大单子，新客户光辉公司一次性订购3000件陶瓷果盘，但要求公司在原折扣价的基础上给予95折的优惠售价，王语的权限不足，需要向上级请求权限。

要求：从王语的角度出发，选择合适的公文文种并完成。

【例文赏析】

例文：函

陕西省人民政府关于政协第十三届全国委员会第五次会议第03241号
(经济发展类222号)提案答复的函

××委员：

您与两位委员联名提出的《关于支持陕西秦巴山区启动避灾搬迁的提案》（第03241号）收悉，现答复如下。

党中央、国务院始终坚持以人民为中心的发展思想，着眼为民富民安民惠民，立足生态保护、绿色发展、民生改善相统一，高度重视地质灾害避灾搬迁工作。自然资源部、应急管理部等有关国家部委也先后多次派出工作组和专家赴我省调研，指导和帮助做好地质灾害防范应对工作。

我省坚决贯彻落实党中央、国务院关于地质灾害避灾搬迁工作的部署，积极做好移民搬迁工作。截至"十三五"末，全省实施移民搬迁313万人，其中秦巴山区213万人，占比68%。2021年以来，我省成立由省级多部门共同参与的联合调研组，先后赴8市12县开展调研，围绕新一轮避灾搬迁工作推动机制、搬迁规模、安置选址、补助标准、旧宅腾退、住房面积、后续管理等重点内容进行了深入研究，提出了建立避灾搬迁工作常态化、规范化、制度化的长效机制，出台了《陕西省避灾搬迁对象及所在地质灾害认定技术标准》，并依此划定了搬迁范围、确定了搬迁对象。目前，我省秦巴山区符合条件的地质灾害受威胁群众已纳入全省避灾搬迁实施范围。

下一步，我省将加强与国家相关部委沟通对接，按照中央有关规定，落实好城乡建设用地增减挂钩政策，做好跨省域节余指标调剂工作。争取中央财政专项资金支持，加大对陕西秦巴山区中央自然灾害救灾资金的投入，全力做好避灾搬迁各项工作。

陕西省人民政府

2022年9月6日

21世纪是信息时代，能够充分把握信息，并有效传递信息的公司才能生存、发展。财经信息文书能对经济信息进行有效的说明与传播，为经济生产带来直接效益，为消费者提供消费指南。因此对于公司来说，利用财经信息文书加强与外部的信息沟通成为公司发展的一个重要关注点。

本模块将介绍广告、商务函电、产品说明书、财经新闻、规章制度等几种财经信息文书，通过对这几类文书的学习和掌握，学生可以更好地完成财经活动中的信息沟通事务。

▶ 学习任务

- 撰写广告文案
- 撰写推广类电商文案
- 撰写商务函
- 撰写产品说明书
- 撰写财经新闻
- 撰写规章制度

【写作故事】

飞利浦：让我们做得更好

飞利浦在家电领域取得的成绩有目共睹，而且其为500强中盈利较多的电器集团。然而，飞利浦在广告宣传中除了不断强调自己创新的技术，还从不忘记谦虚地说一声"让我们做得更好"，这种温柔的叫卖似乎更容易赢得消费者的认同。

任务一 撰写广告文案

一、商业广告的概念

商业广告是指商品经营者或服务提供者通过一定的媒介和形式直接或间接地介绍所推销的商品或提供的服务的广告。商业广告是以盈利为目的的广告，是为了宣传某种产品，从而让人们去喜爱并购买它。

广告文是指用以展示广告宗旨的语言文字，不包括绘画、照片等。下面我们主要学习广告文的写作。此小节是从广告文稿的角度来说明商业广告的，主要指广告作品的语言文字部分。

【拓展知识】

广告，即广而告之之意。广告是为了某种特定的需要，通过一定形式的媒体，公开而广泛地向公众传递信息的宣传手段。广告有广义和狭义之分，广义广告包括非经济广告和经济广告。非经济广告指不以盈利为目的的广告，又称效应广告，如政府行政部门、社会事业单位乃至个人的各种公告、启事、声明等，主要目的是推广；狭义广告仅指经济广告，又称商业广告，是指以盈利为目的的广告，通常是商品生产者、经营者和消费者之间沟通信息的重要手段，或企业占领市场、推销产品、提供劳务的重要形式，主要目的是扩大经济效益。

二、商业广告的特点

商业广告具有功利性、真实性和创造性的特点。

商业广告既是一种经济现象，具有功利性，又是一种文化现象，具有思想性。因此，商业广告一方面具有促进销售、指导消费的商业功能；另一方面也应服务于社会，传播适合社会要求、符合人民群众利益的思想、道德、文化观念，即具有社会功能。

三、商业广告的作用

（一）商业广告的文化功能

商业广告是商品促销的重要手段，具有鲜明的功利特征和强大的经济功能。商业广告也是一种社会文化现象，是社会文化的组成部分，因而也具有文化的特征和功能。我们在利用商业广告经济功能的同时，还应当把广告纳入社会文化的系统中加以考察，充分认识商业广告的文化功能及其所担负的文化责任，以便更好地利用它，使之在社会精神文明建设中也能发挥积极的作用。

广告向人们所传递的有关商品、服务、企业等经济、科技、文化诸多方面的信息，本来就是人类所创造的物质文化和精神文化的反映。而广告主体采取"文化攻心"策略，利用文化的力量号召受众，在广告中注入文化内容，又为广告增加了文化含量。所以现代商业广告不仅介绍各种商品和各类服务项目，说明广告商品的特点、功能、作用，向消费者做出有关利益的承诺，而且传播各种文化意识，展示纷纭的文化景观，介绍发达国家的时尚，说明广告商品与文化的关系。这些内容为广告商品增加了文化附加值，增添了文化吸引力，商业广告因此成为一种社会文化现象，呈现出商业功利和社会文化双重色彩，具有经济和文化两方面的功能，不再是简单的促销工具。广告文化既代表一定的物质文化、行为文化，又属于观念文化、精神文化。在由于商品无差异、同质化而造成市场竞争异常激烈的今天，广告文化的影响力往往影响广告商品自身的竞争力。如果受众认同了广告文化，则可能会接受广告商品或服务，成为商品的消费者、服务的利用者。

广告中的文化内容，特别是其中的价值观念、生活方式，无论是传统的还是现代的、积极的还是消极的，经过传播都会渗透到生活中，对受众的思想、行为产生影响。而反复发布广告，借助科技和艺术手段强化广告视听冲击力，以及"设置议题"制造轰动效应，又能使其渗透力、影响力更强。消费者的购买，常常是文化选择的实践行为。这些选择有的是理性的，有的则是盲目从众，但它们都能说明商业广告一边改善着人们的物质生活和行为方式，一边深入人们的心灵，冲击人们的文化心理，影响人们的思想意识。

（二）商业广告的经济功能

1. 准确表达广告信息

准确表达广告信息是广告设计的首要任务。现代商业社会中，商品和服务信息绝大多数是通过广告传递的，平面广告通过文字、色彩、图形将信息准确地表达出来，而二维广告则通过声音、动态效果表达信息，通过以上各种方式，商品和服务才能被消费者接受和认识。由于文化水平、个人经历、受教育程度、理解能力的不同，消费者对信息的感受和反应也会不一样，因此设计商业广告时需仔细把握。

2. 树立品牌形象

企业的形象和品牌决定了企业和产品在消费者心中的地位，这一地位通常靠企业的实力和广告战略进行维护和塑造。在平面广告中，报纸广告和杂志广告由于受众广、发行量大、可信度高而具有很强的品牌塑造能力。而结合二维广告，则可以使品牌塑造力大大增强。

3. 引导消费

平面广告一般可以直接发到消费者手中，而且信息详细具体，如购物指南、房产广告、商品信息等都可以引导消费者购买产品。二维广告则可以通过动态效果的影响，促使消费者消费。

4. 满足消费者

一幅色彩绚丽、形象生动的广告作品，能以其非同凡响的美感力量增强广告的感染力，使消费者沉浸在商品和服务形象给予的愉悦中，使其自觉接受广告的引导。因此，广告设计是物质文化和生活方式的审美再创造，通过夸张、联想、象征、比喻、诙谐、幽默等手法对画面进行美化处理，使之符合大众的审美需求，可以激发消费者的审美情趣，有效地引导其在物质文化和生活方式上的消费观念。

四、商业广告的种类

商业广告从不同的角度，可以获得不同的划分结果。

（一）按内容分类

1. 商品广告

商品广告又称产品广告，它以销售为导向，介绍商品的质量、功能、价格、品牌、生产厂家、销售地点，以及该商品的独到之处。商品广告能介绍有关商品本身的一切信息，主要为了追求近期效益和经济效益。

2. 劳务广告

劳务广告又称服务广告，如介绍银行、保险、旅游、饭店、车辆出租、家电维修、房屋搬迁等内容的广告。

3. 声誉广告

声誉广告又称公关广告、形象广告，它是指通过一定的媒介，将企业的有关信息有计划地传播给公众的广告。这类广告的目的是引起公众对企业的注意、好感和合作，从而提高企业的知名度和美誉度，树立良好的企业形象。声誉广告传播的内容非常广泛，主要是介绍有关企业的一些整体性特点，既可以是发展历史、企业理念、经营方针、服务宗旨、人员素质、技术设备、社会地位、业务情况及发展前景等，又可以是视觉标志、行为标志等企业识别内容。

（二）按媒介分类

从媒介上看，商业广告可以分为报刊广告、音响广告、电视广告、牌匾广告、灯光广告、交通广告、橱窗广告、展销广告、邮送广告、馈赠广告和包装广告等。

五、广告文的写作格式

商业广告的内容要素包括标题、正文、随文、广告标语。四项要求都齐全的广告文多见于报刊广告。单纯用广告标语或标题、标语与正文合一的广告，多见于灯箱、标牌、交通广告。将标语、标题与画面配合的广告，多见于电视广告。

1. 标题

广告的标题即广告的主旨，具有重要的宣传作用，能突出诉求重点，起到画龙点睛的作用，"题好一半文"，好的标题能使人"一目了然""一听难忘"，因此标题的创意要新颖，文字要生动简洁。例如，某打字公司的广告标题是"不'打'不相识"。

2. 正文

正文是广告文的中心部分，是广告的主旨和主要内容所在。它包括：广告主办单位，商品或劳务名称，商品的规格、花色、性能、功效，使用保养方式，出售方式等。

正文应突出广告的主题，也就是广告的诉求重点；要简明扼要，浅显通俗，具体明白，生动有趣，有号召力。广告正文要有文艺性，富有人情味，使消费者感到亲切，乐于接受。在表现方式上，可用独白式、对话式，以及诗歌、相声、故事等文艺形式。广告正文的号召力首先在于广告的真实性，其次是商品、劳务的高质量和企业优良的经营作风。但要使消费者知晓和信任，还要借助令人信服的有号召力的广告文。可引用权威人士、社会名流、消费者等推荐或评价的话，或展示权威部门颁发的证书、奖状证明。

3. 随文

随文也称附告，是正文之后的必要说明，即附带告诉大众的一些内容。它包括广告单位的名称、地址、电话号码、邮政编码、银行账号、购买手续等，对消费者起购买指南的作用。

4. 广告标语

广告标语即广告口号，是广告者从长远销售利益出发，在一定时期内反复使用的特定宣传语句。其作用在于使消费者加深对企业或商品、劳务的记忆，形成深刻的印象(无形中成为消费者购买商品或选择劳务时的依据)。因此，广告标语是现代广告文常用的重要形式。

广告标语的撰写与标题基本相同，但它的鼓动性更强。写作时要突出重点，富于号召力；要押韵动听，简单易记。例如，统一鲜橙多，多C多漂亮。

六、撰写广告文的基本要求

撰写广告文的总体要求是：真实、健康、清晰、明白，不得以任何形式欺骗用户和消费者。

1. 要实事求是

广告文稿内容的真实性要求所介绍的商品和劳务项目，要向企业和消费者提供经得住检验的证据，从而真正起到指导消费、促进经济发展的作用，切忌吹牛和浮夸。

2. 要有明确的诉求重点(主题)

广告文由于受传播媒介等条件的限制，必须从众多的宣传信息中选取最能体现商品的功用、最能突出表现商品特殊个性的"核心点"来作为诉求重点。作者必须在十分了解要宣传的产品的基础上开展广告文写作，并且紧紧围绕该产品的本质特征。

3. 要在深入进行市场分析的基础上引用真实的数据

大卫·麦肯兹·奥格威曾被称为"广告怪杰"，现在已经成为举世闻名的"广告教父"，其创办的奥美广告公司已成为世界上最大的广告公司之一。20世纪60年代的美国广告"三大宗师"中，奥格威的风格最朴实。有调查显示，他通过广告卖出去的产品数量是比尔·伯恩巴克和李奥·贝纳加起来的6倍。其著作《奥格威谈广告》在全球被作为广告人的基本教材之一，颇受欢迎。1938年奥格威移居美国，受聘于乔治·盖洛普的民意调查公司。奥格威将调查服务引入好莱坞，并用调查方法帮助好莱坞衡量电影明星的受欢迎程度、预测故事情节的吸引力、预测电影未来的走向等。例如，奥格威调查发现某些明星的名字如果出现在海报上，驱走的买票者比吸引来的还多。在盖洛普，奥格威学习到了大量的调研方法。盖洛普严谨的研究方法和对事实的执着追求对奥格威产生了巨大影响，调查也成为奥格威广告方法中的重要环节。

4. 要有创意

如同文学作品一样，广告文稿永远是一次性的，不能和别人重复，也不能和自己重复。现在的广告铺天盖地，无奇不有，你的广告能否吸引人们，激发人们的兴趣，最主要的就是看你有没有不同凡响的独到之处。从这个角度看，创新性也是广告成功的关键。

奥格威曾说："除非广告源自一个大创意，否则它将如同夜晚航行的船只无人知晓。"他拒绝单调、乏味、死板的广告作品。奥格威认为，广告的功效应是信息的媒介，而不是某种艺术的形式。他鄙夷竞争对手将广告装扮得"拗口、花哨、哗众取宠"，并且喋喋不休地教授所谓知识的益处。奥格威提倡对一切加以检验，如创意、标题、预算及媒体宣传。

5. 语言要生动、简洁、有感染力

第一，要使用规范的书面语言。做广告时，运用严谨、规范和逻辑性强的书面语言可以使文案更具说服力。在运用书面语言时要注意以下几点：要严格按照书面语言的语法规范，避免出现病句或生造的词语；不能使用不规范简体字或繁体字，要保持现代汉语的纯洁性；不能盲目、无节制地运用方言和外来语。

第二，语言要准确到位。准确是广告语言的第一要求。准确意味着真实，不准确则会削弱事实的力量，可能会造成损失。广告在描述事实时，语言实在、准确是赢得消费者信任的前提，如果含糊其词则达不到说服的效果。

第三，语言简洁明了。广告语言力求简洁，这是广告版面或时间的要求。广告的版面或时间有限，而且都是以金钱计算的，要以最少的词汇传递最多的信息，突出每个广告宣传的主题，在消费者心中留下深刻的印象。

第四，语言形象生动。形象生动是广告语言具有艺术性语言的标志。内容干瘪呆板、枯燥无味的广告语言会令人生厌，即使再好的产品，也会因为语言缺乏吸引力而失去竞争力。生动形象的语言能使消费者产生浓厚的兴趣，激发他们的联想，给人们强烈的鼓动性，留下无限美好的回忆。

第五，巧用修辞。修辞是对广告语言进行修饰的较好手段，是使广告语言准确、鲜明、形象、生动地表达情意的手段，常用的修辞手法有比喻、比拟、夸张、反复、对偶、排比、双关、顶针、借代等。巧妙使用这些手法可以使广告文案绘声绘色，熠熠生辉。

【例文】

益达广告文案

A：嘿！

B：嘿！

A：这么晚才下班啊？

B：是啊。

A：我帮你加热。

B：谢谢。

B：诶，还有这个。

A：咦，这个对牙齿好哦。

A：好了，好好照顾自己。

B：你也是。

A：嘿，你的益达。

B：是你的益达。益达无糖口香糖，关心牙齿更关心你。

【知识拓展】

奥格威的广告准则

1. 广告信条

(1) 绝对不要制作不愿意让自己的太太、儿女看的广告。因为诸位大概不会有欺骗自己家人的念头，当然也不能欺骗别人的家人，已所不欲，勿施于人。

(2) 在美国，一般家庭每天接触1518件广告，要想引起消费者注意，广告竞争越来越激烈。如果大众倾听广告者的心声，则其心声必须别具一格。

(3)广告是推销技术，不是抚慰，不是纯粹美术，不是文学，不要自我陶醉，不要热衷于奖赏，推销是真刀真枪的工作。

(4) 绝不能忘记，你是在花广告主的钞票，不要埋怨广告创作的艰难。

(5) 不要打"短打"，你必须努力，每次都要全垒打。

(6) 时时掌握主动，不要让广告主支使才去做，要用出其不意的神技，让他们惊讶。

(7) 一旦决定广告活动的实施，不要徘徊，不要妥协，不要混乱，要单刀直入地进行，彻底地猛干。

(8) 不要随便地攻击其他广告活动，不要打落鸟巢，不要让船触礁，不要杀鸡取卵。

(9) 每个广告都是商品印象(brand image)的长期投资，丝毫不允许有冒渎印象的行为。

(10) 展开新的广告活动以前，必须研究商品，调查以前的广告，研究竞争商品的广告。

(11) 说什么比如何说更重要，诉求内容比诉求技巧更为重要。

(12) 如果广告活动不由伟大的创意构成，那么它不过是二流品而已。

(13) 广告原稿必须具体地表现商品的文案，明确地传达商品的功用，寻找商品的最大功用，这是广告作业中最大的使命之一。

2. 广告本文原则

(1) 不要期待消费者会阅读令人心烦的散文。

(2) 要直截了当地述说要点，不要有迂回的表现。

(3) 避免"好象""例如"的比喻。

(4) "最高级"的词句、概括性的说法、重复的表现，都是不妥当的。因为消费者的印象会打折扣，也会忘记。

(5) 不要叙述商品范围外的事情，事实即事实。

(6) 要写得像私人谈话，而且是热心而容易记忆的，就像宴会时对邻座的人讲的话。

(7) 不要写令人心烦的文句。

(8) 要写得真实，而且要使这个真实加上魅力的色彩。

(9) 利用名人推荐，名人的推荐比无名人的推荐更具有效果。

(10) 讽刺的笔调不利于推销东西，卓越的撰文家不会利用这种笔调。

(11) 不要怕写长的本文。

(12) 照片底下必须附加说明。

3. 广告标题准则

(1) 平均而论，标题比本文多5倍的阅读力，如在标题里未能畅所欲言，就等于浪费了80%的广告费。

(2) 标题向消费者承诺其所能获得的利益，这个利益就是商品所具备的基本效果。

(3) 要把最大的消息贯注于标题。

(4) 标题里最好包括商品名称。

(5) 唯有富有魅力的标题，才能引导消费者阅读副标题及本文。

(6) 从推销而言，较长的标题比词不达意的短标题更有说服力。

(7) 不要写强迫消费者研读本文后，才能了解整个广告内容的标题。

(8) 不要写迷阵式的标题。

(9) 使用适合于商品诉求对象的语调。

(10) 使用情绪、气氛上具有冲击力的语调，如幸福、爱、金钱、结婚，家庭、婴儿等。

4. 广告插图准则

(1) 据统计，普通人看一本杂志时，只阅读4幅广告，引起读者的注意越来越困难。因此，为了使人发现优越的插图，我们必须埋头苦干。

(2) 把故事性的诉求(story appeal)，放入插图。

(3) 插图必须表现消费者的利益。

(4) 要引起女性的注目，就要使用婴孩与女性的插图。

(5) 要引起男性的注目，就要使用男性的插图。

(6) 避免历史性的插图，旧的东西并不能替你卖东西。

(7) 与其用绘画，不如用照片，使用照片的广告更能帮你卖东西。

(8) 不要弄脏插图。

(9) 不要去掉或切断插图的重要因素。

任务二　撰写推广类电商文案

一、微信推广文案

微信是较热门的网络营销和推广平台，也是社会化媒体营销的主要推广方法。企业可以通过提供用户需要的信息来推广产品，从而实现点对点的营销。微信文案一般通过微信公众号或微信朋友圈进行转发和分享。优秀的微信文案的传播性十分突出，很容易吸引大量读者阅读和传播，一般具有一定的创意和个性，不管是形式、内容还是风格，都有其独特之处。

微信推广文案的主要表现形式有朋友圈的推广文案和公众号的推广文案。朋友圈是微信营销的重要途径，商家可以通过分享趣味性的内容、热点事件、个人感悟、咨询求助和专业知识等来进行宣传推广。

在朋友圈发布推广文案，内容不宜过长，最好控制在6行以内，100字左右为最佳，尽量在简短的内容中保证文字轻松有趣，也不要在一条状态中添加太多产品信息。另外，朋友圈的推广文案配图十分重要，一张生动形象的产品图片能让文案更有说服力。微信公众号可以更好地引导用户了解品牌、参与互动，同时扩大信息的曝光率，在降低营销成本的基础上，实现更优质的营销。公众号中的文案内容应尽量口语化，每句话不要太长，最好保持在20字以内；段落不能太长，保持一段5~7行最佳，且长短要有变化，不能让消费者感到乏味。

（一）微信推广文案的常见写作方法

1. 核心扩展法

核心扩展法即先将核心观点单独列出来，再从能够体现观点的方方面面来进行扩展讲述，使文案始终围绕一个中心来表述，以防出现偏题或杂乱无章的问题，加强文案对消费者的引导。

2. 各个击破法

各个击破法是根据要营销推广的内容，将产品或服务的特点单独进行介绍。写作过程中要注意文字与图片的配合，充分对产品或服务的卖点进行介绍，通过详细的说明和亮眼的词汇来吸引消费者的注意。

3. 倒三角写法

采用倒三角写法，可以先将文案的精华部分进行浓缩，并放在第一段的位置引起消费者的阅读兴趣，然后解释为什么要看这篇文案，最后强调产品的优势，加深消费者的印象。

4. 故事引导法

故事引导法是通过讲述一个引人入胜的故事，让消费者充分融入故事情节，跟随故事情节的发展继续阅读，在结尾时再提出需要营销推广的对象。采用这种写作方法一定要保证故事的可读性和情节的合理性，这样才能使故事有看点，方便推广对象的植入。

（二）微信推广文案的封面设计

微信公众号文案的封面是用户第一眼看到的推送内容，包括封面缩略图和文案标题。微信公众号每次向用户推送内容都是一次"搭讪"，如果你的推送封面不能引起用户的注意，则很容易被忽略。通常，用户在3~8秒的时间内就可以决定是否点击你推送的内容，因此要好好把握封面的设计，设计出抓住用户眼球的封面，让用户主动点击文章。

1. 封面缩略图设计

1) 直接式缩略图

直接通过图片说出本篇微信文案所要表达的内容，不拐弯抹角，不扭捏做作，直白地体现出你的诉求，让用户看到并点击你的文章。图片中可以放置文章的关键词或标题信息，利用缩略图比标题占地面积大的优势来获得用户的注意，但要注意图片与文字的设计方式，尽量将文字图片化处理，消除复杂的文字造成的理解障碍，提高用户的阅读体验，从而更好地抓住用户的视线。

2) 贴合主题式缩略图

如果你担心太过直白的缩略图会引起用户的反感，也可以采用含蓄一点的表现方式，对图片进行贴合主题的设计，使其吸引用户的眼球。在进行图片的设计前需要先充分了解文案的内容，从根本上剖析主题，明确图片设计的方向，知道用户容易被哪种设计风格所吸引，这样才能达到吸引用户眼球的目的。

2. 添加摘要

微信文案分为单图文文案，与多图文文案，其区别是：单图文文案一次只能发布一篇文案，但可以添加摘要；而多图文可以一次性发布最多8篇文案，不能添加摘要。

3. 常见的标题类型

1) 直言式标题

直言式标题的特点就是直观、明了和实事求是，通过简短直观的语言简明地表达出文案的主题，让用户在看到标题的第一眼就明白整篇文章所讲述的主题。

2) 数字式标题

数字给人一种理性思考的感觉，使用数字标题可以增加事情的可信度，能激起读者强烈的阅读欲望。如"20条养生建议，看到第5条毫不犹豫地转了""5分钟祛除黑头"等。

3) 提问式标题

提问式标题是通过提出问题来引起消费者的共鸣，启发消费者进行思考或探究问题的答案。如"冬季穿衣怎么显瘦""怎么减少雾霾的吸入""你有以下这些装潢问题吗"等。提问式标题的要点是要从消费者的角度切入问题，考虑消费者为什么会产生这种问题，以及为消费者提供解决的办法。

4) 新闻式标题

新闻主要以报告事实为主，是对新近发生的有意义的事实的一种表述，比较正式且具有权威性。将新闻式标题应用到微信文案中，可直接告诉消费者最近的某些事实变化、新产品发布或企业新措施等，这样的文章可以吸引对事实比较感兴趣的用户。

5) 话题式标题

话题式标题需要紧跟时尚热点，且必须具备时效性。应该在顺应用户阅读需求的前提下，传递出品牌的文化与风格，并引导用户的思维习惯，让他们顺着你的写作方式进行思考，接受你所传输的观点。

6) 恐吓式标题

恐吓式标题是通过恐吓的手法来吸引读者的关注，特别是对于具有相同症状或心里有某种担忧的用户来说，这种恐吓手法可以引起他们的共鸣。采用恐吓式写法写作标题可以有一定的夸张，但不能扭曲事实，要在陈述某一事实的基础上，引导用户意识到他从前的认识是错误的，或产生一种危机感。

7) 对比式标题

世界上并没有独立存在的单一事物，任何事物都是在相互联系中由多种因素构成的。对比式标题就是通过将当前事物的某个特性和与之相反的或性质截然不同的事物进行对比，给用户提供当前事物与对立事物的认知，通过强烈的对比和感染引起用户的注意。

8) 猎奇式标题

猎奇是指急切地或贪得无厌地搜求新奇和异样的东西，也指寻找、探索新奇事物来满足人们的好奇心理。猎奇式标题就是利用人们的好奇心理和追根究底的心理，引起他们点击文章的兴趣。

（三）微信推广文案的正文写法

微信文案，内容为王。优秀的文章需要好的标题，翔实且富有内涵的内容才会让读者真正记住文章所表达的诉求。在现在碎片信息化的时代，人们不会花费太多的精力来思考文章的层次与结构，因此，从读者的角度去思考，如何写出让他们读起来更轻松、看起来更舒服的文章，才是抓住他们心理的重点。下面对微信正文的布局、正文开头与正文结尾的写作方法进行介绍。

1. 微信正文的布局

1) 正文和标题的搭配

当微信文案需要表达的内容较多时，经常会采用小标题的形式来概括内容的重点，以明确文章各部分的内容，并让读者对本文所表达的主要观点一目了然。这些小标题要比正文更加醒目，这样才能让读者一眼注意到它们。

2) 段落的设置

进行微信文案的正文设置时，要注意段落与段落之间的距离，行与段落之间的距离不能一致，应该要有明显的区别，标题与段落之间也要保证有明显的差异，能够让用户明显地区分出段落与段落、标题与段落，让读者阅读起来更加容易。

3) 图片和段落的排版

文字和图片是微信文案中最常出现的两种元素，文字可以组成段落，图片可以存在于段落之间，起到承上启下或补充说明的作用。一般来说，图片与段落之间的关系有三种：位于段落的上方，位于段落的下方，以及位于段落与段落之间。

2. 正文开头的写法

1) 开门见山

开门见山式写法就是直接说明某产品或服务的好处，介绍如何解决某种问题等。这种写作手法主要围绕产品本身的功能或特性展开，同时结合消费者的情况，以引起消费者的共鸣。

2) 引用名言

名言警句本身是文章内容的演绎、归纳、解释和论证的结果，具有言简意赅、画龙点睛的作用，也能使读者更深刻地懂得人生哲理。

3) 比喻修辞

正文中常用的修辞手法有比喻、比拟、借代、夸张、对偶、排比、设问和反问等，通过这些修辞手法来写文章开头，可以让文章更有趣味性和可读性。例如，"她有着时尚靓丽的外表，迷人的躯体，以及光滑而富有弹性的肌肤。不仅如此，她还温柔体贴，善解人意。她每天早晚都会给你深深的一吻，令你深深沉迷。她是谁呢？"这篇文案的开头生动形象地将产品拟人化，让读者很快联想到与"她"有关的故事，使读者有想要读下去的想法。其实，这只是一篇牙刷的文案。

3. 正文主体的写法

1) 阐述

阐述就是徐徐道来，即像平常说话一样慢慢地将话题由浅入深引导，或者将正文内容按条款依次罗列。阐述并不单指叙述一种方式，可以是反问，也可以是疑问，抛出问题引发思考，然后解决问题。

2) 反转

反转的方式比阐述的方式更有趣，文案正文内容和标题表达的意思完全相反，这样给读者的冲击力比较大。如大家都看过的正能量心灵鸡汤，当网络上开始用"毒鸡汤"来反驳心灵鸡汤时，大家对"毒鸡汤"的共鸣非常大。

4. 正文结尾的写法

1) 自然收尾

自然收尾是指根据文章的描述，自然而然地结束。它不会再描述其他丰富的对象或以深刻的哲理性语言结束，而是自然而然地完结。

2) 首尾呼应

首尾呼应的结尾写作方法，主要针对品牌、服务或思想提出的诉求。这种收尾技巧能使文章的结构更加完整，使文章从头到尾很有条理性，浑然一体，能引起读者心灵上的美感。首尾呼应的结尾应根据开头来写。文章的开头提出观点，中间进行分析，而结尾则自然而然地回到开头的话题，产生一种首尾圆合、浑然一体的感觉。

3) 点题式

点题式也叫画龙点睛式，是指在文章结尾处，用一句或两句简短明了的话来明确文章的观点，起到画龙点睛的作用。这种方式的结尾需要前文的铺垫，要让读者慢慢被文章所吸引，读到最后再恍然大悟。这种点题式的技巧能够很好地提升整篇文案的质量，从而给读者留下深刻的印象，也能唤起读者的深思回味。

4) 请求号召式

通过前文的讲解，在文章结尾处向人们提出某些请求或发起某种号召，以求引起人们的共鸣，加深人们对此事的印象并将其记在心里。这是一种隐形的、可以引起人们自发地支持文章所发起的号召的力量，多用于公益类的软文。

5) 抒情议论式

用抒情议论的方式结束文章，能够表达作者心中的情绪，激起读者情感的波澜，引起读者的共鸣，有着强烈的艺术感染力。这种结尾方式多用于写人、记事或描述类的文章。

（四）微信推广文案的写作技巧

1. 内容的创作与取舍

微信营销文案可以从整体上分为3部分内容：交代事情的背景及创作文章的原因；用小标题把递进或前后关系罗列出来；结尾。在写作时，可以考虑采用"总—分—总"的结构布局，采用"总—分—总"式的布局往往在开篇就点题，然后在主体部分将中心论点分成横向展开的分论点，最后在结论部分加以归纳、总结，以及进行必要的引申。

利用"总—分—总"式的文案结构布局，有以下技巧和注意事项。一是明确"3W"原则：who(给谁看)、why(为什么要做)、what(写些什么内容)。二是明确目标消费者：创作的时候先明确目标消费者，然后对他们关心的内容进行拆分细化。三是由具体问题展开：横向类比，纵向深挖。四是缩小消费者的范围：针对某一部分消费者群体的刚性需求，在这一方面做专题。五是结合热点：与时下热点的概念进行有机结合。

2. 微信朋友圈的文案创作

要写作微信朋友圈文案，需要做的第一件事就是加入微信朋友圈。朋友圈推广是微信营销的一种重要方式。不少品牌善于利用微信朋友圈来进行品牌的推广宣传，这样不仅能扩大受众范围，还能加强粉丝黏性。微信朋友圈文案的写作要点如下。

1) 生活分享

在朋友圈文案中分享自己生活中的幸福时光和趣事，不用一味地植入产品，有时有些人会不厌其烦地发推广文案，如果你只是单纯地进行生活分享，反而会给他们一种眼前一亮的感觉。有时也可以在其中融入产品，但不要太过生硬，最好有一种自然而然的感觉，让这些消费者在真实生活中了解和感受产品，给予他们更多购买产品的信心。

2) 情感分享

每个人的成长过程中都会有一些感悟，可以用文字把这些自己亲身经历的感悟描述出来，分享到朋友圈中。对于朋友来说，恰好有比较类似的经历，有一种似曾相识的感觉，会唤起他们的共鸣，即使被没有这些经历的朋友看到，也可能成为治愈其的心灵鸡汤。

3) 热点分享

热点包括当下热门的话题、新闻、节假日等，这些流行的东西都能满足人们的好奇心，赢得他们的关注。如果文案人员花一点心思收集并整理好分享到圈中，就容易引起受众的新鲜感，同时他们也更容易关注到你的产品和品牌。

4) 产品信息分享

对于电商来说，最重要的还是推销产品，所以可以适当地在圈中晒一晒自己产品的新信息、产品详情信息、促销活动、发货情况。但是不能太多，一天一到两次或两天一次为最佳，这样的分享也会刺激一些潜在消费者产生购买的欲望。

5) 专业知识分享

作为一个在朋友圈进行产品营销的电商文案人员，需要有专业的产品知识，因为没有人会愿意买连产品都介绍不清楚的人的产品。其次，专业的分享如使用方法、使用技巧或产品功用等，也许能帮助消费者解决一些实际解决不了的问题，也会在他们的心目中感受到产品的专业，为以后的销售打下坚实的基础。

6) 消费评价分享

当消费者使用之后，电商通常需要消费者分享一下使用感受，或者要一些反馈图，这也是常用的一种营销方式。有时候，为了让消费者在朋友圈中分享用感受，可能赠予他们一些产品，可以随消费者下次购买的时候一起邮寄过去，一举两得。

7) 与朋友互动

互动也是朋友圈里增加粉丝的一种方式，通常可以直接在朋友圈发表一些互动性比较强的话题，让朋友们都参与讨论。创造的话题最好比较新奇，要扣热点、制造热点，有一定的宣传力度与实用价值，也可适当以利相诱。这种互动可以是要求朋友们在下面留言，提供一些建议或评价，再从中抽取幸运朋友送礼的方式；也可以是发表一些趣味话题，如猜谜、竞拍等。

3. 微信公众号的文案创作

微信公众号的推送文章，在通过标题引起消费者的关注后，还需要用优质的文案内容打动消费者。

1) 添加图片和视频

对于产品推广文案来说，最好能制作一些精美的图片，如产品的细节图或场景图，为消费者提供产品的具体形象，或者可以为主打产品制作精美的宣传视频。

2) 内容规范设计

公众号的主界面一般是3个一级菜单，每个一级菜单下面可以有5个二级菜单。文案内容应该一一归类。

3) 有独特的个性风格

无论是文案，还是图片、字体颜色，都需要用心创作并形成独特的个性风格。

4) 有定期的优惠活动

公众号的粉丝越多，销量转化的概率就越高。消费者对公众号必然有一定的利益诉求，如果公众号中经常开展一些优惠活动，就会引起粉丝的购物兴趣，并使其经常关注公众号的信息。

5) 有价值的营销内容

公众号应该传播有价值、有意义的内容。只有为用户提供了有价值的营销信息，才能让用户产生阅读兴趣，才能持续提升粉丝的忠诚度，让用户参与营销活动。

（五）微信推广文案的推广技巧

1. 朋友圈文案的推广技巧

1) 文案发布的时机

最佳发布时间通常是早上8:00~9:30、中午11:30~13:00、下午17:00~18:30、晚上20:00~24:00这4个时间段，这是大多数人群的上下班途中或休息空闲时间，他们会在这些时间段浏览微信朋友圈消磨时间、分享信息。

移动购物的消费者购买行为主要发生在周一至周五的中午12:00~14:00、晚上20:00~22:00，以及周日晚上20:00~24:00，因此，可在这些时段发布带有店铺链接的广告。

2) 好友互动

微信营销效果的好与坏，很大程度取决于与微信好友关系的好坏。建立关系需要经营，而重要的经营方式就是互动，互动会让好友关系不断加强。微信好友互动主要包括日常互动、朋友圈互动和微信群互动。

2. 公众号文案的推广技巧

1) 营造个人风格

这是一个较为缺失个人风格的时代，网络媒体充斥着大量的复制粘贴。因此，要将个人风格呈现给用户，个人的想法、状态等或许能成为运营公众号的一大特色。

公众号的文章除了机械化的语言文字，更应该适当插入嘘寒问暖的关怀。另外，即使转载文章，也应该加入自己的看法和见解，并欢迎大家一起讨论，而不是单纯地转载一篇文章或人云亦云。

2) 内容精准发布

高成交率来源于更精准的定位，内容精准发布是为了实现明确的定位。精准发布应做到对症下药，将文案推广给合适的人。对症下药主要表现在两方面：一是根据用户风格类型对症下药；二是根据用户的关系对症下药。此外，为了保证推广效果，还可以分析目标用户在朋友圈的活跃时间，在其查看朋友圈的高峰期进行推广。

3) 互动提升用户参与感

吸引用户只是第一步，如果想要持续扩大影响力，还要用优质的内容和互动把用户真正留住，将粉丝当作朋友来对待。对于公众号而言，比较有效的互动方式有以下3种。

关键词回复：在推送文章中提醒用户输入关键词进行回复，引导用户通过回复关键词了解内容，增加公众号的使用率，同时可以在自动回复中加入一些惊喜，提高用户黏性。

问题搜集与反馈：在公众号中可以对一些用户感兴趣的问题进行搜集，增加用户的参与度，或者对用户反馈的问题进行解答，对产品的使用情况进行反馈，让用户与用户、用户与公众号之间产生互动。

评论：很多用户在阅读推送内容时，还会阅读评论区的内容。因此，公众号可以在评论区进行互动，或者在评论区自评，鼓励用户进行转发分享。

（六）微信推广文案的排版

(1) 推荐比例：行间距为行高的50%；段首不必缩进，大段文字的段落间应空一行；文案边缘对齐，及时调整段落宽度、间距。

(2) 文案字体控制在2~3种，颜色最好不超过3种，以淡色调为主，使用同色系颜色。将字体、形状等需要强调的内容放大，适当地搭配相应色彩。

(3) 最好不要为文案添加视觉特效(特殊的产品除外)。

(4) 配图清晰，色彩与文章整体搭配。文案版面不花哨；排版主次分明，结构层次清晰。

【例文】

山河辽阔，人间烟火，月光所照，皆是中国。

——白象发布于河南暴雨抗震救灾期间

二、微博推广文案

与微信推广营销针对微信好友和关注用户发送信息相比，微博营销更具广布性，因为每个用户都能查看微博内容。微博注重价值的传递、内容的互动、系统营销的布局和准确的定位，是基于粉丝基础进行的推广营销。因为微博具有信息传播迅速、广泛的特点，所以通过粉丝分享、转载能够快速形成裂变式的传播，使品牌影响力遍及各个用户层次和群体，被更多人关注和了解。

（一）微博文案的内容

微博文案的内容包括简短合适的文字内容和微博必备的三要素：@符号、＃符号和链接。

@符号：@符号本来用于邮件，后来用于微博，其主要作用是指定某一用户，用法为"@用户"，被@的用户会收到@的提示，可以通过提示查看这条微博。也就是说"@用户"后，至少可以保证这一微博被用户阅读到，如果微博内容好，被@的用户也会转发到自己的主页和粉丝分享这条微博。因此，使用@符号可以提高微博的阅读量和转发量，增强互动。

＃符号：＃符号是话题符号，用法是"＃话题＃"，即在话题的前后各加一个＃符号。微博上有很多热门话题，进入话题中心后，所有添加了"＃话题＃"的微博都会显示在话题界面中，关注此话题的人可以看到。所以为了使微博更容易被搜索、阅读到，可以在微博中间添加一个或多个话题，提高关注度。

链接：链接的用法更简单，直接将链接网址添加到文案中即可。无论是照片视频，还是想要分享的其他网页文章，都可以利用链接的方法分享给粉丝。相关统计表明，带链接的微博比不带链接的转发率要高出3倍左右。

（二）微博推广文案的常见写作方法

1. 新闻故事

通过将需要营销的产品包装成吸引人眼球的新闻故事，采用对话、描写和场景设置等方式，在展现事件情节和细节的同时，凸显事件中隐含的目标来推广产品。

2. 热门话题

热门话题营销是一种借势营销，在选择话题时，还应注意热门话题的时效性，不能选择时间久远的话题。其次，还要注意文案的措辞，不能使用生硬、低俗的话语进行牵强附会的关联，一定要保证与话题之间的自然关联与协调，不能引起用户的反感。

3. 疑难解答

除了新闻故事、热门话题，选取与用户工作、生活息息相关的话题或普遍面临的问题、难题，也可以引起用户的关注。文案创作者若能针对这些问题给予良好的解决方案，则可以得到用户的认可。

4. 趣味内容

当娱乐成为社会生活的重要元素之一时，营销也越来越倾向于娱乐化、趣味化，微博也不例外，娱乐性和趣味性的话题更容易得到广泛和快速的传播，将推广营销信息巧妙地融合在趣味的情节中，可以成为吸引用户的有效方式。除了趣味性的文本内容，还可以为微博搭配有趣、好看的图片来吸引用户。与文字相比，图片的表现能力更强，可以带给粉丝良好的视觉体验。

（三）微博文案的写作要求

1. 标题鲜明

一般的微博很少有标题，但新闻类的微博可能会用"【】"符号将标题框选起来，增强视觉效果。

2. 内容丰富

在微博上发布文案，可以幽默风趣，可以设置悬念，也可以加入互动内容，这些类型的文案都能引起读者的兴趣。如果为品牌做营销推广，也能很快拉近读者与品牌的关系。文案也可以按自己的风格来编写，从阅读者中将比较贴切文案风格的受众细分出来，重点维护。

3. 多元素搭配

多媒体技术的运用为微博文案增加了不少吸引力，在微博文案写作上，应充分利用多媒体技术，加入链接、图片和视频等，使文字与其有效地配合，增加信息传播的趣味性和表现力。

（四）微博文案的写作

1. 微博标题的写法

微博文案标题的写法可以参照前面其他文案的标题来写，以"【】"符号或"＃＃"符号括起来，以突出标题。

2. 微博正文的写法

1) 引入故事

有趣的故事和新近发生的事件总能引发受众的好奇心理，特别是社会事件、新闻等真实、新鲜又具有话题性的内容，非常具有可读性，能够快速吸引受众的注意力。

2) 带入萌宠

在微博中，很多话题都是自带传播属性的，如萌宠。萌宠在微博中自带传播属性，不管是可爱的小狗、小猫、小兔子，还是可爱的多肉植物、玩偶等，都能很快受到大家的喜爱，从而获得大家的关注、评论、点赞或转发。

3) 加入互动

在微博中互动很重要，不管是什么样的微博，如果在文案中提示了互动的一些关键字词，很快就可以引起大家的兴趣，纷纷参与话题的讨论。互动的形式有很多，一种是直接在微博评论中评论、转发互动，还有一种是加入热门话题。

抽奖活动在微博中非常常见，很多品牌的账号也会定期发布抽奖的微博，有的抽奖要求可能是关注+转发，有的可能是关注+评论，有的甚至会从评论中挑选几个走心的发奖。由于读者对自身利益的需求，且中奖条件比较简单，故而很容易参与进来。

4) 热点借势

一是网络热点。微博上每年都会有用户自发统计今年的网络热点、网络流行语等，且目前爆红的网络流行语几乎来自微博，这些热点和话题都可以作为品牌营销的切入点。二是热门话题。热门话题往往是一段时间内被大多数人关注的焦点，凭借话题的高关注度来进行产品或服务的宣传，可以快速获得人们的关注。

5) 逆向思维

逆向思维也叫求异思维，是对司空见惯的已成定论的事物或观点反向思考的一种思维方式。在进行文案写作时，如果能够"反其道而思之"，延伸自己的逆向思维，从问题的相反面来进行深入的探索，树立新思想和形象，那么就可以更快地吸引用户的眼球，并获得他们的青睐。因此，从反方向突破常规是一种非常容易吸引消费者注意力的方式。

6) 制造话题

用网络流行语来说，微博上的"吃瓜群众"众多。何为吃瓜群众？即喜欢看热闹并且默默看热闹、进行围观的人。很多微博会利用大家喜欢看戏的心情，刻意制造矛盾来引起大家的兴趣，随时关注事件发展，从中获取流量和关注。

（五）微博文案的推广技巧

1. 利用话题

利用话题不仅是利用微博的话题功能，也指利用有热度、有讨论度、容易激起粉丝表达欲望的信息，如"你认为哪些 Office技能特别实用"。在设置话题促进粉丝互动时，通常需要遵循几个基本原则：一是话题必须有话题感，最好与用户的生活息息相关，能引起用户的兴趣；二是话题最好比较简单，便于用户快速回答；三是话题不要与已有话题产生重复。

2. 定期更新微博内容

对于推广营销而言，微博的热度与关注度来自微博的可持续话题。企业不断制造新的话题，发布与企业相关的信息，才可以持续吸引目标群体的关注。由于微博传播速度快、信息量丰富的特性，即使刚发布的信息也可能很快被后面的信息覆盖，因此，要想持续获得关注，应该定期更新微博内容，稳定输出有价值、有趣的内容，这样才能保证微博的可持续发展，带来稳定的流量。

3. 展示个性魅力

随着微博的应用普及，千篇一律的推广营销文案不再被用户待见，并且容易使用户产生审美疲劳，唯有具有个性魅力的微博账号能脱颖而出。因此，微博营销者在微博营销中是至关重要的一个角色，因为他是企业的网络形象代言人，他的个性魅力代表了企业的个性魅力。个性魅力有很多种，如乐观、幽默、宽容，或者坦率、执着、创造、智慧、善解人意等。事实上，一个营销者不可能兼具这么多的魅力特质。企业应该选择与企业形象相符的微博营销者，如果企业品牌形象是创造力强，那么微博营销者最好具有创新思维。

4. 微博粉丝互动

与粉丝保持良好的互动沟通，可以加深博主与粉丝的联系，增加粉丝的黏度，扩大微博的影响力。在微博上与粉丝保持互动的方式主要有4种，分别是评论、转发、私信和提醒。

5. 微博活动增粉

通过活动增粉是一种常见的方式，特别是一些新鲜、有趣、有奖励的活动，更容易吸引用户的关注和广泛传播。博主可以通过关注转发抽奖、关注参与话题讨论等形式，引导粉丝转发微博，吸引非粉丝用户的关注。

三、视频直播类电商推广文案

（一）视频网站的电商推广文案写作

以"边看边买"为例，消费者在视频网络观看电视剧、电影或动漫时，点击视频中出现的产品贴片广告，即可进行购买，其产品涵盖服饰、母婴、电器等领域。

视频网站的电商推广文案最大的写作特点在于要与视频内容融合在一起，尽量精简文字，突出主题。由于观众在视频网站停留的主要目的是观看视频，因此商家在植入电商广告时，需要与视频平台配合，不能引起观众的反感。

（二）直播平台的电商推广文案写作

目前，直播似乎已经成为电商、社交、视频等各类线上平台的吸睛利器。正因如此，直播与不同行业结合而形成的"直播+"经济也在逐渐升温。

直播平台的电商推广从广义上来理解，可以看作一种以直播平台为载体进行营销活动，达到提升品牌形象或增加销量的网络营销方式。直播的预告文案、封面信息，以及直播过程中主播的内容介绍脚本和直播过程中的文字输入交流，都可以作为直播平台电商推广文案的写作内容。

因直播的实时互动性、场景化，以及对观众注意力的凝聚和品牌推广的作用，直播营销早已成为各企业和品牌商关注的焦点。

【拓展知识】

微博文案与微信文案的区别

微博文案和微信文案在创作上几乎没有区别，都是通过研究阅读者的心态、喜好，创造出能引起共鸣、吸引注意、易于接受的文案内容，从而激发读者对话题的关注、转发和评论。

下面通过表6-1来展示微博文案和微信文案在某些特性上的区别。

表 6-1　微博文案和微信文案的比较

区别	微博文案	微信文案	总结
形式	微博、长微博	朋友圈、公众号	都能发表短小和长篇类的文案
创作	为信息流快速运转在一个弱关系链条中而准备的	为有差异化价值的信息在强关系链条中流转而准备的	关系链条强弱程度不同
字数	微博：最多 140 字 长微博：没有字数限制	朋友圈：不得超过 700 字 公众号：没有字数的限制	微博文案更为简短精练、突出重点，如果文字无法表述完整，还可以通过图片来弥补
曝光	微博：图文能更直观、完整地呈现在读者眼前 长微博：通过配图和引言呈现，具体内容进入文章了解	朋友圈：完全或折叠呈现 公众号：只能通过标题和封面呈现，具体内容要进入文章才能了解	从阅读性方面比较，微博和微信朋友圈类似，但微信公众号更需要能抓住读者眼球的标题
形式	开放式，不论是否关注都可以在平台上搜索、查看历史消息，阅读不会受到限制	封闭式，有一定的私密性，只有互为微信好友才能查看朋友圈，公众号也只能在关注后接受推送的消息	微信更注重个人阅读及朋友圈转发
传播	传播速度快，是新闻、事件和热点为导向的快速信息流产品	传播速度较慢	微博的开放性使得消息传播的速度远比微信快

任务三　撰写商务函

一、商务函的概念

　　商务函是在商务活动中用来商洽工作、联系业务、询问和答复有关具体实际问题的一种文书。目前主要通过邮寄、电子邮件、传真、电传及电报等方式来进行信息传递。

二、商务函的种类

1. 按具体业务项目或内容划分

　　一般分为联络函、咨询函、推销函、订购函、催款函、寄样函、索赔函、理赔函、报价函、还价函、致歉函、谈判函、调解函、婉拒函。

2. 按行文对象划分

　　一般分为对上级主管部门，对客户或协作单位、兄弟部门等。对上级主管部门多以公函形式出现，属于行政公文范畴；对客户或协作单位，是商务开展过程中最常见的沟通手段。

3. 按行文方向划分

　　一般分为去函和复函。

三、商务函的结构及写作方法

（一）结构形式

商务函的结构一般为：称谓+正文+祝颂语+附件+生效标识。

（二）写法

1. 称谓

对收信人的称呼，包括单位和个人称谓，视具体对象而定，通常有两种形式：一种是泛尊称，如尊敬的先生/女士；另一种是使用具体指姓或指全名的尊称，这一类是针对写信人认识的受文者或很明确要发给的人，如尊敬的黎明总监，如果是单位名称则要写全称，如果单位名称和负责人都要写，则单位在上，负责人及职务写在下一行。

2. 正文

1) 发函缘由

初次去函可先进行自我介绍，使对方了解本企业的业务范围或产品的情况；有较长期合作关系的，可简述合作情况；双方频繁来往的，可直截了当说明发函的目的，进入主旨；复函的开头应先引叙对方来函及日期、事由。如主动发信，应写"您好""见信好"等礼节性用语，再说明发信意图，表明主旨；如是复信，则可先采用"收到贵公司的来函，非常荣幸"等，或说明于何日收到了对方有关商洽什么内容的商函。

2) 发函事项

这是函件的主要内容，需要根据不同的发函目的，采用不同的表达方式。可以介绍具体情况告知有关事项，也可以说明己方具体意见或提出解决问题的办法，还可以针对来函做出答复。如果事项内容较多，应当分列条款。

3) 希望或要求

应在结束处简要提出希望或要求。语气应恳切，争议索赔函要求庄严正式。有的商函直接用惯用语结束，如"特此函商，务希见复""特此函达""此复""敬候佳音"等。

3. 祝颂语

所有的商务信函结束都要使用祝颂语，例如，恭祝/敬希/顺颂+商状/金安/生意兴隆等。

4. 附件

附件主要有商品目录、价格表、订货单、发货单、催款单、样品图表和收据等几种类型，应在正文之后、生效标识之前注明附件顺序、名称及数量。

5. 生效标识

生效标识指发文单位印章或签署及发文日期。签署一般由发函企业的领导人签字或盖章，位于正文之下或附件说明以下偏右位置，以证实商函的效用。发文日期直接关系到商函的时效，年、月、日应齐全。

四、商务函的写作要求

(1) 内容正确、目的清楚、表述具体。产品价格、名称、规格、数量要写清楚。观点要正确，文字表达要准确。条理要清晰，忌笼统粗犷、含糊其词和抽象化。例如，虽然我公司同意回收完好的退货，但我方无法同意回收有缺损的退货。

(2) 文字简洁、态度礼貌、语气委婉。例如，贵方在提交订购产品清单时遗漏了交代产品型号；请速致函我公司贵方尚未提交的产品清单型号，以使我公司立即将订货发出。

(3) 明确责任、划定界线、分清权限。例如，出于对合作顺利开展负责的态度，我公司认为，贵公司在资产重组正式法律文本还没有正式签署之前，要求我公司提供详尽的财务报表，似乎甚为不妥。

【例文】

关于询价的函

尊敬的先生/女士：

您好！

多位同行向我们推荐了贵公司生产的HVE-20型研磨机，深知其为国内名牌产品。我公司目前需要该研磨机若干台，有意订购贵公司的产品。贵公司能否将研磨机的产品性能、配套装置等有关细节资料、价格目录及结算方式等寄给我公司，供我方参考。

若贵公司能在7月14日前回复，我方将不胜感激。再次感谢，盼望回复。

联系地址：×××
联系电话：×××
顺颂
商祺！

××有限公司

××年××月××日

推销函

非常高兴能随函附上一本有关我公司婚纱样品的图册。我公司在同行业中历史较为悠久，产品一向以款式新颖、工艺考究、质地优良驰名中外。多年来，中外顾客有增无减。如果您也有兴趣，可以享受试销优惠。届时您会惊喜地发现，我公司产品确实名不虚传，有口皆碑。您想试试吗？请尽快回函，谢谢！

××婚纱用品公司

××年××月××日

联络函

××维修部负责人：

您好！我公司去年4月购入贵公司一台MX4500型号的大图胶印机，由于对这种具有多用功能的机器不熟悉，故造成故障，希望贵公司能安排相关技术人员上门维修。我公司的地址是广州市××路××号；电话号码是×××；联系人××。

若能及早得到贵公司的帮助，我们将感激不尽。

××印刷制品公司行政部
××年××月××日

订购函

××公司销售部：

非常感谢贵方××年××月对我方有关户外照明设备询问价格的复函。我们得悉，贵方能以现货供应。今随函附上订购该产品的正式订单，请及时按附上的订单所填写的规格、型号、数量装运。

××公司
××年××月××日

索赔函

××公司：

2018年3月22日，我公司委托贵公司涂层加工型号为D23*4.25*D11的槽铣刀片，3月24日货物送回时，我公司发现其中8片有明显多齿缺损。已与贵公司技术部联系，确认为电打花将刃口烧熔造成。

此次事件，不但导致此产品报废，而且使我公司对客户逾期交货。我公司考虑到与贵公司是长期合作伙伴关系，目前仅要求对此产品进行赔偿，该产品成本价为人民币不含税价100元/片，共计800元(大写：捌佰圆整)。

顺祝

商祺！

××有限公司
××年××月××日

任务四　撰写产品说明书

一、产品说明书的含义

产品说明书是以说明为主要表达方式，全面、详尽地将产品的性能、构造、功能、使用、保养等进行说明或介绍的文字材料。它是直接为社会生产和公众生活服务、适合大众阅读的一种实用性文体。

产品说明书是一种以说明为主要表达方式，概括介绍商品用途、性能、特征、使用和保管方法等知识的文书。内容的科学性即实事求是，这是产品说明书的最大特点。可大体分为内容简短的使用说明书和内容较全面的产品说明书。

二、产品说明书的特点

（一）实用性和可操作性

产品说明书是向消费者介绍有关产品的使用、保养、维修等知识的资料，消费者在正确使用所购买的产品前，应该认真阅读产品说明书，并按其要求进行操作，以实现产品的使用价值。尤其是在高科技迅速发展的今天，各种新产品、新技术、新服务层出不穷，为了保护消费者的合法权益，必须如实地将有关知识加以介绍，帮助消费者熟悉或正确使用产品。因此，实用性和可操作性是产品说明书的基本特点。

（二）科学性和知识性

产品说明书要以科学的态度和科学的方式向消费者客观真实地介绍产品的性能、结构、成分、效用、注意事项、维护保养等知识，应力求全面、准确无误，否则，将会给人们的生产、生活带来不良的甚至严重的后果。

（三）通俗性和条理性

产品说明书常常直接用于指导人们的生产和生活。使用者往往都是外行，在使用过程中需要逐字逐句地研读，并且一一参照进行实践。因此，在对产品说明和介绍时，应以通俗浅显的语言，将产品各方面的情况介绍清楚，尽量不用或少用人们不易理解的专业术语，避免使用生僻词语。此外，产品说明书必须做到条理清晰，层次分明，让说明书好懂、好记。

三、产品说明书的作用

产品说明书通过对产品的解说和注释，主要具有以下3个方面的作用。

（一）给消费者带来方便

随着市场经济的发展、科学技术的进步，各类产品不断花样翻新、技术含量增加，对消费者来说，阅读说明书、正确掌握产品使用方法，就显得特别重要。产品使用不当，可能产生安全问题(如家用电器、各类药品、机器设备等)。很多产品没有说明书简直无法使用，因此，产品说明书对消费者来说起着重要的指导作用。

（二）给维修者提供依据

产品在使用过程中难免出现一些问题，有些产品通过维修可以延长使用寿命。在维修的过程中必须了解产品的结构、原理及相关数据等，因此，产品说明书中一般要对此做出详细说明。有些说明书还把一般的故障排除方法写进去，这就给维修人员提供了更大的帮助。

（三）给生产经营者带来利益

说明书在说明产品的过程中可以起到宣传产品的作用，有些商家甚至把说明书作为广告向消费者广泛传播。消费者购买使用哪些产品，首先必须对产品的基本特点有所了解，而说明书恰好能满足这方面的要求。

四、产品说明书的种类

（一）使用说明书

使用说明书是为产品用户提供有关安全使用或操作信息的文件。必要时，它还应包括自控和遥控产品、特殊的功能或状态、供观察的指示、人身防护和故障探测说明等信息，如计算机、数码相机的使用说明书。

（二）维修说明书

维修说明书可以分为提供给非熟练人员(即一般用户)自行维修使用和熟练人员(专业维修工作人员及接受过训练的技术人员)维修使用两种。前者只需提供一般用户可能进行维修作业的说明资料，不需要涉及专门的技术知识、操作或特殊技能，而后者则必须了解并掌握专门的知识与技能，如数控机床等机械设备的维修说明书。

（三）专用工具、设备和材料的说明书

所谓专用工具、设备和材料，是指在正常工作时不一定使用，但会在特殊情况下使用的工具、设备和材料。对于这些专用工具、设备和材料的说明，应该与一般的说明书分开。这种说明书应该包含与附件和其他设备互联的描述，并包含相配附件、可拆零件和任何专用材料的表示法，如大型机械设备类的说明书。

（四）修理和替换零件的说明书

这种说明书向用户提供以下信息：修理设备和更换已损坏的、磨损的或老化的零件，在更换重要零件后需要进行的测试等。

五、产品说明书的写作

产品说明书的写作，一般分标题、正文、结尾三部分。

（一）标题

产品说明书的标题，一般由产品名称或说明对象加文种组成，文种名称可以是说明、指南、用户手册等，如《龙牡壮骨冲剂颗粒服用说明》。有些说明书的内容侧重介绍使用方法，称为使用说明书，如《小鸭洗衣机使用说明书》。

（二）正文

正文是说明书的主体，内容可以因物而异，篇幅有长有短。通常要求详细介绍产品的有关知识，如名称、性能、构造、原料、功能、特点、原理、规格、使用方法、注意事项和维修保养等知识。由于说明书说明的事物千差万别，故而不同说明书的内容侧重点也有

所不同。

第一类： 家用电器类。一般较为复杂，篇幅也相对较长。写作内容为产品的构成、规格型号、使用对象、使用方法、注意事项等。

第二类： 日用生活品类。写产品的构成、规格型号、适用对象、使用方法、注意事项等。

第三类： 食品药物类。写食品药物的构成成分、特点、性状、作用、适用范围、使用方法、保存方法、有效期限、注意事项、禁忌与副作用或不良反应等。

第四类： 大型机器、设备类。包括结构特征、技术特性、安装方法、使用方法、功能作用、维修保养、运输、储存、售后服务范围及方式、注意事项等。这类说明书的内容一般比较复杂。

第五类： 设计说明书。这是工程、机械、建筑、产品、装潢、广告等行业对整个设计项目的全盘构想、统筹规划，并对工作图样进行解释和说明的技术性文书。简单的说明写在设计图样上即可，复杂的说明则单独成文或装订成册。不同的设计说明书，其写作内容也不同。写作内容一般包括设计的思路、指导思想、设计方案及其论证、方案的技术特征或性能、主要技术参数、时序安排、所需资金等内容。

正文的写法也多种多样，常见的有三种形式。一是概述式。概述式是指对产品的有关知识做概述性的叙述、介绍。这种形式通过概述叙述，以突出产品的个性，给人留下较完整、深刻的印象。二是条文式。条文式是指逐项分条介绍有关产品各方面的知识，如性能、构成、使用方法等。这种形式层次清楚，详细具体，表述严谨有序。三是综合式。综合式是概述和条文式的综合，既有总体概括的介绍，又有分项的具体说明。这种形式往往给人以全面的知识介绍，比较特殊的产品(如精密仪器、高档商品)，其用户手册经常采用这种形式。

（三）结尾

结尾指正文后面的内容，如厂名、地址、客服电话、维修服务网点、电传、网址、电子信箱，以及联系人和生产(出厂)日期等。出口产品还要在外包装上写明生产日期和中外产品说明书常用概说、陈述、解说的表达方法。由于各种产品的功能、用法不同，写作方法自然大有区别。但不管使用哪种方法，其目的都是让读者明白。

六、产品说明书的注意事项

（一）要真实可信

所谓真实，就是符合客观事物的实际情况。说明书应本着对消费者负责的态度，真实地说明产品的功能、用途、使用方法、维修办法等内容事项，要把握好分寸，不要夸大其词、虚张声势，以免影响产品的信誉。

（二）要科学准确

科学是指写说明书要有科学的态度，站在客观公正的立场上，对产品进行说明，不能有主观随意性。消费者对产品的认识，以及对产品使用和养护方法的科学掌握，都来自说明书的帮助，有说明书的科学性，才有消费的合理性。准确就是要求说明书中的每个数据指标都要经过反复核实，确保无误。

（三）要通俗易懂

说明书与产品介绍都是面向普通消费者的，因此，在写作时应当用明确和浅显易懂的文字进行表述，尽量减少深奥的专业术语。不要用模棱两可、易产生歧义的词。

【例文】

产品质量及售后说明书

1. 安全质量保证

(1) 保证材料质量优良，不用次品钢板材、水泥。

(2) 保证施工质量。

(3) 保证协调好施工场地周边关系。

(4) 施工过程中，保证用电安全。

(5) 施工完毕要清理现场，保持环境清洁。

(6) 安全防护措施要到位，特别是用电安全。

(7) 施工过程中，尽量减少噪音和扰民。

2. 售前服务

(1) 发货运输时，我们代办运输。如果出于供方运输原因，致使产品损伤，我们将派人及时处理，直至用户满意。

(2) 产品到货后，我单位派专业技术人员免费为用户培训有关产品安装、使用、维护等方面的知识。

(3) 特殊情况特殊处理，优先安排生产，尽最大努力满足用户要求。

3. 售后服务

(1) 投标产品的质量在规定质保期内，若是产品本身的质量问题，实行"三包"，即包修、包换、包退。

(2) 在质保期内，产品发现质量问题，我单位在接到用户的书面通知后1小时内做出回复，24小时内派人员到现场处理，由于制造或材料的缺陷而造成所供产品的任何破坏、缺陷故障，免费负责修理或更换为同类全新产品。在质保期外，若用户需要，我们仍在接到用户书面通知后1小时内做出回复，24小时内派人员到现场进行服务工作。

(3) 在三包期内存在或发生的质量问题，经双方确认确是我们的责任的，我们负责免费进行修理、更换或退货，并承诺在一般情况下3天服务到位，合理费用概由我们承担。我们负责"包修""包换""包退""包满意"。

4. 产品质量承诺

(1) 我们保证产品经过正确安装、合理操作和维护，在产品寿命期内使用良好。

(2) 我们保证所供应机具的规格、性能、配置和质量等方面必须与"申报产品主要性能参数、配置及报价表"中的内容完全一致。

××建筑装饰工程有限公司

××年××月××日

任务五　撰写财经新闻

一、财经新闻概述

（一）财经新闻的含义

财经新闻是新闻学科的一个重要分支，是对经济活动中新近发生、发现或有所变动的有价值事实的及时报道。它既与一般的新闻报道有共同之处，即两者都是利用报纸、通信社、网络、电台、电视台等传播媒体传播最新发生的典型事实，同时又有其个性，主要表现在它侧重对具有经济意义和经济价值的事实以最快的速度进行报道。

（二）财经新闻的特点

财经新闻的特点有许多方面，如真实性、思想性、时效性、典型性、相对性、猎奇性等，但主要有以下3个方面。

1. 真实性

"新闻总是要客观地叙述事实"，这是一条基本原则。对于事实，无论是媒体还是作者个人，不可能没有自己的观点或看法，但关于事实的传播，应该建立在客观、真实的基础上。这不仅是尊重事实的问题，也是尊重读者、相信群众具有正确判断能力的问题。真实性是新闻的生命。要做到真实地传播事实是不容易的，不仅要注意个别事实的客观性，还要善于从本质上、总体上、发展趋势上把握事实变动的真实性。

2. 思想性

事实要经过传播者的选择才能成为新闻，这就决定了新闻具有思想性的特点。好的新闻看起来总是十分客观可信，而实际上却隐藏着作者的观点和看法。

3. 时效性

新闻的时效性，随着时间、地点和社会环境等因素的变动而变化。新闻的时效性包含着"新"和"快"两方面的内容：一是传播的内容要新鲜，时间新近；二是传播的速度快且及时，如股市新闻应当"新近发生"且"引人兴味"，做到新闻不过夜。但需要注意的是，有些时候事实的传播并不一定越快越好，而应该考虑传播的合适时间，以争取最佳的新闻效果。新闻传播必须在确保事件真实和兼顾"时宜"的前提下，追求新鲜与迅速。

（三）财经新闻的种类

广义的财经新闻或称泛经济新闻，覆盖全部社会经济生活和与经济有关的领域，包括从生产到消费、从城市到农村、从宏观到微观、从安全生产到服务质量，从经济工作到政治、社会生活中的相关领域。狭义的财经新闻，则重点关注资本市场，并用金融资本市场的视角看中国经济主义生活。

经济新闻即指经过媒体选择的，反映新鲜的、重要的、有意义的、能引起广泛兴趣的经济事实，主要包括经济消息、专题报道、经济通信、经济人物专访和经济评论等。

二、常用财经新闻的写作

我们重点介绍常用的经济消息、经济评论的写作。

（一）经济消息

1. 经济消息的含义、特点

经济消息是以叙述为主要表现手法，用简洁明快的语言反映新近发生的重要事实的简短性财经新闻报道。这是财经新闻文体中使用最多的一种基本体裁。经济消息主要反映生产、分配、交换、消费、货币、价格、财政、金融等经济生活各个领域的现状及其发展变化，它的报道内容十分广泛。例如，经济发展中的新形势、新成就、新问题、新经验；国家的经济政策；国内外的股市动态、市场行情；经营管理和经济理论的动态；产品知识和科技发明；消费者对商品消费的意见和建议等，这些均属于经济消息的报道范围。

经济消息除具备财经新闻的平铺直叙等共同特点外，还有自己的独特之处。概括起来，主要是以下4个方面。

第一，标题的多层次。新闻标题是用以揭示、评价新闻内容的一段最简短的文字。经济消息的标题，不同于其他财经新闻，更不同于一般文章。它的标题往往是多层次的，有引题，也叫肩题、眉题，常常用来介绍背景，烘托气氛。有正题，也叫主题，它是标题的本题，常常概括消息的主要内容，说明新闻最主要的事实和中心思想。还有副题，也叫辅题、脚题、子题，多用于补充介绍正题，一般用来补充说明新闻的来源、依据或次要的事实，是对正题的补充和注释。个别情况下还有次副题等。

第二，内容的六要素。经济消息虽然不长，但在内容上往往由必要的因素组成。国外新闻界称这些因素为"五个W"，即时间(when)、地点(where)、人物(who)、事物(what)和原因(why)。在我国有人称为"六要素"或"六何"，即何人、何时、何地、何事、何因、何果。一般来讲，在有限的篇幅内，要想把一个新闻事实说清楚，这些要素是不可缺少的。

第三，事实的倒金字塔。经济消息是以事实说话的，而且事实的排列呈倒金字塔形。即多项经济事实的重要性以依次递减的方式排列，像一座倒置的金字塔。换句话说，最重要的经济事实放在最前边，次重要的放在第二位，以此类推。这样安排事实材料，有助于迅速地写作，便于编辑设计版面，也适合读者的阅读需要。

第四，背景的巧穿插。背景是指经济事实的历史情况或它同其他事物之间的联系等。一般经济消息都有背景材料，用以对比衬托、丰富主体、突出主题。这种背景材料在经济消息中无固定位置，关键在于巧穿插、妙安排。

2. 经济消息的写作

经济消息一般由标题、导语、主体、背景、结尾五部分组成。

1) 标题

经济消息的标题较之于其他文体的标题，作用更大，要求更严。它是经济消息内容的高度概括，可以是只有主题的"一行标题"，也可以是含有眉题、主题、副题的"多行标题"。经济消息的标题应该新颖、醒目，能揭示所报道的经济事实内容。撰写时，一要注意重要新闻要素的齐全，二要注意标题的严肃、简洁，三要注意标题的结构和特点。总之，标题应该告诉读者经济消息中最新鲜、最重要、最有特点的事实和观点。

2) 导语

导语即消息的开头。导语是一则消息中最有价值、最精彩部分的概述。它要求用最简明扼要的文字，揭示消息中最基本、最新鲜的事实及最重要的思想意义，以便读者迅速了解消息的主要内容，进而产生阅读兴趣。在单段式经济消息中，开头的一句话即导语；在多段式经济消息中，第一自然段即导语。导语的写法因事、因人而定，常见的写法有叙述式、描写式、设问式、评论式、结论式、引语式、对比式，等等。叙述式是以高度凝练的语言，用叙述的手法，把消息中最重要、最引人注目的事实写在开头，给人以新鲜的印象。描写式是用形象生动、简洁的语言，用白描手法把经济消息中的主要事实、时间或特定环境反映出来，用以创造气氛，描绘逼真的画面，给人以身临其境之感。设问式是以设问的形式把经济消息中的主要事实提出来，以揭示矛盾，设置悬念，引起读者的关注，强化吸引力。不管采用什么写法，导语的写作都要从新闻事实的实际情况出发，并要有创造性。

3) 主体

经济消息的主体是导语的展开部分。它包括主要事实的叙述、次要事实的表达及导语中未提及新事的补充。这些内容，或是阐发导语，或是回答导语，对新闻事实做充分而具体的报道和说明。

经济消息表达思想的主要手段是用事实说话，因此，叙述是消息主体的主要表达方式。一般情况下，经济消息忌讳作者直接说出自己的观点，但并不排斥作者将自己的观点、倾向寓于事实叙述之中，通过对事实的报道来影响读者。

消息主体的结构，可以按照时间顺序来安排，即按事实发生、发展的先后顺序来安排层次，动态消息常采用这种结构；也可以按照逻辑顺序来写，即根据事物的内在联系，用典型材料分别表现它的各个侧面，或并列，或因果，或主次，或点面，经验消息和综合消息常采用这种结构；也可以采用混合式结构，即把时间顺序和逻辑顺序这两种形式结合起来使用。经济消息的主体要与导语相响应，内容充实、结构严谨、层次分明、条理清晰、主题鲜明、简洁生动。

4) 背景

背景是经济消息的要素之一，主要包括经济消息发生的历史和环境条件。它为充实新闻的内容、烘托和发挥主题服务，是消息的从属部分。根据需要，消息的背景材料一般不独立成段，可穿插在新闻的任何一部分。其大致分为三类：对比性材料、说明性材料和注释性背景材料。

5) 结尾

消息的结尾往往在于主体之中，所以，多数消息没有结尾。由于已经在导语中交代了结果，故而主体将事实过程叙述之后，文章也就自然结束。当然不能说消息一律没有结尾，这要视报道内容的需要而定。有时可做概括性的小结，以加深读者印象；或用启发、激励的话结束，以强化读者的感受；或不把话说尽，给读者留下思索、回味的余地等。也可不写结尾，干脆利落。

（二）经济评论

1. 经济评论的含义、特点和作用

经济评论属于新闻评论的一种，又称为经济时事评论，是一种议论性的应用文体。经济评论是经济理论研究人员和一般经济工作者对经济领域内新出现的具有典型意义的经济事件、经济现象和经济观念产生的原因进行探究，并对其影响进行评价的文章。它包括有关经济方面的社论、短评、述评、专论、纵横谈等。

经济评论具有现实性、针对性、典型性、权威性、参考性、时效性等特点。现实性是指经济评论取材于当前的经济生活现实，其观点具有现实意义。针对性是指经济评论的评论都是针对经济现实中的某种问题而发的。典型性是指经济评论的对象要具有典型意义，在经济发展过程中有广泛的代表性。权威性是指评论者应有较高的经济理论水平或丰富的实践经验，评论应是符合客观实际的、中肯的、重要的、有价值的。参考性是指经济评论的观点、方法等无论多么正确、多么重要，都只能通过对读者的影响而间接地作用于经济的发展，不具有行政强制力。时效性是指经济评论的写作应当及时。

经济评论的作用就是通过对时事的分析评论，使人们对所评论的时事有所认识，对其影响引起重视，或者提供对策供读者在工作中参考。

2. 经济评论的写作

经济评论的写法比较灵活，结构也不尽一致。主要有以下几项。

1) 标题

标题主要有观点式、问题式和论题式。但无论哪一种，都要简洁生动，有针对性，能够引人思考。

2) 开头

开头部分又称导语，与标题相对应，承上启下，主要内容就是简介时事，即简要介绍将要评论的对象。叙述应当简练，重点放在将要评论的内容上。对于一些已经众所周知的事，也可以不去叙述。

3) 主体

主体的内容是在简介的基础上对时事进行评论，找出事件、现象、观念出现的原因，分析根源，讲清危害或影响，指明正确的方向。在评议中要依事而论、就事论理，不能脱离事实、空发议论，要透过现象看本质，恰如其分，适可而止。

4) 结尾

结尾主要是呼应开头，提供对策，或给人以警示，或引发思考，或提出倡议，或给人以启迪。有些评论在主体部分把问题都讲清楚了，则没有必要专门再加一个结尾。

3. 经济评论写作应注意的事项

1) 要善于捕捉具有典型意义的时事

有些时事看起来很小，或者正处在萌芽状态，但代表了一种趋势、一种观念。某些事件由于小或者发展态势不明显，容易被人忽视，但如果是消极的，发展开来后果就较为严重了；如果是新生事物，不能及时地提倡，也会产生不良影响。所以，经济评论的作者要感觉敏锐，独具慧眼，及时抓住具有典型意义的经济现象进行评论，做到评有所值。要注意防止单纯追求"新""特"的"人咬狗才是新闻"的现象。

2) 要掌握有关政策法规

要对国家有关的经济政策、法律、法规，包括地方法规、规章及经济发展规划。任何经济行为都要受国家政策法规的约束，都应符合国家的经济发展规划，违背了这个原则的经济行为就是消极的、有害的、应该限制的；相反，则是积极的、有益的、应该提倡的。有时，有关政策法律的规定会不适应甚至阻碍经济的发展需要，也会反映为经济时事。如果对国家的经济政策和法律一无所知或者知之甚少，经济评论就缺少了一个重要的依据。

3) 要抓住重点

经济评论不像经济论文那样运用逻辑推理的手段，从理论上探究事物之间的内在联系，它只就时事已经或可能产生的影响来警示人们。因此，经济评论不必面面俱到地分析、推论，只"聚焦"自己认为重要的问题即可。根据具体的时事所反映出的问题，依事论理，或分析原因，或预测趋势，或指出影响，或提供建议等，可不必讲究因果联系，甚至可以直截了当地阐明自己的观点。

【例文】

新华网评：让经济增长更具有信心

人们对发展前景的坚定信心，来自新思想、新理念、新目标的有力指引，来自乘势而上的发展形势。从党的十九大到2018年全国两会，一系列政策安排推动中国经济转向高质量发展的图景愈发清晰，让中国经济增长更具信心。

发展方向更加明确。今年的政府工作报告提出，2018年我国发展主要预期目标是，国内生产总值增长6.5%左右。这一安排，被认为充分体现了高质量发展的指向：紧紧抓住高质量发展这个要求，更加注重"效益"，更加注重"品质"，更加突出创新。从中国制造转向中国创造，从制造大国转向制造强国，从中国速度转向中国质量……中国经济正用新姿态，拥抱高质量发展的明天。

发展路径更加清晰。惟改革者进，惟创新者强。如果说以前主要是"铺摊子"，今后则主要是"上台阶"。推动高质量发展，要在质量变革、效率变革、动力变革上下苦功。用全面深化改革破解高质量发展短板，充分发挥人才是第一资源、创新是第一动力的作用，激发社会活力，加快从以要素驱动为主向以创新驱动为主转变，从而为高质量发展厚植根基、注入动力。

发展指向更加鲜明。再大的成就除以13亿人都会变得很小，再小的问题乘以13亿人都会变得很大，这提醒我们，民生无小事，民生连着民心。在医疗、养老、教育、文化、体育等多领域推进"互联网+"；发展居家、社区和互助式养老，推进医养结合，提高养老院服务质量；以更加有效的制度保护生态环境……政府工作报告把增进人民福祉作为高质量发展的出发点和落脚点，扎实推进，我们离美好生活的目标就会更进一步。

推进经济高质量发展的方向已定，政策措施都已在路上。在习近平新时代中国特色社会主义思想指引下，坚定不移推进高质量发展，我们一定能共同书写新时代的发展新答卷。

任务六　撰写规章制度

一、规章制度的概念和作用

规章制度是由国家机关、社会团体、企事业单位在一定范围内制定的一种具有法规性和约束力的文件。它是对一定范围内的行为做的规范性要求，有关人员必须按章办事，共同遵守。

规章制度具有法规性和约束力。规章制度一经制定并公布，就带有法规性质，在一定范围内对人们的行为起规范作用，具有行政约束力。

规章制度这类文书应用十分广泛，是社会管理的有力工具，为企业生产经营服务，为组织的高效率运转服务，为社会的稳定和安宁服务。任何一个团体、机关、单位、部门等，都是一个相对独立的系统，这个独立的系统又由若干个体组成，为了众多的个体朝共同的目标和方向迈进，必须对个体行为进行约束和规范。这是各种规章制度产生的原因，也是它的作用。只有用这些规章制度来约束、控制和指导，才能确保工作、学习、生产、生活等有秩序地、正常协调地进行。

二、规章制度的种类

规章制度是一个总称，它的种类比较多。一般来说，由政府或企事业单位根据实际需要、用行政单位的名义制定公布的，叫作规章制度；由群众公议订立的，叫作公约。

常见的规章制度有章程、条例、规定、制度、规程、办法、规则、细则、守则、须知等。常见的公约有学习公约、班级公约、服务公约、卫生公约、拥军优属公约、拥政爱民公约等。下面主要介绍章程、条例、规定三种。

（一）章程

章程是政治、经济、文化、科学等党团组织，为所属成员制定的共同遵守的法规性文件，如《中国共产主义青年团章程》。章程要对一个组织或团体的性质、宗旨、任务、目的、组织、成员、权利、义务、活动方式及纪律等做明确的说明与规定。它是一种系统性、根本性的规章制度，对组织成员有很强的法规性和约束力。章程的使用范围很有限，一般为党团组织用以规定其组织性质、任务、宗旨等。此外，一些企业单位用以规定其业务性质、活动方式时也采用章程的形式，其他方面的规范一般不用章程。

（二）条例

条例是对某方面行政工作做出比较全面、系统规定的文书。它属于行政法规的文件，如《中华人民共和国治安管理处罚条例》。条例实质上是国家领导机关对法律、政策所做的补充说明和辅助性规定，是对某些政策法的进一步具体化。条例是具有权威性、法制性和强制性的行政法规文件，只有党和政府的领导机关能制定条例。它具有法的约束力，它是行政人员执行公务时的具体依据，具有很强的指导性。同时，它对被执行对象具有强制性，如《中华人民共和国治安管理处罚条例》对执行者、执行对象、执行方式等都做了明确的规定。

（三）规定

规定是某个组织针对某项工作或活动提出一定的要求，并制定相应的措施，要下级机关或有关部门贯彻执行的指令性文件。规定具有一定的法规性，是一种应用极为广泛的机关事务文书。凡党政机关、企事业单位、社会团体，需对某方面工作做特定的要求，都可以制定相应的规定，以保证工作的顺利完成和落实，如《国务院关于职工探亲待遇的规定》。与条例相比，规定所规范的对象和范围更为集中，措施要求也更为具体；与办法相比，规定的原则性更强。

三、规章制度的结构类型

（一）分编结构

这种规章制度内容较为复杂，往往先分"编"，"编"以下分"章"，"章"以下分"节"，"节"以下分"条"(条的序数按整个规章制度编排，不分章排，这样行文更加严密，便于检索和引用)，"条"以下分"款"，目前一般不写"第×款"，只用序码标明，款的序数不按整个规章制度编排，而是每条单排。

（二）分章结构

这种规章制度有两种结构方式。一是章断条连式。章断，就是用"章"来划分全文大的段落层次；条连，就是全文各条按统一顺序连为一体。二是序言加章断条连式。这种形式的开头部分为序言性文字，相当于总则，接着分章分条，全为分则。它没有独立的附则，但最后一章既是分则性质，又有相当于附则的意义与作用。

（三）分条结构

这种规章制度也有两种结构方式。一是纯粹条文式。这种形式不分章节，只分条款，最简单的只有条，连款也不分。条文顺序一般以"第1条，第2条，第3……"依次标出，也有的用自然数依次标出。二是序言加纯粹条文式。这种形式的开头有序言，相当于总序，其后全部分条或分款。条文的顺序多用自然数标出，也有的用"第一条，第二条，第三条……"的形式标出。

四、规章制度的格式内容

规章制度的格式比较固定，由标题、生效标识、正文、署名和日期组成。

（一）标题

规章制度的标题有两种写法。

(1) 公文式标题。这类标题由制定单位名称、事由、文种组成，如《国家税务总局关于促进第三业发展有关所得税问题的暂行规定》《财政部关于加强国营工业企业成本管理工作的若干规定》。有的规章制度是作为某一公文的附件下发的，标题中则省略发文单位，如《关于住房制度改革中财政税收政策的若干规定》。

(2) 普通式标题。这类标题有的由适用范围、内容和文种三要素组成，如《江西省行政性收费实行预算管理办法》，有的则酌情省略其中某个要素，如《中学生守则》《文明公约》。若规章制度还有待进一步完善，则要在标题中注明"暂行""试行"等字样。

（二）生效标识

行政法规要在标题正下方加括号注明规章制度的通过日期和会议名称，一般性规章制度可在落款处标明制定者和制定日期。

（三）正文

规章制度的正文通常有两种写法：章条式和条文式。

1. 章条式

对于内容较全面、系统，条文较多的规章制度，宜用章条式写作，如法规、章程、条例、准则、规则等。所谓章条式，通常由总则、分则和附则三大部分组成。则中分若干章，章中分若干条，有时条下分若干款项。

1) 总则

它主要概括说明制定此规章制度的目的、依据、基本原则，以及适用范围、主管部门等情况，类似于文章的前言。如果是章程，则在总则中写明该组织或该团体的名称、性质、宗旨、任务等。总则一般只设一章，下分若干条。

2) 分则

自总则以下至附则的中间若干章均为分则。分则是全文的主体部分，根据不同的内容交代不同的事项。如章程的分则，通常写明成员的资格条件、义务、权利、组织机构、原则、纪律等。而一些条例、规定、办法、准则的分则，则通常交代必须遵循的具体行为规则、做法。如范围分类，具体规定、做法、责任、要求、处罚办法等。分则中章的数目视内容多少而定。根据需要，章下可分若干条，条下还可分若干款项。

3) 附则

附则是全文的末章。通常说明该规章制度的适用范围、有解释权的单位名称、与有关文件的关系，以及其他未尽事宜的处置办法生效日期等内容。附则也只设1章，根据需要，下分若干条。

2. 条文式

内容相对简单且由非权力机构制定的规章制度常用条文式写作，如某些条例办法规则、守则、公约、须知等。条文式不分章，而分条例项来阐述。条文式也可分为两种：一种是前言条文式，另一种是条文贯通式。

1) 前言条文式

前言条文式分前言和主体两部分。前言不设条，而且用简明扼要的文字概述制定该文的目的、依据、性质和意义。主体部分一般分若干条款交代各种规定的事项。

2) 条文贯通式

条文贯通式即全文都用条款来阐述表达，不另分段说明。这样写并非不要前言、结尾，而是将前言、结尾也都用条款标出。在写作中，根据需要条下也可分若干项表达。在写作中有的不标明"第×条"，而用汉语数字"一、二、三……"进行分开表达。

规章制度采用章条式和条文式的写法，主要是为了便于记忆、阅读和理解，也便于查找、引证，而且条理清晰，层次分明，言辞严谨，便于贯彻执行。

（四）署名和日期

在规章制度正文的右下方署上制定单位名称和制定日期。如果制定单位已在标题中标明，这里可省略。随"通知"而发的规章制度，由于通知中已有发文日期，故往往不再写制定日期。

五、表达方法及语言

规章制度的表达方法，主要是定义说明和分类说明。规章制度的语言多采取说明性语言，写作时的要求主要有以下两方面。

一是准确。要使规章制度的条款内容表达准确，首先必须对条款中的概念始终保持内涵与外延的准确性。这就要注意写好有关定义和分类的条款。

下定义的条款要写明什么是规章制度本身的内容；分类的条款要写明概念的外延，明确哪些是本章制度所包括的范围。其次，为了使概念准确，还要拟写必要条件，对概念加以限制、补充。特别是对于一些容易引起混淆的概念，尤其要写好限制、补充的条件。

二是周密。要使规章制度制定得周密，必须从以下三方面着手。首先要掌握分寸，说得周全。每个条款中表示时间、范围、数量、程度、轻重、主次等的附加语要恰如其分。其次要前后照应，不出现矛盾。条款中对同一事所用的名词，要做到前后一致，不要混淆概念。每个句子、词的搭配要得当。每个条款常是一个句群，句子前后衔接要连贯、中心意思要明确，切忌语序混乱，不合逻辑。最后要明确肯定，不要用模棱两可的语句。常用"要""须""严禁""不准"等，不使用"为主""也许""大概"等一类的词。

六、撰写规章制度应注意的事项

规章制度作为一种行为规范、是非准则，它有广泛而深刻的影响，直接关系到工作的成或败，人们的行或止，必须极力审慎严谨。在写作时特别要注意以下事项。

（一）内容要周全

规章制度命题范围内的有关事项应完备齐全，力求"万无一失"，使事事都有法可依、有章可循。要做到这一点，事前要充分酝酿、深入调研，切实掌握此项工作的情况，了解可能发生和需要解决的问题。规章制度的疏漏，会导致实际工作的无所适从。因此，在表达规章制度的内容时一定要谨慎从事，切不可粗枝大叶、马虎了事，要有对国家、对社会、对人民、对工作的高度责任心。

（二）上下要协调

规章制度有严格的层次性，自上而下，一环扣一环。下级机关尤其是基层单位，必须了解上级机关同类文件的具体规定，保持与上级和上一个层次同类规章制度的连贯和衔接。这是正确贯彻党和国家方针、政策的具体保证。同时，还要注意与本单位过去制定和实施的同类文件的连贯与衔接。在这方面，重要的是加强政策观念和组织观念，不要只顾局部不顾整体，不要以感情代替政策。

（三）注意相对稳定

规章制度一经公布实施，就应保持相对的稳定性，"朝令夕改"会大大减弱规章制度的权威性和约束性。因此，规章制度不能频繁更改，但允许在适当的时候、适当的场合对不太完善的部分进行调整修改。

（四）表达要周密

规章制度是面向大众的，既要原则又要可行，在表达方面应当十分规范。要做到概念准确、文字简洁、层次分明、合乎语法逻辑，正确使用标点符号，特别是规章制度在具体阐述该做的、允许做的、不允许做的事情或者说明工作标准、程序时，要概念清晰、遣词恰切、态度明朗、语气肯定、前后一致，以保证规章制度实施的实际效果。

【例文】

仓库管理制度

1. 目的

为实现仓库规范化管理，确保仓库物资在存储期间的数量、质量得到控制，服务生产物资需要，及时、完整记录出入库信息，定期向有关部门提供数据，特制定本制度。

2. 使用范围

适用于公司所生产产品及外购、外协产品的仓库管理工作。

3. 职责

(1) 采购部负责大、小五金仓库管理工作。

(2) 生产管理部负责半成品、成品库管理工作。

(3) 采购、外协人员负责对外购、外包产品办理有关手续，到规定仓库办理入库。

(4) 各车间及有关部门相关人员，负责对所生产产品办理有关手续，到规定仓库办理入库。

4. 工作程序

1) 入库管理

(1) 产品入库时，仓库保管员首先应对入库单据及随货凭证进行审查，如无检验员签字或手续不完备，不得办理入库。

(2) 需入库产品，根据入库单填写内容，并对照实物检查数量、规格、型号。检查无误后，对其外观质量、标识等内容进行验收，若核实无误，方可办理入库。

(3) 各车间及有关部门，应根据库管员的要求，将已办理入库的产品运到指定的仓库或场地。

2) 产品保管

(1) 对于入库产品，仓库保管员应及时记账、建账、登记，妥善保管。

(2) 入库产品应做到分类、分区摆放、标识清晰，做到整齐、有序、一目了然。

(3) 库房安全措施应可靠有效，做好产品的防锈蚀、防磕碰、防丢失、防火等工作，确保产品的完整和完好。

3) 检查和改进

(1) 仓库保管员要对库存产品进行定期检查和盘点，做到日清日结、账、卡、物三相符。

(2) 仓库保管员应做好日常巡视检查工作，发现问题随时采取措施进行改正，重大问题应向部门领导反映，共同研究解决。

(3) 部门领导每年末应对所辖仓库进行一次全面检查，对检查中发现或可能发生的问题，提出纠正或预防措施，进行整改。下次检查时，部门领导应对整改情况实施验证复核，使仓库管理工作得到持续改进。

4) 出库交付

(1) 未办理入库的产品，不得办理出库手续。

(2) 公司内周转产品出库以"出库单"为凭证，最终产品交付应以"发货通知单"为依据，仓库保管员首先应对出库凭据进行确认，无误时方可办理出库。

(3) 产成品对公司外顾客交付时应做到如下几点。

① 运输方式确定以后，应根据发货明细要求检查实物，确认满足发货要求时，方可装车。

② 发货的整个过程要有专人进行全程监督，防止错装、漏装，并做好产品外部质量和产品标识的防护工作。

③ 装车完毕，对照实物检查随货所带的技术资料及备品、备件，确认齐全后，办理出库，将"装箱单"、发货清单(发货回执)交给运输人员，返回后要归档保存。

5) 记录

(1) 各类库存产品台账。

(2) 产品入库单。

(3) 产品出库单。

(4) 发货明细表。

(5) 发货清单。

(6) 装箱单。

(7) 盘点表。

【写作训练】

1.为你们家乡的一种特色产品撰写广告文。

2.为你们家乡的一种特色产品撰写微信推广文案。

3.商文电器有限公司因业务变动需要购进A型新材料，得知腾飞是该材料的供应商之一，于是决定向腾飞公司询价，请你从公司角度选择合适的文种并完成相应文书。

4.请寻找你们家乡的一种特色农产品，并为其撰写产品说明书。

5.请为发生在身边的新鲜事撰写一篇新闻。

【例文赏析】

例文一：广告

戴森手持无线吸尘器

戴森V12全新升级，能探测并吸除隐藏的微尘，整机HEPA过滤系统，锁住99.97%小至0.1微米的颗粒物，排出洁净空气，并配备能精密旋转22度的超窄缝隙转角系统深入习钻角落，可由8100根超细纤维刷毛组成的无痕软毛除尘刷轻松应对复杂表面。配件及过滤系统，全新升级。欢迎访问Dyson.cn直接购买。

例文二：微博推文

陕西格力微博推文

全球第246位，格力电器上榜福布斯"全球企业2000强"！格力电器实现了在国际权威榜单上的"双亮相"。

2020年5月13日，福布斯官方发布第18期"全球企业2000强"榜单。格力电器位列第246位，较去年排名上升14位。自2015年上榜该榜单前500强之后，格力电器排名连年增长，加之2019年上榜《财富》"世界500强"，格力电器实现了在国际权威榜单上的"双亮相"，象征其发展实力备受全球认可。

福布斯"全球企业2000强"榜单依据企业销售额、资产、市值与利润的综合得分来评选全世界规模最大、影响力最强、价值最高的企业。榜单显示，美国有588家企业上榜，中国共有367家上榜。今年上榜企业的营收总额共42.3万亿美元，利润总额为3.3万亿美元。

事实上，早在2015年，格力电器就入选当年福布斯"全球企业2000强"阵营，位列榜单第385位。与《财富》榜单重视企业规模不同，福布斯的评选指标更加多元化，重视企业销售额、资产、市值与利润多方面，因此综合发展的格力电器上榜时间更早，排名也更高。

受经济结构变动、房产政策调整等多方因素的影响，近两年暖通空调行业的市场遇冷。格力电器在稳定空调主业发展的同时，进一步加深了产业多元化布局。据格力官方日前披露的年报显示，格力电器2019年空调主业继续居于霸主地位，其家用空调实现全球14年领跑，中央空调市场份额实现国内市场"八连冠"。2019年，格力生活电器猛增46.96%，近三年的连续平均增长率接近50%。从企业产业结构调整的角度看，格力的空调从2018年的占比78.58%降至69.98%，企业相关多元化趋势发展成果显著。

格力电器坚持多元化产业布局，积极响应国家大力号召建设"新基建"的政策，在5G技术全面推广的背景下，格力电器稳步发力智能装备、智能家居领域，先后推出5G智慧工厂的解决方案、"零碳健康家"智能家居系统，不断深化技术革新。

例文三：财经新闻

"伊利方舟"十周年：这一刻，了不起的长大

最"了不起的长大"，是用时间度量的"改变"。

从2012年到2022年，"伊利方舟"儿童安全公益项目已走过十年。从最初只有一个想法，到梦想生根发芽，再到结出丰硕的儿童安全教育成果——守护近34万名儿童安全成长，"伊利方舟"助推中国儿童安全教育事业步入新征程，见证了成长之路上每个"了不起的长大"。

"长大"是"从0到1，从1到多"

2012年11月24日，第一期儿童安全培训班在上海举办，至此，由伊利集团和中国西部人才开发基金会共同发起的"伊利方舟"正式起航，沿着"最好的保护，是教会孩子自我保护"的安全航线，一路向前，一个又一个爱与守护的故事，由此开始。

2013年，"伊利方舟"走进云南省大关县鱼田小学，这也是第一所"伊利方舟安全生态校"。当时的鱼田小学，让所有工作人员意识到了儿童安全教育的重要性。这里没有围墙，水管没有封闭处理，学校没有资金，甚至校舍建筑都是"危房"，这样的"三无"学校，儿童安全隐患随处可见。通过调研，"伊利方舟"因地制宜地提出解决方案，将先进的儿童安全教学理念带给鱼田小学。"伊利方舟"在游戏中培养孩子们的安全意识，还为孩子们带去崭新的教具和鲜艳的书包、帽子，期待在危险发生时能第一时间察觉并遏制。

以鱼田小学为源点，到云南省大关县玉碗镇中心完小、翠华镇完全小学、悦乐镇中心校、木杆镇中心校乃至整个云南省大关县，"伊利方舟"的儿童安全教育理念正在生根发芽，影响并带动着全县教师、家长及孩子们提高安全意识。

而事实上，云南省大关县只是"伊利方舟"儿童安全教育版图上的一个缩影，从这里出发，到湖北竹山县、竹溪县，河北大名县，四川芦山县，甘肃合水县，再到贵州桐梓、西藏山南、内蒙古鄂伦春等全国各地，儿童安全理念通过"伊利方舟"项目正在得到强化，相关儿童安全教育正在结出累累硕果。

"长大"是"有了依据和指引，人人可参与"

十年间，"伊利方舟"不断探索行之有效的安全教育方式，还创新式地推出中国第一

部校园安全评估指标体系——《伊利方舟全息图》。通过校园周边环境、师生身心健康、校园公共卫生与食品、突发事件应急处置等10个模块，以及安全隐患、应对措施和防范教育3个维度，对校园安全进行评测，帮助学校直观了解和评估总体安全状况。

内蒙古鄂伦春自治旗实验二小的白老师是最早使用《伊利方舟全息图》指导校园安全工作的实践者之一。针对学校平时安全教育工作不到位、相关设施设备落后等情况，白老师从《伊利方舟全息图》中寻找解决问题的办法：组织大型培训课、体验课，帮助师生共同提升安全理念；在改善安全教育设备设施方面，自己动手设计框架，请学校的教工帮助铁焊，用秋千架、爬架等改造出绳降、杆降逃生、逃生通道等环节，打造了一间逃生体验室，还寓教于乐地针对每个环节设计了顺口溜，以帮助孩子们理解和记忆紧急情况下的逃生知识。

和白老师一样，内蒙古鄂伦春自治旗克一河小学的樊校长也是在《伊利方舟全息图》的指引下，让安全教育走出课本。学校建设了安全体验教室，采用有声故事、安全游戏、场景模拟等体验式教学方法，在老师和专业人员的指导下，进行避险、逃生、自救、互救等方面的实用应急技能训练，提升学生对"危机"的应急处理能力。

"伊利方舟"通过《伊利方舟全息图》，让校园安全工作真正有了依据和指引，开启了安全教育的新模式。目前，全国26个省区41个县市已有600余所学校在《伊利方舟全息图》的指引下，让学校成为一个有机的安全生态系统，也就是儿童安全生态校。"伊利方舟"也通过安全生态校的建设搭起一个平台，让近34万名儿童受益，让关注儿童安全的社会各方都可以加入进来，共同为孩子们的安全长大保驾护航。

"长大"是"向全世界讲好'儿童安全'的中国故事"

十年青葱岁月，见证了无数孩子由意识懵懂到成熟认知，见证了"伊利方舟"致力儿童安全教育的历程，也见证了中国儿童安全教育从国内走向国际，不断迈出崭新步伐的新篇章。

关于如何讲好"儿童安全"的中国故事，"伊利方舟"一直在行动。今年的国际女童日，"伊利方舟"联合伊利QQ星，携手中国西部人才开发基金会、中国乡村发展基金会，共同开展"让爱守护成长"女童安全教育公益活动，将女童安全教育知识编成趣味易懂的"NONO广播操——女童安全教育广播操"，推广至全国的"伊利方舟安全生态校"，并受到中国乡村发展基金会、伊利海外品牌Cremo、Joyday的积极响应，走进缅甸、泰国、印度尼西亚等国家的校园。

新颖有趣的"NONO广播操"立刻在海外引起了广泛关注，雅虎、美联社等全球性媒体，以及新加坡、印度尼西亚、泰国、缅甸、菲律宾、马来西亚、韩国、澳大利亚、德国、西班牙等多个国家的媒体纷纷自发报道，媒体认为"NONO广播操"富有创新性，方便普及与推广，能呼吁更多人关注女童安全教育。

通过"NONO广播操"，"伊利方舟"向全世界讲好了"儿童安全"的中国故事，让"先有安全，再有梦想"的公益理念获得国内外广泛认可，更让"伊利方舟"儿童安全公益项目在国际舞台上收获了更多关注。

凭借在儿童安全教育领域取得的丰硕成果，"伊利方舟"荣获了2021年中国公益慈善领域中的最高政府奖"第十一届中华慈善奖"。套用伊利集团董事长常说的一句话，"无论是企业还是个人，在公益这条路上，没有先后、大小之分，只有为与不为的区别"。这一奖项的获得，既是伊利人长期以来在公益领域的不懈努力，也是伊利人对"让公益更有益"理念的有力践行，更是"伊利方舟"的"了不起的长大"。

十年，"伊利方舟"从最初只有一个想法，到创建第一所安全生态校，再到如今创建了600余所"伊利方舟安全生态校"，从创新式地推出《伊利方舟全息图》，到全新上线数字化的"伊利方舟全息图"小程序，以及联合QQ星共同推出中国首款儿童安全教育牛奶，借力"NONO广播操"成功出海并收获国际赞誉，"伊利方舟"这艘致力儿童安全教育事业的小小方舟也已经长大，正在沿着儿童安全教育的航线砥砺前行，向下一个十年扬帆起航！

财经法律文书

现今社会是法制社会，各项法律、法规对于所有公民和合法组织来说，既是约束行为的条条框框，也是保护自己最重要的武器。企业想要更好地维护自身就必须能够拿得起法律、法规这把利剑，财经法律文书就是企业的执剑之手。

本模块将介绍条据、财经合同、招标书、投标书、经济纠纷文书、仲裁文书等财经法律相关文书。通过对财经法律文书的学习，学生可以更好地处理财经活动中的法律问题。

▶ 学习任务

- 撰写条据
- 撰写财经合同
- 撰写招标书、投标书
- 撰写经济纠纷文书
- 撰写仲裁文书

【写作故事】

一张借条背后的故事：见证患难鱼水情

在宝应县西安丰镇红枫园的"苏中革命历史新纪念馆"中，有一张借条引起不少观展市民的热议，原来，这张借条背后有一个感人的故事。

"这是当年新四军打给群众的借条。"讲解员李娟向记者讲述了借条背后的故事。当年，在新四军五十二团驻地安丰区宥城乡，有一天做午饭的时候，驻地的锅没有烧透，还缺一点点烧草，于是管理员找到了乡长高尚志，并向他说明情况。

李娟称，当年高乡长说着便和管理员来到了部队驻地附近的马维驹家，向马维驹老人说明来意，老人随手拿了一捆草给管理员，并说道："拿去烧吧，要是不够啊，再来拿。"可是，管理员很认真地说："这可不行，新四军不拿群众一针一线，还是把草称一下好。"管理员执意要老人找秤称一下，一秤，一小捆草只有五斤重，管理员想给钱时才发现身上没有带钱。

管理员虽然不识字，但十分认真，就请乡长打了张借条，乡长盖了私章，管理员也盖了自己的章。当天下午，管理员带着钱到马维驹家准备赎回借条，可是马维驹说什么都不肯要钱，管理员执意要给，马维驹固执地说："新四军是人民的军队，人民军队爱人民，老百姓家中的五斤烧草怎么还能收钱呢！"

"双方当时僵持不下，马维驹老人被新四军这种不拿群众一针一线的纪律感动。"李娟说道。当年马维驹老人提议，这张借条留给他作为纪念，后来，新四军就将这个借条留给了老人。

任务一　撰写条据

一、条据的内涵

（一）条据的含义

条据是单位或个人在处理日常临时性事务或发生账目往来时常用的一种书面凭证。它通过书面形式把临时要告诉别人的某件事写成简便的条子(便条)，或者在交接钱物时写成书面文字作为凭证(单据)。这种便条和单据合称为条据。

（二）条据的作用

条据是一种用途十分广泛的应用文体。如因事、因病不能上学，必须事先写假条告诉学校和老师。去访问朋友，他不在家，也没别人帮助通知朋友，也可以写留言条说明你来了，请朋友回来后主动同你联系。托别人帮你办事也可以写留言条。至于凭证性的便条，如收条、借条、领条等，更有据约性质，不会写不行，写得不合格式也不行。因为这类凭证性的便条一旦写好交给别人，自己就要负责任，便条也就具有法律效力。不会写收条，别人不会把钱、物交给你；不会写借条，别人不会把东西借给你；不会写领东西的领条，别人也不会把东西让你领走。因为没有凭据，管理员就得负责任。

条据的作用体现在以下两方面。

(1) 留作凭证和证明。

(2) 传递信息、陈述理由和说明要求。

（三）条据的特点

1. 内容明确客观

条据的内容所反映的都是工作生活中严肃认真的事，因此必须客观确凿，不能无中生有，不能弄虚作假。

2. 语言简洁明了

条据的语言表述不求精彩华丽，以将内容表达客观明确为原则，所以简洁明了是条据写作的最基本要求。

3. 书写严谨无误

条据中会涉及事情的缘由、钱财名称和数量、立据时间等诸多要素，因此不能有丝毫差错。

（四）条据的分类

条据可分为两大类：一类是说明性条据，如请假条、留言条等；另一类是凭证性条据，如借条、收条、领条、欠条等。

二、说明性条据

（一）说明性条据的含义

一方向另一方说明事实、陈述请求或交代事情所写的简单便条，叫说明性条据。

（二）说明性条据的种类

说明性条据主要分为请假条、留言条两种。因事或因病不能出勤，向学校、单位或组织请求给予假期的便条，是请假条。因故不能面谈而将有关事项简要地写下来告知对方的便条，是留言条。

（三）说明性条据的写作

1. 标题

标题在第一行居中，用较大字体书写文种名称。通常情况下，人们会在写请假条、留言条时使用标题，即在正文上方中间写"请假条"或"留言条"等字样。

2. 称谓

称谓即收文对象的姓名及称谓。不同的对象用不同的称谓，以保证礼貌。在标题之下另起一行或在第一行顶格书写收条者的名称，后加冒号，如"××老师："。

3. 正文

正文是说明性条据的核心部分，说明性条据的正文写的是需要说明和告知的事项。在称谓之下另起一行空两格开始书写，叙述应简明扼要、具体完整。

4. 结语

如有需要，可以在正文后面酌情写上结语。内容写完后，可视具体情况写下"谢谢""敬礼""特此拜托"等礼貌性的话语，也可不写。

5. 落款

落款包括署名和写作日期两项。署名写在正文右下方，署名的方式视写给的对象而定。署名的下方还要写明具体的成文日期，可以只写月、日。

【例文】————————————————————————————

请假条

××老师：

　　我昨天感冒发烧，现在体温仍达39摄氏度，故需要在宿舍休养，不能到教室上课，特此请假一天。敬请批准。

　　此致

敬礼！

学生：××
××年××月××日

(附校医诊断证明)

【例文】————————————————————————————

留言条

××：

　　今晚7:00，我来你宿舍找你商谈学院文学社近期活动的事，恰好你外出未归，请你明天下午4:00到学生会办公室，我们再面谈事宜，静候。

经管学院：××
××月××日晚

三、凭证性条据

（一）凭证性条据的含义

　　人们在日常生活中借出或收到钱款、物品时，会用文字说明借、欠、收、领等既成事实，并交给对方作为依据，这种条据叫凭证性条据。

（二）凭证性条据的种类

1. 借条

　　借条是指借个人或公家的现金或物品时写给对方的条子。钱物归还后，打条人收回条子，即作废或撕毁。它是一种凭证性文书，通常用于日常生活及商业管理方面。如果没有借条，别人就能赖账或者违约。

2. 收条

　　收条是收到个人或单位送到的钱物时写给对方的一种凭证性应用文。收条也称收据，是日常生活中常见的一种应用文样式。收条适用于3种情况：一是原来借钱物或欠钱物一方将所欠、借的钱物还回时，借出方当事人不在场，而只能由他人代收，如果当事人在场，则不必再写收条，而只把原来的欠条或借条退回或销毁即可；二是个人向单位或某一团体上缴一些有关费用或财物时，对方需要开具收条，以示证明；三是单位和单位之间的各种钱物往来，均应开具收条。当然，在正式的场合下，一般都有国家统一印制的正式的票据，这属于另一类情况。收条的种类通常有两类：一类是写给个人的收条；另一类是写给某一单位的收条。单位出具的收条通常是由某人经手，而以单位的名义开具的。

3. 领条

领条指领取物品的个人或单位的一种文字根据，它是在发放和领取物品的过程中，时常使用的一种凭证性文书。

4. 欠条

欠条是由于所借财物到期未能归还，收回原借条后，另向对方书写的其余所欠财物数量和归还时间的文书。欠条和借条有所不同，前者是在已还清一部分所借财物基础之上，另外书写的约定归还的证明性文书；后者是指初次借出时所写的证明性文书。

（三）借条的写作

1. 标题

标题即"借条"，写于条据正上方、居中。

2. 正文

正文写明需要证明的事项。借条不需要写收条人称谓，正文一开始用"今借到"等固定用语表明条据性质，然后具体写清楚财、物的数量，以及相关时间要求等内容。最后还可以用"此据"一词作为尾语结束，有时也可省略。

注意事项如下。

(1) 一定要本人签字，本人书写全文。如果借条内容是他人书写的，最后落款是本人亲笔签名，是具有法律效力的。如果是他人恶意添加了部分，而有自己的签名，也有法律效力，但是你可以证明是他人伪造的。因此，一定要在格式上把握好，不要给他人可乘之机。

(2) 涉及数字部分，最好用大写，如"拾捌万元人民币整(180 000元)"。有小写而没有大写，大小写不一致，数字前面有空格，小数点位置不准确等，这些都便于持据人添加数字或修改，进而引发纠纷；阿拉伯数字末尾加个零，数额会骤然巨变。

(3) 借条写好后最好复印一份，原件和复印件分开保管，这样即使原件不见了还有复印件以说明情况。

(4) 语言表达精确，避免歧义。例如，"还欠款人民币壹万元"，既可以理解成"已归还欠款人民币壹万元"，也可以理解成"仍欠款人民币壹万元"。这里的"还"字既可以理解为"归还"，又可以解释为"尚欠"。根据民事诉讼法相关规定"谁主张，谁举证"，如果不能举出其他证据证实对方仍欠其10 000元，其权利不会得到保护。

(5) 还钱时要当场索回借条。若对方将借条遗失或一时找不到，应让对方当场写下收条，证明钱已归还。

3. 落款

当事人姓名写于正文后，另起一行的右下角处。必要时需要加盖公(私)章，以示负责。

4. 日期

成文日期位于落款人姓名下方，年月日要写齐。

【例文】————————————————————————————

借条

今借到华为笔记本电脑MateBook D 14 SE版一台，五月一日之前归还。此据。

借物人：××
××年××月××日

【例文】————————————————————————————

借条

今(出借人)_____借给(借款人)_____人民币(大写)_____整，即¥_____元。借款期限自20__年__月__日起至20__年__月__日止，共_____个月，利率为每月_____，利息共计人民币_____整，即¥_____元，全部本息于20__年__月__日一次性偿还。

如不能按期足额归还借款，借款人应向出借人支付违约金人民币_____整，即¥_____元。

担保人确认：本人同意为借款人的上述债务向出借人承担连带责任保证。

借款人：_____身份证号码：_____
担保人：_____身份证号码：_____
借条出具时间：_____年_____月_____日

（四）收条的写作

1. 标题

标题即"收条"或"收据"，写于条据正上方、居中。

2. 正文

收条正文应包括5个要件："今收到""现收到"等固定用语；交纳人；收取人；交付内容(钱物的数量、物品的种类、规格等情况)；交付时间。数字最好用大写。收条写作"务去陈言赘语"，该说则说，越简越好。

3. 落款

收财物人姓名写于正文右下角，是某人经手的一般要在姓名前署上"经手人："的字样，单位要加盖公章；是代别人收的，则要在姓名前加上"代收人："的字样。

4. 日期

成文日期位于落款人姓名下方。

注意事项：在写收条时，务必清点好所收到物品钱款的具体数额，做到准确无误、不出差错。是替别人代收的，应在题目使用"代收到"字样，在文尾署名时用"代收人"3个字。收条的语言一般较为简单，篇幅往往短小精悍，不涂改。数目要大写。

【例文】

代收条

今收到交通大学出版社赠书《新编应用文体写作》贰拾册。此据。

代收人：××
××年××月××日

收条

今收到××市旅游局"博爱一日捐"活动善款伍万元整。

××省红十字协会
经手人：××
××年××月××日

（五）领条的写作

1. 标题

标题即"领条"，写于条据正上方、居中。

2. 正文

正文写明需要证明的事项。首先用"今领到""现领到"等固定用语表明条据性质，然后具体写清楚财、物的数量。

3. 落款

收财物人姓名写于正文右下角。个人领取的则写上个人的姓名，落款处一般需要加盖公章或私章。

4. 日期

成文日期位于落款人姓名下方。

注意事项：领条上应如实记录所领取钱物的数量和品种，领取钱物要当面点清。领条所列的数字要求大写。领取钱款时，要在数字后面加上"整"字，如"陆佰圆整"，以免被别人添加文字。

【例文】

领条

今领到办公用品：签字笔14支、笔记本电脑7台、打印纸1箱。

领取人：××
××年××月××日

（六）欠条的写作

1. 标题

标题一般在正文上方中间以较大字体写上"欠条"两字。

2. 正文

欠条的正文包括债权人、债务人、欠款内容及归还时间，还包括签名及签名时间等内容。

注意事项如下。

(1) 钱款数字要大写。欠条是付还欠物、欠款或索要欠物、欠款的凭据，书写时不可潦草从事，要字迹清晰，不可涂改。若不得不改动，则需要由改动方在改动处加盖公章(私章)或个人签名。同时要妥善保存，以防丢失。

(2) 不要把"欠条"变为"借条"，有些公司拖欠民工工资，向民工出具"借条"，而非公司拖欠工资的"欠条"，如此，一字之差，劳资纠纷瞬间转变成民事借贷纠纷，对于企业长期拖欠工资的行为，民工难以到劳动仲裁部门举报、申诉，只能向法院起诉。

(3) 数字用大写。

(4) 最后以"特立此据"或"此据"结尾。

3. 落款

落款要署上欠方单位名称和经手人的亲笔签名，如是个人出具的欠条，则需要署上欠方个人的姓名。

4. 日期

欠条的日期位于落款单位、个人姓名的下方。单位的欠条要加盖公章，个人的欠条要加盖私章。

【活学活用】

条据中标点符号的妙用

从前有个地主，为人吝啬。他希望自己的孩子长大后有出息，却又不肯给教他孩子的老师吃喝。因此，谁也不到他家去当教师，地主很着急。这时，当地一个很有教学经验的秀才却主动找到地主门上，表示愿到地主家当教师。地主说："先生，我没好饭菜招待您。"

秀才说："行。"地主又说："先生，您是名教师，听说每学期要收学费30两银子，我却没钱给您。"秀才说："行。我不要你招待我吃鸡鸭鱼肉，也不用你交30两银子的学费，豆腐白菜总该有吃的吧。"地主连连点头说："有，有。先生，就按您答应的，您给我写个字据吧。"秀才点头，提起笔写道：

无鸡鸭也可无鱼肉也可豆腐白菜不可少不得要学费银子30两。

××秀才

××年××月××日

地主拿起纸条，看了一眼，害怕秀才反悔，赶紧叫人收到屋里去了。一学期快结束时，秀才突然摔碟子打碗，嫌顿顿吃豆腐白菜把身体吃垮了。地主一听，从柜子里拿出便条，跑到书房，对秀才说："先生，您可不能反悔。您写了字据哩。"秀才说："我写了什么字据？"地主拿出字据，秀才接过去，手持毛笔，边念边点标点。

无鸡，鸭也可；无鱼，肉也可；豆腐、白菜不可。少不得要学费银子30两。

××秀才

××年××月××日

秀才念完，地主可傻了眼。只好杀鸡、杀鸭、蒸鱼、炖肉，招待先生，还交了学费银子30两。

任务二 撰写财经合同

一、合同的概念和特点

（一）合同的概念

合同是平等主体的自然人、法人、其他组织之间设立、变更、终止民事权利义务的协议，其概念要点有以下3个方面。

1. 合同是平等的当事人之间的协议

协议的内容体现了债权债务关系，该债权债务关系在当事人之间进行变动(如设立、变更、终止等)，这就是合同的基本含义。

2. 合同法规适用于平等主体的公民、法人、其他组织之间的协议

在民事活动中，当事人的地位都是平等的，没有上下级之分，也没有领导与被领导之别，尤其应当防止行政干预。

3. 新合同法规规定了三类合同当事人

其一是自然人，即公民；其二是法人，即具有民事权利能力和民事行为能力，依法独立享有民事权利和承担民事义务的组织；其三是其他组织，即非法人的组织，如法人的分支机构、私营企业、非法人社会团体、个体工商户等。

【拓展知识】

《中华人民共和国民法典》合同编通则分编法律知识问答

《中华人民共和国民法典》(以下简称《民法典》)合同编一共分为三个分编(通则、典型合同、准合同)，共计526条，占《民法典》条文总数的40%以上，几乎占据《民法典》的半壁江山，在《民法典》中具有举足轻重的地位。合同编是在系统总结我国合同立法经验的基础上产生的，它植根于中国大地，是我国改革开放和市场经济经验的总结，彰显了中国特色，也回应了我国经济生活、交易实践的需要。

1. 什么是合同？身份关系的协议是否适用《民法典》合同编？

《民法典》第四百六十四条规定：合同是民事主体之间设立、变更、终止民事法律关系的协议。

婚姻、收养、监护等有关身份关系的协议，适用有关该身份关系的法律规定；没有规定的，可以根据其性质参照适用本编规定。

2. 合同的订立形式有哪些？

《民法典》第四百六十九条规定：当事人订立合同，可以采用书面形式、口头形式或者其他形式。

书面形式是合同书、信件、电报、电传、传真等可以有形地表现所载内容的形式。

以电子数据交换、电子邮件等方式能够有形地表现所载内容，并可以随时查用的数据电文，视为书面形式。

3. 合同的主要条款有哪些？

《民法典》第四百七十条规定如下。合同的内容由当事人约定，一般包括下列条款：①当事人的姓名或者名称和住所；②标的；③数量；④质量；⑤价款或报酬；⑥履行期限、地点和方式；⑦违约责任；⑧解决争议的方法。

4. 合同的成立时间有何规定？

《民法典》第四百九十条规定：当事人采用合同书形式订立合同的，自当事人均签名、盖章或者按指印时合同成立。在签名、盖章或者按指印之前，当事人一方已经履行主要义务，对方接受时，该合同成立。

法律、行政法规规定或者当事人约定合同应当采用书面形式订立，当事人未采用书面形式但是一方已经履行主要义务，对方接受时，该合同成立。

5. 合同的成立地点有何规定？

《民法典》第四百九十二条规定：承诺生效的地点为合同成立的地点。

采用数据电文形式订立合同的，收件人的主营业地为合同成立的地点；没有主营业地的，其住所地为合同成立的地点。当事人另有约定的，按照其约定。

《民法典》第四百九十三条规定：当事人采用合同书形式订立合同的，最后签名、盖章或者按指印的地点为合同成立的地点，但是当事人另有约定的除外。

《民法典》第四百九十四条规定：国家根据抢险救灾、疫情防控或者其他需要下达国家订货任务、指令性任务的，有关民事主体之间应当依照有关法律、行政法规规定的权利和义务订立合同。

依照法律、行政法规的规定负有发出要约义务的当事人，应当及时发出合理的要约。

依照法律、行政法规的规定负有作出承诺义务的当事人，不得拒绝对方合理的订立合同。

6. 合同生效的时间有何规定？

《民法典》第五百零二条规定：依法成立的合同，自成立时生效，但是法律另有规定或者当事人另有约定的除外。

依照法律、行政法规的规定，合同应当办理批准等手续的，依照其规定。未办理批准等手续影响合同生效的，不影响合同中履行报批等义务条款以及相关条款的效力。应当办理申请批准等手续的当事人未履行义务的，对方可以请求其承担违反该义务的责任。

依照法律、行政法规的规定，合同的变更、转让、解除等情形应当办理批准等手续的，适用前款规定。

7. 合同履行的原则有何规定？

《民法典》第五百零九条规定：当事人应当按照约定全面履行自己的义务。

当事人应当遵循诚信原则，根据合同的性质、目的和交易习惯履行通知、协助、保密等义务。

当事人在履行合同过程中，应当避免浪费资源、污染环境和破坏生态。

8.合同的变更和转让有何规定？

《民法典》第五百四十三条规定：当事人协商一致，可以变更合同。

《民法典》第五百四十四条规定：当事人对合同变更的内容约定不明确的，推定为未变更。

《民法典》第五百四十五条规定如下。债权人可以将债权的全部或者部分转让给第三人，但是有下列情形之一的除外：①根据债权性质不得转让；②按照当事人约定不得转让；③依照法律规定不得转让。

当事人约定非金钱债权不得转让的，不得对抗善意第三人。当事人约定金钱债权不得转让的，不得对抗第三人。

9.合同的权利义务终止有何规定？

《民法典》第五百五十七条规定如下。有下列情形之一的，债权债务终止：①债务已经履行；②债务相互抵销；③债务人依法将标的物提存；④债权人免除债务；⑤债权债务同归于一人；⑥法律规定或者当事人约定终止的其他情形。

合同解除的，该合同的权利义务关系终止。

《民法典》第五百五十八条规定：债权债务终止后，当事人应当遵循诚信等原则，根据交易习惯履行通知、协助、保密、旧物回收等义务。

10.合同的违约责任有何规定？

《民法典》第五百七十七条规定：当事人一方不履行合同义务或者履行合同义务不符合约定的，应当承担继续履行、采取补救措施或者赔偿损失等违约责任。

（二）合同的法律待征

1.合同的主体特征

经济合同的主体是法人，其必须具备的条件如下。

(1) 必须依法成立，并且是通过国家认可的一定组织，有自己的名称、组织机构和场所。所谓依法成立，包括依命令、依准许、依准则成立。所谓依命令，是指依国家机关的命令而成立，如中国的全所有制的工商企业等。所谓依准许，是指通过工商行政管理部门批准发证的集体企业、个体企业等。所谓依准则，是指按照法律或章程规定的某种条件而取得法人资格，如当年的手工业联社，现在的供销社。

(2) 法人必须有统一的组织形式或管理机关。既包括委员会、代表大会、董事会等集体性的组织管理机关，也包括厂长、经理、主任等单一性的组织管理机关。

(3) 法人必须有独立的财产。这种财产既不能混同于国家或集体的总财产(如固定资产)，也不能混同于其成员的个人财产。法人的财产，应根据法律章程或协议的规定，严格地加以限定。法人的财产必须能够独立核算、自负盈亏，能独立支配自己的活动资金，进行民事活动。法人要力争盈余，也要承担亏损责任。

(4) 必须有独立的权利能力、行为能力和责任能力。法人要能够用自己的名义享受权利和承担义务，并能独立地进行诉讼活动。作为企业，它必须具备生产手段和经营条件，能独立经营核算，能对外承担财产责任。

2. 合同双方的行为特征

合同不但要求双方协商拟订，意见一致后方能签订，而且要求反映生产流通领域中的经济关系。这种经济关系就体现为权利义务的法律关系。这种权利义务关系受到国家法律的保护，任何一方不履行合同所规定的义务都要承担一定的法律责任。正是这种双边法律行为特征决定了合同不同于单边法律行为特征、行政行为特征和道德行为特征。

3. 合同的法律事实特征

合同一旦成立，就成了一种法律事实，这表现在如下方面。

(1) 在当事人之间形成一种法律上的权利义务关系。如出租房屋，合同一旦成立，一方必须将房屋交给另一方使用，这是义务。同时，这一方又有权按时收取租金，这便是权利。

(2) 变更当事人之间的权利义务关系。订立合同的当事人双方，只要一致同意，便可以变更这一合同，形成一种新的法律事实。

(3) 终止当事人之间的权利义务关系。如租用房子一方忽然接到调动通知，于是向房主提出终止合同，双方取得一致，于是又形成另一种法律事实——解除或终止了双方的权利、义务关系。基于此，一旦发生合同纠纷，首先要确定的就是在当事人之间是否存在依法成立的合同关系。有无依法的合同，是处理合同纠纷时最基本的事实根据。

4. 合同当事人法律地位平等的特征

当事人法律地位平等，是当事人进行商品交换的基础，也是双方当事人进行协商的基础。

5. 合同的目的特征

合同是为了实现一定的目的而达成的协议。所谓目的，通常是指法人之间、法人与个体户之间、个体户之间，为满足扩大再生产和满足社会需要而转移产品、完成工作和提供劳务的意愿，而不是个人为满足自身消费需要而购买生活必需品的动机。

6. 合同的书面特征

一般来说，合同必须具备书面形式。因为合同的标的大多数是大宗的生产资料或生活资料，品种、数量往往很多，价款金额往往很大，标的支付也往往要分期进行。为保证合同当事人双方的合法权益，为确保一旦发生纠纷时有据可查，除即时结清的合同外，其他合同均应采用书面形式。

二、合同的作用和种类

（一）合同的作用

依法签订合同，其作用如下。

1. 保护合同当事人的合法权益

合同当事人是参与社会经济活动的主体，通过自身的合法行为，取得合法权益，应受到法律的保护。法律被创制的目的之一即保护合法权益和制裁违法的行为。合同当事人在平等、协商一致的基础上通过依法订立合同而取得的财产权、租赁权，享受一定的服务权、获得劳动报酬权等，均受到《民法典》的保护。

2. 维护社会经济秩序

正常的社会经济秩序不容侵犯，应受到法律保护。这与保护合同当事人的合法权益是相辅相成的。没有一个良好的社会经济秩序，合同当事人的合法权益就不会得到很好的保护；同时，合同当事人的合法权益保护得好，也会促进社会经济秩序的良性发展。

3. 促进社会主义现代化建设

一切法律、法规的制定，一切合同的生效履行变更和解除，都应从社会总体目标出发。尤其是在经济领域的合同法律、法规，以及进行横向联系，连结产、供、销各个环节的合同行为，更是如此。

（二）合同的种类

合同的类型是按一定标准对合同进行分类的结果。采用不同的标准，可以对合同进行不同的分类。其意义在于，通过分类使我们掌握同一类合同的共同特征及共同的成立、生效条件等，在有关合同法律的理论中有多种合同分类标准，这里只叙述其中常见的几种。

1. 有名合同与无名合同

根据法律上是否规定了一定合同的名称，可以将合同分为有名合同与无名合同。

有名合同又称典型合同，是指法律上已经确定了一定的名称及规则的合同。我国《民法典》中规定了的19种有名合同，分别是：买卖合同；供电、水、气、热力合同；赠与合同；借款合同；保证合同；租赁合同；保理合同；承揽合同；建设工程合同；融资租赁合同；运输合同；技术合同；保管合同；仓储合同；委托合同；物业服务合同；行纪合同；中介合同；合伙合同。

无名合同又称非典型合同，是指法律上尚未确定一定的名称与规则的合同。根据"合同自由"原则，合同当事人可以自由决定合同的内容。

有名合同与无名合同的区分意义在于两者适用的法律规则不同。对于有名合同的订立，当事人可以参照法律的有关规定，在合同发生争议时，法庭或仲裁庭亦应按照法律的有关规定裁判。对于无名合同，法律未进行具体规定，其成立、生效及纠纷的解决，除适用民法关于民事法律行为和合同的一般规定外，可以就当事人的意思及合同的目的，类推适用与之类似的有名合同的法律规定。

2. 要式合同与不要式合同

根据合同是否应以一定的形式为要件，可将合同分为要式合同和不要式合同。

法律要求必须具备一定的形式和手续的合同，是要式合同。反之，法律不要求必须具备一定的形式和手续的合同，称为不要式合同。在我国现行法律中，要式合同包括法律规定应采用书面形式的合同，以及要求鉴定或公证的合同，另有少数法律要求必须经过有关国家机关审批的合同。

有的要式合同不具备法定形式则合同不成立。《民法典》合同编中规定，当事人采纳合同书形式订立合同的，自当事人均署名、盖印或者许按指印时合同建立。

3.诺成合同与实践合同

依合同成立除意思表示外，以是否需交付标的物为标准，合同可分为诺成合同与实践合同。

诺成合同是双方意思表示一致即成立的合同，即"一诺即成"的合同。这种合同双方意思表示达成同意合同立即成立，而不需要具备其他形式和手续，也不需以物的交付标的物为成立条件。实践合同则是指于意思表示一致之外还需以交付标的物为成立条件。实践合同也称要物合同。传统意义上，买卖、租赁、雇用、承揽、委托等属于诺成合同，借用、供货、保管、运送等属于实践合同。

区分诺成合同与实践合同，其意义在于决定合同的成立。诺成合同自双方当事人意思表示一致时起，合同即告成立；而实践合同则在当事人达成同意之后，还必须由当事人交付标的物和完成其他给付以后才能成立。

4. 双务合同与单务合同

依合同当事人双方是否互负义务，合同可分为双务合同和单务合同。

单务合同是指仅有一方负担义务，而他方不负担义务的合同。例如，在借用合同中，只有借用人负有按约定使用并按期归还借用物的义务。双务合同是当事人双方互负义务，旨在使他方当事人因此负有对其履行的义务，或者说，一方当事人所享有的权利即为他方当事人所负担的义务。例如，买卖、租赁等合同均为双务合同。

区分单务合同与双务合同，其意义在于合同的履行而不是成立。一方面，双务合同有同时履行抗辩的效力，单务合同则无此效力。所谓同时履行抗辩权，是指双务合同的当事人一方在他方未为对其履行前，有权拒绝自己的履行。一方当事人只有在自己已经履行或者已提出履行以后，才能要求对方当事人向自己履行义务；反过来说，在对方未为对其履行或未提出履行以前，也可以拒绝对方的履行请求。另一方面，双务合同有风险负担的分配问题。例如，当事人一方因不可抗力不能履行，可解除合同；对方如已履约，则应将所得利益返还。而单务合同则没有对等给付及返还的问题。

5. 有偿合同与无偿合同

以当事人之间权利义务是否存在对价关系，可以划分为有偿合同与无偿合同。

双方当事人各因给付而取得对价的合同为有偿合同；当事人一方只为给付而未取得对价的合同为无偿合同。买卖、租赁、承揽等为有偿合同，赠与、借用等为无偿合同。

6. 主合同与从合同

根据合同相互间的主从关系，可将合同划分为主合同与从合同。

主合同是指不需要其他合同的存在即可独立存在的合同；从合同是指以其他合同的存在为存在前提的合同。例如，保证合同与设立主债务的合同之间的关系，主债务合同是主合同，相对而言保证合同即为从合同。从合同的主要特点在于其附属性，它必须以主合同的存在并生效为前提。主合同不能成立，从合同就不能有效成立；主合同转让，从合同也不能单独存在；主合同被宣布无效或撤销，从合同也将失去效力；主合同终止，从合同亦随之终止。

三、签订合同的程序

签订合同的程序是指当事人之间通过充分协商而订立合同的具体过程。这个过程大体分成要约与承诺两个阶段。

（一）要约

要约是指当事人一方就订立合同的主要内容，向另一方提出的建议。就要约的一方而言，必须是依法成立的能独立施行民事行为的法人，或有行为能力的自然人。要约人也就是合同的一方当事人。就协商而言，要约必须传达到要约的另一方当事人，是相对于另一方而言的。要约在没有得到对方的承诺之前，就不能发生效力。同时，要约的条款必须是合同的必要条款，只有这样，才能具体进行协商，而且一旦对方承诺，就可以宣告合同成立，就必须遵照执行。

要约一旦送达受约人，在法律或者有关规定的有效期内，要约人不得撤回或者变更要约的内容。因为撤回或变更要约内容则可能使对方放弃其他要约而由此蒙受损失。如确实因此给对方造成损失，要约方应负赔偿责任。要约送达受约人后，如遇有下列情况之一，其法律效力便自动丧失，从而要约人不再受到它的约束。

(1) 被受约人拒绝。受约人如不能全面接受要约提出的具体条款，包括要求部分接受，要求个别修改、变更，都应视为拒绝要约。这时，可以继续协商，也可以终止协商。

(2) 要约的有效期满，受约人虽未表示拒绝，要约也自动失效。

(3) 在要约尚未送达受约人之前，或就在要约送达的同时，要约人的变更通知也送达受约人，这时，要约也自动失效。

(4) 在要约的有效期内，要约的标的物被毁损灭失，客观上使要约人无法履行原来的要约，要约自然失效。但此时，要约人应将上述情况及时告诉受约人，否则，要赔偿受约人因接受要约而受到的损失。

(5) 由于法律或政策的修改，原要约由合法变成了违法，要约即自动失效。

(6) 要约的一方当事人破产、转产或死亡，或丧失民事行为能力，要约便自动失效。但继承人或对方企业的代表人应将上述情况及时告诉受约人，否则，应当赔偿受约人因接受要约而造成的损失。

(7) 口头要约，对方不即时承诺，要约便自动失效。

（二）承诺

承诺是受约人同意要约的表示。对要约做出承诺的人称为承诺人。承诺应具备的条件如下。

(1) 承诺必须对要约的内容完全同意，或者说，须对要约的条款表示完全接受。因此，承诺是双方达成合同的最后阶段。一方要约，一方承诺，合同即告成立。

（2）承诺须由受约人本人做出。如要约方采用书面形式，则承诺方要在要约书上加盖公章或专用章，由代表人签字，并写明承诺日期。

（3）承诺要对要约人提出，而不能对第三者提出。对其他任何个人或组织提出承诺，都不能发生效力。

（4）承诺必须在要约的有效期内提出。口头要约，受约人要立即承诺方为有效。

（5）对于延迟和迟到的承诺，要约人有权承认，也有权拒绝。所不同的是，要约人如果拒绝迟到的承诺，一定要将拒绝的通知告知承诺人。如果迟到的承诺人没有得到拒绝的通知，便可以推定要约人承认，因而合同成立、生效。如果由此造成了承诺人的损失，要约人要负赔偿的责任。然而，要约人如果没有得到答复，应视为被要约人拒绝承诺。

（6）承诺对方的要约，不得在对方的要约上附加任何条件，也不能修改对方的要约。如果附加了条件，或修改了要约，就意味着拒绝了对方的要约，而自己反过来向对方提出了新的要约，要求对方承诺。这样一来，原要约人就变成了承诺人，原承诺人则变成了要约人。

在商业活动中，要约人做出要约，受约人往往要求对要约条款做某些变更，这就是大家所说的讨价还价，这就是双方的谈判和协商。这种协商越充分，就越有利于合同的履行。

一般来说，口头合同，双方协商一致即告成立；书面合同，在双方签字盖章之后才告成立。

四、合同应当具备的一般条款

（一）当事人的名称或者姓名、住所

在合同中，公民要写明姓名和住所，法人或其他组织要写明单位名称和单位所在地，以便双方联络。

（二）标的

合同的标的是指合同主体的权利和义务所指向的对象。

合同的构成要素包括三方面：主体、客体和内容。合同的主体是指参与合同法律关系而享受权利和承担义务的人，即合同的当事人，包括法人和公民。合同的客体是指合同当事人权利义务所指向的对象。法律上称它为标的。标的可以是物、行为或智力成果等。

1. 物

物是指合同当事人能够实际支配、具有一定价值、可以满足人们生产或生活需要的物质财富。它包括自然物和工人制造的产品。从法律的分类方面说，物包括：生产资料和消费资料，流通物和限制流通物，动产和不动产，特定物和种类物，可分物和不可分物，主物和从物，原物与孳息。同时，物还包括货币和有价证券。

产品名称应标明：牌号、商标、生产厂家、型号、规格、等级、花色、是否为成套产品等。这些都应以书面形式在合同中写明，不能凭口头说定就行了。

2. 行为

行为是指合同当事人有意志的、产生权利义务的活动,如当事人提供的劳务、服务等。同时,还包括运输合同中的运力、仓储保管合同中的财产保管行为、建筑施工合同中的实物工程量。

3. 智力成果

智力成果是指人类的脑力劳动成果,这是一种非物质的财富。其可以作为合同标的的智力成果,主要有技术成果(包括专利技术等)、知识产权(如著作权等)和品名商标等。

每个当事人都是为了获得一定的标的而与另一方当事人订立合同的。因此,标的是合同条款的核心。所有的合同条款,归根到底都是双方为了获得特定的标的而设定的保证条款。

明确标的是合同条款的最基本要求。标的不明确,或者有人企图在标的之外再要求对方承担义务,都有违合同法规。

(三)数量

数量是衡量标的的尺度,它由数字和计量单位组成。以物为标的的合同,计量的表现形式是长度(如米、千米等)、面积(平方米)、体积(如立方厘米、立方分米、立方米等)、容积(如毫升、升等)、重量(如克、千克等)。合同条款中的商品,必须写清标的物的数量和计量单位。不得使用含糊不清的概念,如一堆、一垛,以及不标明件数的一箱、一捆、一盒等。以行为为标的的合同,其数量表现是一定的劳动量或工作量,如工时、课时、机械台班、实物工程量等。以智力为标的的合同,可以是技术专利的件数、文稿的字数等。

总之,合同中的计量单位,均应采用中华人民共和国法定计量单位。

(四)质量

质量由标的物的内在素质、外观形态、性能与使用价值综合组成。产品要有质量检验合格证明;要有中文标明的产品名称、生产厂厂名和厂址;要标明产品规格、等级,以及所含主要成分的名称和含量;要标明生产日期,以及安全使用或失效日期;如是危险品,应用警示标志或中文警示说明。至于以劳务为对象的标的,则要衡量其技术等级、实际水平、服务态度和实际效果。在以智力为标的的合同中,则要考虑其学术价值和技术水平,以及其实用性、可靠性和效益性。总之,质量条款具体规定标的物的质量。签订和履行合同,应始终坚持以质论价的原则。在衡量标的物的质量标准时,凡有国家标准的,一律按国家标准签约并履行;凡是没有国家标准的,要按行业标准签订和履行;凡既没有国家标准又没有行业标准的,要按经过批准的企业标准签订和履行。为了确保标的物的质量,合同条款中还应规定产品的检验或检疫方法。

在订立合同时,要将产品质量法作为合同中质量条款的依据。

(五)包装

产品的包装标准应充分考虑产品的物理、化学性能,以及外形、体积、结构等因素;应十分注重选择包装材料和包装方法。同时,还要考虑运输工具的特点、路程的远近、货物的重量、产品的外形、货物的价格等，尽量做到合理包装，以提高包装质量、节约运费，提高包装的规格化和标准化水平。此外，要考虑包装技术，注意包装材料轻量化。如有国家标准或行业标准，应按标准执行。例如，按商业部规定，国产硝铵的包装应是高压聚乙烯袋包装，国产尿素应是聚丙烯编织袋内衬塑料袋等。如无上述规定，可由承运方和托运方协商确定。但包装标准仍须写清楚，要具体写明包装材料、包装标记和由哪一方印刷。如用麻袋、塑料袋、纸袋、木箱、纸箱等，是单层还是双层均需在合同中写明。又如，标记应写明供货单位、收货单位、收货地点、品名、规格、数量、毛重、净重、皮重、体积、有效期限、防潮防湿防震等。有的还要印上危险品、易燃品、有毒品、小心轻放、不可倒置等字样或标记。该项还应写明包装物是否要回收，包装费用由谁负担。产品包装费用，除国家另有规定外，一般应由供方负责，可计入成本，不另收费。但若需方有特殊要求，需要提高标准或者需特别加固，其超过标准部分，也可由需方负担。

（六）权利义务

严格地说，所有的经济合同条款，都是为了确定合同双方的权利和义务，在民事合同中，有权利的一方称权利主体，有义务的一方称义务主体。在经济合同中，双方的权利和义务应该是对等的。一方从另一方那里取得产品、劳务和智慧成果，就应该付给对方以相应的报酬。而另一方取得了报酬，也就必须付出相应的产品、劳务或智慧成果。权利和义务对等的原则，在商品购销合同中体现得较为直接，但在劳务合同、知识产权合同中往往被人们所疏忽。一方用人，要求提供劳务的一方提供劳动，包括简单劳动和复杂劳动，而同时，它必须给劳动者提供劳动条件、劳动保护和相应的报酬，在这里，每一方都须享受特定权利，同时都要承担相应的义务。这样才能贯彻平等互利、等价有偿的原则。否则，就会损害一方当事人的利益，订立不平等条约。许多当事人在签订合同和协议时，没有考虑这么多，凭面子，凭熟人关系，凭所谓的"口头承诺""君子协议"就工作起来了，而一旦履行起来，往往造成纠纷。现在，我们的许多行政机关和用人单位，在签订合同时，往往是单方面提出条件，制定表格，叫下级填写执行，这有违经济合同双方权利和义务对等的原则。

（七）价款或酬金

价款或酬金是指合同的一方向另一方取得产品、接受另一方的劳务和智力成果时，所应付出的代价。其包括租金、利息和买卖合同中的价款，也包括受益的一方为对方提供劳务或智力成果而支付的报酬。在书写时，价款应写明单价和总金额，酬金应写明单项酬金和总金额。至于付款和付酬的标准，产品的价格，除国家规定必须执行国家定价的外，由当事人协商议定。执行国家定价的，在合同规定的交付期限内遇到国家价格调整时，按交付时的价格计价。逾期交货，遇价格上涨时，按原价格执行；价格下降时，按新价格执行。逾期提货或者逾期付款的，遇价格上涨时，按新价格执行；价格下降时，按原价格执行。

如果没有国家统一定价，可按中央主管部门的价格执行；若既没有国家统一定价，也没有部门统一定价，则按当地的市场价，由双方协商确定。

与价款和酬金相联系的是结算方式。现在的银行结算方式，已由国务院同意，做了较大的修改。例如，取消和废止托收承付、现行的国内信用证、付款委托书、托收无承付、保付支票及省内限额结算六种方式，保留和改进汇兑及委托收款两种结算方式。再如汇兑方面，保留电汇、信汇，取消信汇自带；委托收款扩大适用范围，开办拒付咨询和办理清理拖欠业务，发展信用支付工具，大力推行使用票据，改进银行汇票，推广商业汇票，扩大支票使用范围，通行信用卡。

价款和酬金以及其结算方式，是有偿合同的必要条款，它直接反映合同当事人的利益，因此，应在合同中写得清楚明确。许多合同纠纷，都是由于在这方面不明确而引发的。

（八）履行的原则、期限、地点和方式

在商品经济的条件下，双方当事人之间订立经济合同的目的都包含财产因素。经济合同只有得到履行，双方的财产目的才能达到。因此，签订经济合同的各方当事人，到底该如何履行合同便成了经济合同中的关键条款。

1. 履行经济合同的基本原则

1) 实际履行的原则

当事人必须按照经济合同条款中规定的标的履行，而不能以支付违约金或赔偿的方法来代替这种履行。即使违反合同的当事人已经支付了违约金和赔偿金，如果对方当事人要求继续履行，则违约一方仍然要履行尚未实际履行的义务，因为这样有利于稳定社会经济秩序，保证商品的正常流通。

2) 协作履行的原则

在履行合同时，双方当事人应相互协作。这包括：①当事人双方都应讲诚实、守信用，严格地按合同规定的内容切实履行合同；②在履行过程中，权利人和义务人要互相合作、互相支持，而不能互相拆台，应在可能的情况下，为对方提供方便，当一方因客观条件变化或由于出现不可抗力事故而不能履行合同时，应及时通知对方，在履行合同时，应遵循双方都有利的原则，而不能互相损害；③合同双方在发生纠纷时，各自都应主动承担自身应负的责任，如遇有不可抗力使合同不能履行，双方都要及时采取补救措施，以避免损失的扩大。

3) 全面履行的原则

当事人必须严格按合同条款中规定的数量、质量、价款、酬金等全面履行合同，而不能只是部分履行。

2. 履行的期限

履行的期限，包括生效时间有效期和失效时间。一般来说，有效期和履行期是一致的。即时生效结清的合同不必写明履行期限，因为结清即履行。但有的合同也存在有效期和履行期不一致的情况。合同虽已生效，但不能立即履行，如农副产品收购合同，年初就可以签订生效，但要等到夏收或秋收之后才能履行。还有些合同要分期分批履行，应写明每批的履行时间和期限，以便按期履行。在签订经济合同时，要注意写明交货期，有特殊要求和季节限制性强的产品要约定按旬按日的交货期限。约定交货的如果是生活用品，其与各季节人们的不同需要紧密相连，延误了时间则会错过季节，会造成商品的滞销甚至积压；约定交货的如果是生产资料，延误了时间则会影响加工、生产进程和原

材料供应，甚至会造成停产，形成连锁反应。因此，在签订合的同时，一定要明确履行时间和履行期限。

3. 履行的地点

履行的地点是指权利人行使权利、义务人履行义务的地方。它可以是负有履行义务的人的所在地，也可以是对方当事人的所在地，还可以是标的物的存放地。到底在什么地点履行合同，由双方当事人共同商定，并在合同条款中规定清楚。确定履行地点涉及运输、仓储保管等诸多问题，涉及双方支付的劳务和费用问题，万不可粗心大意。合同中规定的具体的标的在什么地方履行，任何单独的一方都无权随意改变。即使这种改变于对方有利，也应先征得对方的同意，再进行变更。否则，对方可以由此认为你违背合同，追究你的违约责任。

4. 履行的方式

合同的履行，一般包括对标的的履行或对价款或酬金的履行。履行方式与合同履行同属一体。任何合同，都必须通过一定的方式才能履行，如货物的交付(是送货还是自提)、行为实施方式、移交工作成果的方式、验收方式、付款方式(现金支付、银行汇总、托收承付、支票转账等)、结算方式等。此外，还包括是一次履行还是分期分批履行等。只有通过这些方式，合同双方才能全面地享受权利和承担义务。以商品为标的物的经济合同，应写明交货方式和到货地点。到货地点必须详细准确，必须写明省、市、街道名称、编号及单位名称，或者双方认定的某具体港口、车站等。验收的方式包括验收的标准、验收的地点、验收及复验的机关，以及发生争议时，由哪一质量监督机构执行仲裁等。合同中的标的物如果是机械设备，那么合同中应写明除主机外，还应有哪些应随主机的辅机、附件、配套设备、易损耗备品、配件、安装修理工具的数量等，可列一清单，将这些内容列清楚。与验收相联系，合同中还应写有"合理损耗"条款，有些产品，如钢材、煤炭、水泥、纸张等，允许有一定幅度的差额，包括正负尾差、合理磅差和自然增减量。对允许的差额度，合同中也应写明，以免验收时发生争执。如主管部门有损耗差额方面的规定，则按主管部门规定的幅度签约；若没有规定，则由当事人双方协商确定。

合同中一旦写了如何履行，则任何一方不得擅自变更。如果合同中的交货方式是自提自运，则供方不得代办托运；如果合同中规定是代办水运，则供方不得代办铁路、公路运输。如果合同中规定托收承付，则需方不得用转账支票、信用凭证或商业汇票。如一方需要变更方式，则要取得另一方的同意，否则就是违约行为。

履行方式条款是保证合同义务得以全面履行的保证条款。

（九）合同的生效、变更和解除

1. 合同的成立与生效

当事人依法对合同的主要条款经过协商一致同意，合同即告成立。如果是代理订立合同，则必须事先取得委托人的委托证明，并根据授权范围以委托人的名义签订合同，合同才能成立，才能对委托人产生权利和义务；如果是根据国家指令性计划订立的合同，有关企业之间应当依照有关法律、行政法规规定的企业的权利和义务签订合同，这样合同才能成立。

合同一旦成立，就产生法律效力，这叫合同的生效。能发生效力的合同，叫有效合同。有效的条件具体如下。

1) 主体合法

双方当事人必须具备签订合同的资格。是公民，则必须具备权利能力和行为能力；是法人，则必须依法成立，并且要由法人代表，如厂长、经理等签订。如法定代表人不能亲自签订，可以授权经办人参加签订，但必须有法人的授权证明。同时，法人只能在他的业务范围内签订合同，超过这个范围，则视为没有行为能力，不能订立合同，订立了也不能生效。如果是法人委托代理人签订合同，则代理人必须持被代理人的委托证明。证明书要写明双方的名称、委托事项、权限、期限等，超越委托权限订立的合同，视为没有行为能力，合同无效。个体户必须有合法的营业执照，且有这方面的行为能力，才能参与签订与经营业务有关的合同，合同才能成立。

2) 内容与形式合法

内容合法，即符合前面介绍过的，关于签订合同必须遵守的原则。要符合《民法典》、国家的政策和指令性计划，标的物不得是禁止交换和流通的物品或行为；形式合法，即凡是法律规定必须采用书面形式的，都必须采用书面形式；凡是有国家统一文本格式和部门统一文本格式的，都应采用或参照国家和部门的统一文本格式。

合同双方遵循自愿、平等、公平的原则签订的合同，方为有效。《民法典》合同编规定下列合同为无效。

(1) 一方以欺诈，胁迫的手段订立合同，损害国家利益。

(2) 恶意串通，损害国家、集体或者第三人利益。

(3) 以合法形式掩盖非法目的。

(4) 损害社会公共利益。

(5) 违反法律、行政法规的强制性规定。

为了表明合同的合法有效，在合同的开头就应写明："经双方充分协商，一致同意签订本合同，共同遵照执行。"合同的条款中，必须载明"本合同有效期为××"，合同的附则中也应写明"本合同自双方代表人签字之日起生效"，等等。

2. 合同的变更和解除

根据《民法典》的规定，当事人协商一致，可以变更合同。当事人对合同变更的内容约定不明确的，推定为未变更。

根据《民法典》的规定，凡发生下列情况之一，允许解除合同。

(1) 因不可抗力致使不能实现合同目的。

(2) 在履行期限届满前，当事人一方明确表示或者以自己的行为表明不履行主要债务。

(3) 当事人一方迟延履行主要债务，经催告后在合理期限内仍未履行。

(4) 当事人一方迟延履行债务或者有其他违约行为致使不能实现合同目的。

(5) 法律规定的其他情形。

（十）违约的责任

违约责任条款具体规定合同当事人不履行合同，或不完全履行合同时所必须承担的义务，因此，必须订得具体明确。

(1) 由于当事人一方的过错，造成合同不能履行或者不能完全履行，由有过错的一方承担违约责任；如属双方的过错，根据实际情况，由双方分别承担各自应负的违约责任。

(2) 对于失职、渎职或其他违法行为造成的重大事故或严重损失的直接责任者个人，应追究经济、行政责任，甚至刑事责任。

(3) 当事人一方由于不可抗力不能履行合同的，应及时向对方通报不能履行或者需要延期履行、部分履行合同的理由，在取得有关证明以后，允许延期履行、部分履行或者不履行，并可根据情况部分或全部免予承担违约责任。

追究违约责任，可以采用以下形式。

(1) 损害赔偿。这是违约责任中最常见的形式，指法律强制违约人向受害人支付一笔金钱，其目的在于弥补受害人因违约行为所遭受的财产损失。法律上的损害包括财产损害、人身损害和人格损害。违约责任依法只赔偿财产损失。但《民法典》第五百八十三条规定，当事人一方不履行合同义务或者履行合同义务不符合约定的，在履行义务或者采取补救措施后，对方还有其他损失的，应当赔偿损失。

(2) 违约金。违约金责任只有在合同中约定了违约条款或有关法规对该种合同规定了强制性法定违约金时才适用。违约金与损害赔偿金的区别是：违约金责任不以发生实际损害为条件，且违约金责任属过错责任。违约金可分为法定违约金和约定违约金。法定违约金是由法律直接规定的违约金，约定违约金是当事人双方在合同中约定的违约金。

(3) 强制实际履行。这是指由法院做出要求实际履行判决或下达特别履行命令，强迫债务人在指定期限内履行合同债务。法院做出强制履行判决，还须具备以下条件：①合同债务可能履行；②强制履行不违背合同本身性质；③债务标的在市场上难以获得。

（十一）争议和仲裁

争议和仲裁也是合同的必备条款，其条款内容大体如下。

(1) 本合同在执行过程中，如发生争议，由双方协商解决，签订合同的补充条款，补充条款与本合同同样有效。

(2) 双方协商不成，可由双方的上级主管部门协商调解。

(3) 双方的上级主管部门协商不成，可向××仲裁机关提起仲裁。也有的合同中规定，双方协商不成，向××法院起诉。这个法院可以是合同履行所在地的法院，也可以是原告所在地或被告所在地的法院。

五、合同的形式、文本及写法

（一）合同的形式

合同的形式，从种类上分，有口头形式、书面形式、公证形式、鉴证形式、批准形式、登记形式等；从法律形态上分，又可分为法定形式和约定形式。合同的约定形式，是指当事人对于无法定形式要求的合同，约定必须采用一定的形式。在我国，合同的法定形式由法律直接规定，当事人不得变更，合同的约定形式由合同当事人协商选择，法律对此不做硬性规定。我国相关法律确定合同当事人可以采用口头或者其他形式订立，但是对于不动产转让合同，应当采用书面形式。同时，对于涉外合同，价款或者酬金10万元以上的合同，除即时清结的外，应当采用书面的形式。此外，法律规定应当采用书面形式订立合同的，依照其规定。鉴于不断发展的现代科技状况，我国《民法典》又对合同的书面形式做出了规定，即书面形式是合同书、信件、电报、电传、传真等可以有形地表现所载内容的形式。以电子数据交换、电子邮件等方式能够有形地表现所载内容，并可以随时调取查用的数据电文，视为书面形式。

（二）合同的文本

1. 合同的范本

我国自从公布首部《中华人民共和国经济合同法》以来，合同在中国得到了广泛的应用。据工商行政管理部门估计，1983年全国共签订合同4亿份，1985年上升为10亿份。到现在，全国每年所签订的合同都在10亿份以上。这些合同，对于搞活市场经济，加快我国的经济发展、维护经济秩序，都起到了不可低估的作用。

然而，由于许多人法制观念淡薄、经济交往经验欠缺、合同知识太少，故而所订的经济合同往往不合规范，内容残缺，条款不完备。据有关新闻披露，我国目前年签订合同40多亿份，但履约率仅50%左右，每年因诚信缺失造成的经济损失超6000亿。这样惊人的数字足以说明加强法制观念、提倡社会诚信、规范合同文本、加强合同管理的极端必要性。

我们必须以现行的《中华人民共和国民法典》合同编为依据，将人们在千百次签约过程中积累起来的经验和教训汇聚起来，设计出适用于我们各行各业的合同范本。这种范本要囊括合同中所涉及的各种细节，在谈判达成协议之后，签约人只用将一条条具体的内容和有关数字往文本上填写即可。

近年来，全国各部门、各地区制定了一些合同的范本。这些范本，如果由国家市场监督管理总局制定，则叫国家统一文本；如果由国务院的各有关部门制定，则叫部门统一范本；如果是经过有关部门或单位试用，经过实践考验，但尚未定型的文本，则叫参考文本。(这些文本参见文化林主编的《国内合同的签订与范本》《涉外合同的订与中英文范本》)

2.合同的一般格式

在经济交往过程中，如有示范文本，一般均应使用示范文本。但示范文本毕竟有限，而经济活动却是无限的。因此，在实际签约过程中，还须自制手写文本。

有不少合同是表格式的，条文和栏目都已事先设计好、印制好，这种合同的优点是项目精确，便于填写和复制(可以复写)，称为格式合同。

这里，我们只介绍自制手写文本的一般格式。

【例文】

××合同

立合同单位：

××(以下简称甲方)

××(以下简称乙方)

为了××，经双方充分协商，一致同意，签订合同，共同遵照执行。

一、××(甲方的权利和义务)

1. ××

2. ××

……

二、××(乙方的权利和义务)

1. ×××

2. ×××

三、××××(违约的责任和处理)

1. ×××

2. ×××

四、××(合同的生效和终止)

1. 本合同自××年××月××日止，有效期为××年(月)，期满则合同失效。

2. 如甲方需要，××方自愿，可在本届合同期满前××个月内续订下届合同。

3. 如出现下列情况，可由双方审批单位报送终止申请书：①发生不可抗拒的自然灾害；②战争；③……

五、××(争议的解决与仲裁)

1. 本合同在执行中如发生争议，可由双方协商解决，签订合同的补充条款。

2. 双方协商不成，可由甲乙双方的主管单位协商解决。

3. 若双方主管不能解决争议，则由××仲裁，仲裁的费用，由败诉一方支付。

六、附则

1. 本合同一式××份，甲方持××份，乙方持××份。

2. 本合同经双方代表签署后，即予生效。

甲方：××(单位全称)(公章)

代表人：××(签章)

乙方：××(单位全称)(公章)

代表人：××(签章)

签订地点：××

签订时间：××年××月××日

1) 标题

合同的标题，由事由加文种(即合同种类)组成。如"建筑安装合同""供销合同""轻工产品供应合同"等。

2) 双方或各方名称

双方名称是指双方单位名称和代表人的姓名。为了称谓的方便，一方称"甲方"；另一方称"乙方"。如有第三方，其单位、代表人称"丙方"。以上称合同的首部。

3) 总则

总则也称开头或序言。总则的内容包括：①叙案，用"甲方××"引出甲方要约(提议)的内容，用"乙方××"引出乙方承诺的内容；②叙由，用"为了××"引出双方的共同经济目标；③协商一致条款用"经双方充分协商，一致同意签订本合同，共同遵照执行"。

4) 主体

主体部分也称分则，以合同条款或表格表述合同内容。主体部分应该做到以下7个明确。

(1) 标的明确。标的是通过签订合同要达到的法律目的，如货物、劳务、工程、资金等。

(2) 数量和质量要明确。例如，供应合同必须规定产品的名称、数量、计量单位、规格、型号、技术标准、包装标准等。

(3) 价款和酬金要明确。如出厂价、优惠价、牌价、议价及总费用，以及报酬数量等，都要议定写明。

(4) 权利和义务要明确。这一部分是合同的重点，也是执行合同时最容易发生争议的地方。因此，在规定双方应尽的义务和享有的权利时，要特别仔细、特别周密、特别谨慎。这一部分，应视合同种类的不同和标的的不同而言，要平等互利、等价有偿。

(5) 履行合同的时间、地点、交货方式、结算方法要明确。

(6) 不履行合同应承担的法律责任要明确，要写明是否要交定金、如何索偿等。

(7) 合同的生效、终止、变更和解决争议的方法要明确。生效应包括生效期、有效期。中止应包括不可抗力条款和合同期满条款，有的合同还规定有关续订的条款。合同的变更，应建立在双方充分协商、取得一致的基础上。先签订合同的补充条款，再规定"如双方协商不成，可由双方主管部门协商解决"，最后规定"双方主管部门协商不成，可由××仲裁，仲裁费用由败诉一方支付"。

5) 附则

附则一般规定合同签字生效的时间、合同一式二份，以及合同由谁保管。

6) 尾部

尾部要并列甲乙双方的单位名称、代表人姓名、签订时间、签订地点等内容。

【知识链接】

合同的写作要求

1. 必须遵守一定的原则

合同写作必须符合国家的法律、法规和政策，必须遵守平等互利、协商一致、等价有偿的原则。遵守原则才能保证合同的合法性。

2. 合同内容必须准确、具体

内容准确，是指合同规定的内容必须认定清楚。内容具体，就是要详细、完备，不得遗漏。

3. 条款完备，逻辑严密

合同的主要条款既是对当事人权利与义务的明确规定，也是避免今后发生争议、解决纠纷的依据，应根据《民法典》的要求写明相关的合同要素，使条款完备。合同内容不能前后矛盾，而应关联照应、逻辑严密。

【例文】

设备供货协议

供方：＿＿＿＿＿＿＿＿＿＿＿＿＿＿＿＿＿＿

需方：＿＿＿＿＿＿＿＿＿＿煤电开发有限公司

通过竞争性报价，＿＿＿＿＿＿＿＿煤电开发有限公司(以下简称需方)确定＿＿＿＿＿(以下简称供方)为设备名称供货单位。为明确供、需双方的权利义务，经协商签订本合同，以供双方信守执行。

一、合同金额、交货时间

1.合同金额：大写元整(¥＿＿＿＿)。说明已包含的费用。

2.交货时间：＿＿＿＿年＿＿＿＿月＿＿＿＿日。如果需方要求提前或延期交货，必须提前＿＿＿＿天通知供方，明确具体交货时间。

二、质量要求、技术标准、供方对质量负责的条件和期限

1.符合国际、国家和煤炭行业有关设备质量的规定和规范。

2.满足工程初步设计、设备订货清册、《技术协议》的技术要求，符合产品说明书的要求。

3.不发生设备质量事故。

4.供方对设备免费提供终身技术服务。

三、交货地点、方式

＿＿＿＿省＿＿＿＿县＿＿＿镇＿＿＿矿井，供方免费协助需方对设备进行安装、调试等。

四、运输方式，以及到达站港和费用负担

本合同设备由供方在规定时间内运至交货地点，运输方式由供方自主决定，运杂费由供方承担，现场卸车由需方负责。

五、合理损耗及计算方法

交货验收之前的设备损耗等风险由供方负担。

六、包装标准、包装物的供应与回收，以及费用负担

由供方按国家有关设备供应的规定标准进行包装、供应和回收，相关费用由供方负担。

七、验收标准、方法及提出异议期限

按国家现行验收标准、规范等有关规定执行，需方在收到设备后可以在合理期限内提出异议。

八、随机备品备件、配件、工具数量及供应办法

见《技术协议》。

九、售后服务

1.供方免费为需方提供现场安装指导、调试工作，保证现场安装调试一次性成功，并免费为需方培训产品操作、维修人员，培训工作、培训内容满足需方工程进度。

2.供方保证派出合格的现场服务人员和人月数，满足工程需要。

3.供方产品质量实行三包，质量保证期为设备安装调试正常运转后_____个月。在质保期内如出现任何故障，供方负责免费维修、更换、恢复使用。

4.供方在接到需方关于服务方面的通知后应立即予以答复，保证_____小时之内派员赶到现场，会同需方对现场情况做正确判断，并制定出维修、服务计划及安排，在最短时间内修复产品，使其恢复运行；经需方验收合格并对其维修服务做出鉴定后，维修人员方可离开现场。

5.产品保质期外，供方提供免费技术服务，负责以成本价格提供维修元器件、备品备件。

十、结算方式及期限

1.本合同签订生效后_____日内，需方向供方支付合同价款的_____%，作为预付款。

2.供方将设备运至交货地点，需方应在7日内进行验收，经需方及监理单位验收合格后_____日内支付设备价款的_____%；设备安装调试完毕正常运转一个月后_____日内再支付合同价款的_____%；剩余_____%的设备价款作为质量保证金。

3.质量保证金在质保期(自设备安装调试正常运转1年或货到验收合格后_____个月，以先到者为准)满后_____个月内结清(无息)。

十一、如需提供担保，另立合同担保书、作为本合同的附件

十二、违约责任

1.供方的违约责任

(1)设备交货延期，造成设备安装延期(因需方的原因除外)的，视情况扣减供方合同价款的_____‰~_____‰。

(2)因设备制造原因或供方责任内的原因，在设备安装、调试和质保期内发生设备缺陷或质量问题，造成工期延误或发生质量事故或达不到设计性能要求，由供方负责协调处理并视情况扣减供方相应设备价款的_____%~_____%。

(3)因供方自身原因使提交的设备技术资料延误，造成设计拖期，视情况扣减供方合同总价款的_____‰~_____‰。

十三、解决合同纠纷的方式

合同履行过程中发生争议，供方与需方应及时友好协商解决；协商不成可向需方所在地人民法院起诉。

十四、其他约定的事项

1.银行保函。

(1)在需方向供方支付预付款之前，供方需向需方提供与预付款等额的银行保函。

(2)设备交货验收合格后，保函一次性退还。

2. 合同价款的调整。

发生以下情况时，合同价款可予以调整。

(1) 因需方的原因增加或减少设备。

(2) 因需方的原因变更设备，造成设备价格的增减。

3. 不可抗力。

(1) 不可抗力是指不能预见、不能避免且不能克服的客观情况，如地震、洪水、火灾、台风等自然灾害，以及战争、暴乱等社会事件。

(2) 如果合同生效后发生不可抗力事件，从而阻止合同义务的履行，则供、需双方均不应认为违约和毁约。

(3) 由于不可抗力事件而影响合同义务的履行时，则延迟履行合同义务的期限相当于不可抗力事件影响的时间。

(4) 受到不可抗力影响的一方应在不可抗力事件发生后，尽快将发生的不可抗力事件的情况以传真通知另一方，并在____日内将有关当局出具的证明文件提交给另一方审阅确认，受影响的一方应尽量设法缩小这种影响和由此而引起的延误，一旦不可抗力的影响消除后，应将此情况立即通知对方。

(5) 如双方对不可抗力事件的影响估计将延续_____日以上时，双方应通过友好协商解决本合同的执行问题。

十五、附则

1. 本合同所指《技术协议》，系指供方、需方及煤炭工业部××设计研究院于_____年____月____日签订的《_____省____矿井设备技术协议书》。

2. 本合同经双方法定代表人或合法授权代表签字并加盖合同专用章后正式生效。

3. 供方报价书、相关承诺函与本合同具有同等法律效力。合同履行过程中的相关会议纪要、来往信函等作为本合同的附件具有同等法律效力。

4. 本合同未尽事宜，双方协商解决。

5. 本合同一式六份，供方、需方各执三份。

供方：(盖章)_____	需方：(盖章)_____
地址：_____	地址：_____
法定代表人：_____	法定代表人：_____
授权代表：_____	授权代表：_____
电话：_____	电话：_____
传真：_____	传真：_____
开户银行：_____	开户银行：_____
账号：_____	账号：_____
_____年___月___日	_____年___月___日

任务三 撰写招标书和投标书

一、招标书

（一）招标书的概念和类别

1. 招标书的概念

招标书又称招标通告、招标公告、招标启事，是公开发布招标信息，通过招标的方式来招人承包或承购的告示性文书。它在招标过程中提供全面情况，以便竞标方根据业主所提出的条件提前做好准备。同时在招标过程当中，它起到了统领全局的作用，指导招标工作按照一定的步骤有序展开。

2. 招标书的类别

按时间划分，有长期招标书和短期招标书。按内容划分，有企业承包招标书、工程招标书、大宗商品招标书。按招标的范围划分，有国际招标书和国内招标书。

（二）招标书的特点

1. 公开性

招标书是一种告知性文种，它要像广告一样，借助大众传播手段进行公开，从而利用和吸收全国各地乃至各国的优势于一家，以达到提高经济效益的目的。

2. 竞争性

招标书充分利用了竞争机制，它以竞标的方式吸引投标者加入，通过激烈的竞争以实现优胜劣汰，从而实现业主优选的目的。

3. 时间性

招标书要求在短时间内获得结果，因此具有时间的紧迫性。

（三）招标书的结构

招标书一般由标题、招标号、正文、结尾四部分组成。

1. 标题

招标书的标题一般有以下几种：一是由招标单位、项目和文种名称组成，如《××省高速公路招标书》；二是只写招标单位和名称，如《××大学招标书》；三是只写招标项目和文种名称，如《建筑工程招标书》；四是广告式标题，如《试试看，你行不行》；五是简明性标题，只写《招标书》或《招标说明书》。

2. 招标号

标题下方一般应标列招标号。招标号一般由招标机构的英文缩写、编号两部分组成，如标题只有招标机构名称和文种名称，可在招标号下方标明招标项目名称。

3. 正文

招标书的正文由引言和主体两部分组成。

1) 引言

引言应写明招标目的、依据、招标项目，以及招标单位的基本情况等。文字要精练，开宗明义。

2) 主体

主体是招标书的核心，通常采用横式并列结构，逐条写明招标的有关内容，力求详尽、具体、准确。这一部分必须具备如下几方面的内容。一是招标方式，说明是公开招标还是邀请招标。二是招标范围，说明是国际范围还是国内、省内、市内或其他范围。三是招标内容及具体要求，如果是基层单位招标承包，应该写清地理位置、固定资产、流动资金、人员情况、经营情况等；如果是工程项目，须写综合说明。无论何种招标，都要写明承包者在承包期内要达到的各项指标。四是招标程序，写明招标、议标、开标、定标的方法和步骤，注明时间、地点。五是双方签订合同的原则，明确双方的权利和义务。六是其他事项，一般指上述内容未尽事宜。

4. 结尾

招标书的结尾要详细而具体地写清楚招标人名称、招标通告发布的日期。同时，还要注明招标单位的地址、电话、电报挂号、电传、传真、邮政编码、联系人等，以便投标者参与。

（四）写作招标书应注意的问题

1. 招标书的写作要求周密严谨

它不但是一种"广告"，而且是有一定法律效力的文件。因此，在从事这一文体写作时，内容要具备较强的逻辑性，要有条有理，有依有据。条款的罗列应明确具体，措辞要严谨周密，标点要准确。

2. 招标书的写作切忌长篇大论

招标书一般内容比较丰富，但在写作时，切忌长篇大论。只需把所要讲的内容进行简要介绍，突出重点即可。

3. 注意礼貌

招标书涉及的是交易贸易活动，要遵守平等、诚信的原则。要求措辞诚恳、语气平和，尽量避免带上个人主观色彩。

【例文】

××公司招标通告

××有限责任公司
综合性妇幼卫生保健项目

贷款/信贷编号：×× 标号：××

　　××已从××银行获得一笔以多种货币计算的贷款，用于本项目的费用支付，并将部分款项用于本次招标后所签合同的合格支付。本次招标采取国内竞争性招标方式。××有限公司兹邀请合格投标人为提供如下货物参加投标。

　　1. 摩托车

　　2. 彩色电视机

　　3. 工业洗衣机

　　4. 录像机

　　5. 低温冰箱

　　6. 冷藏箱

　　7. 便携式投影仪

　　8. 教师用具(移动式磁性双面书写板)

　　9. 自动幻灯机

　　10. 血库冰箱

　　11. 照相机

　　12. 自行车

　　13. 电话机

　　本项目招标文件从××年××月××日起(周六、周日及节日除外)每天上午9:00~11:00、下午2:00~4:00(北京时间)在××大厦××间公开出售，售价每套××元人民币，如欲邮购，每套另收邮费50元人民币，招标文件将以快件邮寄，售后不退。投标人可对所采购货物的任何或所有品目进行投标。

　　投标截止日期为××年××月××日北京时间下午2:00。此后收到的投标文件或未按招标文件规定提交投标保证金的投标文件均不接受。兹定于××年××月××日下午2:00在××大厦多功能厅公开开标。

××有限责任公司

××大厦

邮编：××

电话：××

传真：××

邮箱：××

二、投标书

（一）投标书的含义及特征

　　投标书又称投标函、申请书或标书，是投标者对招标书的回答，是投标人按照招标书中规定的条件和要求，向招标单位提出自己投标意向的书面材料。

　　投标书一般具备以下特征。

　　(1) 针对性。这是投标书最突出的一个特征，投标者为达到自己承包或承购的目的，一定要以招标单位所提出的各项要求为依据，展示自己的实力优势。同时，不可漫无边际地随意书写，而应严格按照招标书中的内容条款，有针对性地安排投标的内容。

(2) 竞争性。投标人均以竞标成功作为自己最终的目的，而招标单位只能选择其一，这就要求投标书中竞争意识的强化。充分展示自己的实力和优势，才能在竞争中脱颖而出。

(3) 严格的法律约束力。投标书和招标书一样，均为日后签订承包合同提供了原始依据，它本身必须在法律许可范围之内。而它的条款一经写入投标书中，就具备了严格意义上的法律约束力，投标人应完全按照其拟定的各项经济指标进行工作。

（二）投标书的结构

投标书一般由标题、送达单位称呼、正文、结尾和附录五部分组成。

1. 标题

标题大致有三种情况：一是直接写文种名称"投标书(函)"；二是由投标项目名称和文种名称两部分组成；三是由投标人名称和文种名称两部分组成。

2. 送达单位称呼

国内招标时投标书的送达单位可在标题下顶格写招标单位全称。国际招标时应按国际惯例分为三行：第一行顶格写招标人名称，并在招标人名称前加"致"；第二行空两格写招标人地址；第三行顶格写"××们"或"诸位××"，后加冒号。国内招标时投标书送达单位也可按国际惯例写。

3. 正文

1) 开头

投标书正文开头写明投标书所应对的招标项目的名称、招标号，投标人正式授权的签字人的姓名、职务，签字人所代表的企业及投标人的名称和地址。

2) 主体

投标书正文主体一般包括两方面内容：一是所提交的投标文件；二是投标人表明态度即表明承诺的内容。不同招标项目，投标人所提供的文件也不一样，应视招标文件规定提交具体文件，并注明提交文件的正本、副本件数。投标书上以投标具体情况确定需要的内容，一般包括如下几项。

(1) 总报价及结算币种。

(2) 如果是工程项目投标，应写明开工、竣工日期；如果是商品采购投标，应标明保证按合同规定履行义务。

(3) 如果没有提供投标保证金保函，应标明投标者所持的态度。

(4) 写明本投标书的有限期限。

(5) 对招标人不一定接受最低标价或其他任何可能受到的投标所持的态度。按惯例，一般是表示理解。

(6) 其他承诺内容。

4. 结尾

投标书结尾写明投标单位名称和投标书发出日期，加盖投标单位印章，并由授权代表签名盖章。同时，应写明投标人的地址、电话、电报、传真、邮政编码等内容，以便联系。有的投标书将投标人的通信情况列为主体部分的最后一项内容。

5. 附录

情况不同，具体材料不尽一致，如建设工程施工项目投标文件中的投标保证金银行保函、法定代表人资格证明书和授权委托书等。

【例文】

投标书

××市城市建设发展公司：

在认真研究了××环城北路地下停车库工程全部招标文件(包括图纸)，参加了招标技术说明与招标答疑，并考察了工程现场后，我公司(××省第七建筑工程公司)愿意以人民币肆百陆十陆万元的总价，按招标文件的要求，承担该工程的全部施工任务。现我公司正式授权签字人×××(一级项目经理)、×××(一级项目经理)、×××(施工员)，代表我公司向贵方提交投标书正本壹份、副本壹份。

本投标书由下列文件组成。

(1) 综合说明书。

(2) 总报价书。

(3) 费率投标报价书。

(4) ××省第七建筑工程公司建筑工程土建预算书。

(5) ××市环城北路地下停车库工程施工组织设计。

(6) ××市环城北路地下停车库施工进度网络计划表。

我公司宣布并同意下列各点。

(1) 如果贵方接受我方投标，我方保证在接到工程开工令后，在招标文件规定的期限内开工，在投标文件规定的壹佰伍拾日历天内完成并交付合同规定的全部工程。

(2) 如果贵方接受我方投标，我方将按照招标文件规定的金额，在合同签订后壹十伍日历天内提交履行合同保证金保函。

(3) 我方同意在从规定的递交投标函之日起壹十日历天内遵守本投标。在该期限期满之前，本投标书对我方始终有约束力，可随时被贵方所接受。

(4) 如果贵方接受我方投标并将中标通知书送达我方，在正式合同签订之前，本投标函与中标通知书应成为约束贵我双方的合同。

(5) 我方随同本投标函交纳投标保证金人民币玖万叁仟贰佰元整。如果我方在规定的递交投标函之日起壹拾日历天内撤回投标函，或接到中标通知书后贰拾日历天内因我方原因贵我双方未签订合同，或贵我双方合同签订后壹十伍日历天内我方未向贵方提交履行合同保证金保函，贵方有权没收这笔投标保证金。

(6) 我方理解，贵方不一定接受最低标价的投标或其他任何可能收到的投标；同时我方也理解，贵方不负担我方的任何投标费用。

(7) 有关本投标的正式通信方式如下。

地址：×××路×××号

邮政编码：×××

电话：×××

电传：×××

传真：×××

代表：×××，×××

投标单位××省第七建筑工程公司(印)

法人代表×××(印)

投标日期×××年×××月×××日

任务四　撰写经济纠纷文书

一、经济纠纷诉状的概念和特点

（一）经济纠纷诉状的概念

经济纠纷诉状是指在法人之间、法人与公民之间、法人或公民与国家行政机关之间，发生关于经济权益方面的争议时，公民、法人和非法人团体依据法律规定和要求向人民法院提出起诉或应诉的各种诉讼文书。

经济纠纷诉状一般是书面形式，对于写起诉状有困难的公民，也可以口头起诉，由人民法院做出笔录，并告知对方当事人。

（二）经济纠纷诉状的特点

1. 制作的合法性

经济诉状总是和一定的法律程序相联系，在制作上有着严格的规定。什么情况下依据什么法律，应制作什么文书，制作的主体是谁，制作的内容和要求是什么，如何提交送达等，都必须有法律依据。任何单位和个人都不能随心所欲地进行制作。

2. 格式的规范性

经济诉状有规范化的形式，大体上由首部、正文、尾部几部分构成。首部是对原告、被告基本情况的介绍。正文部分是对案由、诉讼要求及理由的说明与阐述。尾部主要包括署名、日期、用印、附注事项等。

经济诉状不仅有规范的结构，而且有习惯用语和句式。例如，起诉书正文部分的最后一般写"为此，特向你院起诉，请依法判决"。

此外，经济诉讼文书还使用一些专门术语，如原告、被告、当事人、债务人、债权人、过失、过错、违约、侵权、调节、仲裁等，每个词语的含义在有关法规上一般都有规定。因此，诉状作者要懂得法律常识，写作时使用准确法律术语，为司法机关审理案件提供条件。

3. 语言文字的准确性

经济诉状的语言表述必须与法律的精神相一致，必须与法律规定的提法相同。语言风格应力求朴实简练，通俗易懂，不用或少用各种修辞手法，不能滥用文言文，造句多用肯定、陈述、判断句式，少用或不用反问、设问、疑问、感叹等加强语气和感情色彩的句式。

二、经济纠纷诉状的作用和种类

（一）经济纠纷诉状的作用

诉讼的作用在于向法院提出诉讼。因此，必须通过起诉状，把案件的事实(纠纷事实)记叙清楚，把起诉的理由和法律根据讲明白，把诉讼的目的和请求告诉法院，让法院了解原告对案件的看法、意见和要求，以便法院对案件进行审理。写好起诉状对于法院了解情况和处理案件、解决经济纠纷都具有十分重要的作用。

（二）经济纠纷诉状的种类

经济纠纷诉状按其内容可分为起诉状、反诉状、上诉状、答辩状和申诉状。

1. 起诉状

经济纠纷起诉状是指经济纠纷案件的当事人一方，在自己合法权益受到损害或与当事人的另一方对有关权利和义务问题发生争执而未能协商解决时，向人民法院起诉，要求依法审理、裁决的诉讼文书。

起诉状中的当事人，起诉的一方称为原告，被诉的一方称为被告。原告或被告可以是企事业单位、机关、团体或个人。根据需要，各自都可以授权委托一人至两人作为诉讼代理人。原告向法院提出诉讼时，其诉讼权利受到法律保护。

起诉状有如下主要特点。

(1) 必须是与本案有直接利害关系的人提出。

(2) 必须是向应当作为第一审受理本案的人民法院提出。

(3) 争执的焦点是经济权益纠纷。

在经济纠纷案件的诉讼过程中，起诉有重要意义，它既是原告用以陈述产生纠纷的事实，表明诉讼的请求和理由，以维护自己合法权益的手段，又是法院对案件进行审理的依据和基础。没有起诉状，一审程序就无从开始。

2. 反诉状

反诉状是经济纠纷案件的被告为维护自身的合法经济权益，用与本诉直接有关的事实和理由，反过来向原告提出独立诉讼请求的诉讼文书。

反诉状具有如下主要特点。

(1) 它必须由经济纠纷案件的被告提出。

(2) 反诉内容必须与本诉的诉讼请求有直接关系，并另有独立的诉讼请求，不但抵消本诉的诉讼请求，甚至超过。

(3) 反诉状的事实和理由具有一定的驳辩性。

(4) 反诉状的作用在于抵消、排斥、吞并原告所主张的权利，也可使本诉原告的请求部分或全部失去实际意义，甚至超出本诉原告所主张的权利范围。

3. 上诉状

上诉状是指原审当事人，因不服第一审人民法院做出的尚未发生法律效力的裁判，在法定期间请求上一级法院变更原审裁判的诉讼文书。

上诉状中的当事人双方称为上诉人和被上诉人，可以是一审程序中的原告或被告。上诉人如为一审原告，被上诉人则为一审被告；反之，上诉状如为一审被告，被上诉人则为一审原告，均宜在上诉状中注明。

诉讼当事人行使上诉权，也是受到法律保护的，但须受如下两方面的限制。

(1) 上诉范围是针对尚未发生法律效力的第一审判决或裁定，在一审判决或裁定生效之后，就不能提起上诉。二审判决或裁定依法为终审裁决，一经宣判就发生法律效力，也不能提起上诉。

(2) 上诉时间有严格限制，根据《中华人民共和国民事诉讼法》第一百六十四条规定，当事人不服地方人民法院第一审判决的，有权在判决书送达之日起十五日内向上一级人民法院提起上诉。当事人不服地方人民法院第一审裁定的，有权在裁定书送达之日起十日内向上一级人民法院提起上诉。

上诉状的作用主要在于引起第二审程序的发生。上一级人民法院只有在收到符合条件的上诉状后，才组织合议庭开始二审程序的审理，对一审的裁决做进一步审查。而后根据实际情况，分别做出二审裁决：原审正确的，驳回上诉；原审有错判，则予以改判或发回原审法院重审，从而保证审判的质量，使当事人的合法权益得到切实保障。

4. 答辩状

答辩状是经济纠纷案件中的被告人或被上诉人，对起诉状或上诉状陈述的事实、理由和请求进行答复、辩驳的应诉性诉讼文书。

在答辩状中，提出答辩的一方称为答辩人，另一方称为被答辩人，或者在诉状中可以省略。

答辩状分一审程序上的答辩状和二审程序上的答辩状两种，前者指被告针对原告对起诉状而提出的答辩；后者指被上诉人针对上诉状而提出的答辩。区别两种程序的答辩状，有助于明确答辩的针对性和答辩内容的重点。答辩状首先必须由经济诉讼中的被告提出；其次必须在法定期限内提出。根据《中华人民共和国民事诉讼法》第一百二十五条的规定，人民法院应当在立案之日起五日内将起诉状副本发送被告，被告应当在收到之日起十五日内提出答辩状。此外，答辩状必须针对起诉状的内容进行答辩。这是答辩状的三个基本特征。

答辩状在经济诉讼中有着重要意义：一是有利于维护被告人或被上诉人的合法权益，在答辩状中，他们可以运用摆事实、讲道理的方法，有针对性地反驳起诉状或上诉状中的不实之词和无理要求，正面提出自己的请求和理由，力求在诉讼中成为胜诉的一方；二是有助于法院兼听则明，客观公正地办案，通过起诉状(包括上诉状)和相应的答辩状，法院得以了解当事人双方的不同意见，便于全面查明案情，分清是非，从而做出正确的判决或裁定。

5. 申诉状

申诉状是指诉讼当事人对已经发生法律效力的判决或裁定认为确有错误，要求法院重新审理的诉讼文书。

在上诉状的当事人双方中，提出申诉的一方称为申诉人，另一方称为被申诉人。后者在诉讼中也可略去不写。

申诉状和上诉状的区别如下。

(1) 范围不同。申诉的范围不仅包括已经发生法律效力的一审判决或裁定，还包括二审的终审判决或裁定，以及正在执行和已经执行完毕的判决或裁定。上诉状则不然，只限于尚未发生法律效力的一审判决或裁定。

(2) 时限不同。申诉无时限规定，只要在判决或裁定已经生效以后，无论什么时间都可以提出申诉。上诉则有时限规定。

(3) 条件不同。申诉的提出和能否引起审判监督程序的发生，是有条件的。原审的判决和裁定确有错误，才可以提出申诉；经法院审查确有理由的，才予以受理；无理由的则不受理。换言之，它可以引起审判监督程序的发生，对案件进行复审；也可以不引起审判监督程序的发生，对案件不进行复审。而上诉的提出和能否引起二审程序的发生则是无条件的。只要申请人对原审的判决或裁定不服，在上诉期限内提交上诉状，不论其理由正确与否，法院都应受理。

申诉状在经济诉讼中有其特殊作用，主要在于它是引起审判监督程序发生的依据。如果申诉确属合法合理，法院就可以进行再审，本着有错必纠的原则，纠正或撤销原审的判决或裁定，使案件得到实事求是的处理。这对于提高审判工作的质量，维护法律的尊严和当事人的合法权益，都具有重要意义。

三、起诉状的格式和写法

（一）起诉状的格式

经济纠纷起诉状

原告：

单位全称：××、地址：××(如系公民个人，则写明姓名、性别、年龄、民族、籍贯、职业、工作单位、住址)

法人代表人：姓名：××、性别：××、年龄：××、职务：××

企业性质：××

工商登记核准号：××

经营范围和方式：××

开户银行：××

账号：××

委托代理人：姓名：××、职务：××

被告：

单位全称：××、地址：××(如系公民个人，则写明姓名、性别、年龄、民族、籍贯、职业、工作单位、住址)

法人代表人：姓名：××、性别：××、年龄：××、职务：××

企业性质：××

工商登记核准号：××

经营范围和方式：××

开户银行：××

账号：××

委托代理人：姓名：××、职务：××

诉讼请求：×××××××××，××，×××。

事实和理由：×××××××××，××，×××。

此致

××人民法院

具　状　人：××(签名盖章)

法定代表人(或主要负责人)：××(签名盖章)

诉讼代理人：××(签名盖章)

××年××月××日

附项：

1. 本状副本×份；

2. 物证××(名称)×份；

3. 书证××(名称)×份。

（二）起诉状的写法

依照法律规定，经济纠纷起诉状的内容和结构由五部分组成，包括首部、诉讼请求、事实和理由、结尾及附项。

1. 首部

首先写明标题，这是诉讼文书的特定名称，要根据具体的类别确定标题，如"经济纠纷起诉状"。

然后写明当事人的基本情况。一般要先写明原告和被告的姓名、性别、年龄、民族、籍贯、职业、地址七项。顺序为先原告，后被告，最后是诉讼第三人。如有代理人，写在被代理人之后。凡法人、非法人团体起诉时，应写明自己的名称、所在地、法定代表人姓名。有诉讼代理人起诉时，应记明代理人姓名、所在单位和代理权限。如有若干原告、被告，应依他们在案中的地位与作用，逐次说明其个人的基本情况。

2. 诉讼请求

本部分是原告为达到起诉的目的而向人民法院所提出的请求。主要写明请求人民法院依法解决原告要求的有关经济效益争议的具体问题，或要求继续履行合同，或要求赔偿经济损失，或要求归还产权，或要求清偿债务等。请求目的要具体明确，不要笼统含糊。请求事项要合理合法，不能随意提出请求；要明确、固定，不可随意更换。

3. 事实和理由

这是起诉状的核心部分，是证明自己诉讼请求成立的重要依据。一般是先写事实，后列证据，再讲理由。

1) 事实方面

主要叙述经济纠纷的具体事实(包括当事人之间纠纷的由来和发生争执的时间、地点、原因和事实经过)，写明当事人双方争执的焦点和实质性的分歧，并就侵权行为造成的后果和应承担的法律责任写清楚，要与正文相互呼应。要交代清楚下列问题。

(1) 当事人之间是什么关系，双方争执的是什么事情。

(2) 双方纠纷的时间、地点、原因和经过等。

(3) 结果和被告应承担的法律责任。

诉讼的事实在诉讼中居于核心地位，是提起诉讼的主要内容。为了使人民法院全面了解案情真相，分清是非曲直，依法裁判，原告在叙述事实时，要实事求是，如果自己在纠纷中有一定的过错，也应如实写清楚。

2) 证据方面

事实写清楚后，就要向法院提供可供证明事实的证据，如人证、物证、书证及其他有关的证据材料，同时要交代证据的来源，以及证人的姓名、单位等。证据是认定事实、辨别真伪的基础，它直接关系到诉讼理由的成立和诉讼的进程，是诉讼成败的关键。因此，证据要可靠，不能出现虚伪证据。

3) 理由方面

理由的篇幅通常所占不大，但十分重要，它是提出诉讼请求的依据。阐述理由主要应写明以下几点。

(1) 根据事实和证据，认定被告侵权或违法行为所造成的后果，以及应承担的责任。

(2) 论证为什么被告应承担法律责任。

(3) 援引法律条文，写明提出诉讼请求的法律依据是什么。

4) 结语

可以用一两句话结束全文，如"据上所述，请依法判决"，或者扼要概括全文，重申诉讼理由。

4. 结尾

结尾的主要内容有呈文对象，如写"此致××人民法院"，具状人签名、盖章，具状年月日。

5. 附项

附项要写明本状副本×份，物证×份，书证×件。

四、答辩状的格式与写法

（一）答辩状的格式

经济纠纷答辩状

答辩人：

单位全称：××、地址：××(如系公民个人，则写明姓名、性别、年龄、民族、籍贯、职业、工作单位、住址)

法人代表人：姓名：××、性别：××、年龄：××、职务：××

企业性质：××

工商登记核准号：××

经营范围和方式：××

开户银行：××

账号：××

委托代理人：姓名：××、职务：××

被答辩人：

单位全称：××、地址：××(如系公民个人，则写明姓名、性别、年龄、民族、籍贯、职业、工作单位、住址)

法人代表人：姓名：××、性别：××、年龄：××、职务：××

企业性质：××

工商登记核准号：××

经营范围和方式：××

开户银行：××

账号：××

委托代理人：姓名：××、职务：××

因××一案，现提出答辩如下：

×××××××××××××，×××，×××。

此致
××人民法院

答辩人：单位名称(公章)

法定代表人(或主要负责人)：

(签名或盖章)

委托代理人：××(签名或盖章)

××年××月××日

附项：

1.本诉状副本××份；

2.书证××(名称)××份；

3.物证××(名称)××份。

（二）答辩状的写法

答辩状的结构包括标题、首部、正文案由和理由、答辩意见、结尾及附项五部分。

1. 标题

标题写成"经济纠纷答辩状"或"答辩状"即可。

2. 首部

这部分写答辩状人的基本情况，包括姓名、性别、年龄、民族、籍贯、职业和地址七项，被答辩人的情况可在"答辩案由"中指明。

3. 正文案由和理由

案由应写明针对何人起诉(或申诉)的何案而提出的答辩。一般案由可写作："答辩人于××年××月××日××向人民法院交来原告(或上诉人)××因××一案的起诉状(或上诉状)副本一份，现答辩如下："，或"关于××诉答辩人××(事)一案，特提出以下答辩："。答辩理由是状文的核心内容，在这部分中，应根据起诉状或上诉状的内容，有针对性地提出相反的事实、理由、证据、法律依据来证明自己的要求和观点的正确性。

3. 答辩意见

在充分阐明答辩理由的基础上，为了清晰地说明答辩观点和主张，应当经过综合归纳，简单明了地就所答辩的问题提出自己的意见和反诉请求。其内容包括以下几方面。

(1) 依据有关法律文件，说明自己行为的正确性。

(2) 根据确凿的事实，说明自己行为的合理性。

(3) 揭示对方诉讼请求的谬误性。

(4) 求人民法院合理裁判或提出反诉请求。

4. 结尾

本部分包括三项内容：一是呈文对象，写"此致××人民法院"；二是答辩人签名、盖章；三是书写答辩状的年月日。如为律师代书，应注明。

5. 附项

附项的写法与起诉状中的相同。

五、起诉状、答辩状应注意的事项

（一）突出重点，详略得当

这是在材料裁剪选择方面必须做到的。经济案件的案情重点与该案发生、发展的全过程，是点与面的关系。在叙述上，必须突出重点，抓住主线，该详则详，该略则略。务求能够显主干，少枝叶，去芜杂，见全貌。不能主次不分，平均着墨。要在"写清楚"三个字上下功夫，使他人看起来明白易懂。所谓"诉状"，乃诉说事物的"形状"也。即要把讼争的事物，通过诉状描绘出它的"形状"，如果写不清楚，则变成"无以名状"，当然也就不能真正起到诉状应有的作用。

（二）脉络清楚，层次分明

这是在材料的组织方面必须注意做到的。案情事实材料好像一堆零部件，必须合理组装，把这些零部件放在应有的位置，这样才能使它变成一部转动的机器，变成有用的诉状。应怎样合理组织材料呢？一是把主要问题和次要问题有机地联系起来叙述，使它们既不致相互脱节，又不致主次不明，这就是抓住主要问题，顺着案情的主线进行叙述，在叙述发展到与某一必须说明的次要问题相联系的时候，简要地交代一下这个枝节问题。然后回到主线上来，继续叙述，再遇到与次要问题有联系的时候，再做一个简要的交代，使它形成一个枝干相通、线条清楚的脉络系统。二是要根据案情事实本身的条理，把它分成若干层次进行叙述，做到有条不紊。划分的方法，既可以按照案情发展的时间顺序来划分层次，也可以按照问题的主次来划分层次，如果是共同诉讼，原告或被告不止一人的，还可以按照各组当事人之间不同的民事法律关系来划分层次。

（三）言之有物，切忌空谈

这是指在书写诉状的内容上，要着眼于说明案情事实，罗列必要的认证理由，反对假、大、空。对于理论问题，以及对法律条文的认识与理解问题，在诉状中要尽量少讲或不讲。有些诉状，在叙事论理的前面，往往先说上一大堆空头道理，然后才转入正文，这显然是不必要的。应力求开门见山，着眼于案情，不必先务虚、后务实，切忌洋洋洒洒、落笔数千言。

（四）语言简练，文字通顺

这是指诉状书写上的语法修饰问题。在法律文书中，不采用积极修辞方法，而采用消极修辞的方法，即不允许形容刻画，只要求用简练庄重的语言把意思准确地表达出来。所谓"语言简练"也是有条件的：一是显得庄重；二是对法律名称、机关单位的名称，一律要用全称，不能用简称，不能随意简化，如不应把《中华人民共和国民事诉讼法》简称为"民诉法"；三是要求准确、完整地把意思表达出来，不能简练到产生歧义，甚至使人不知所云。

任务五 撰写仲裁文书

《中华人民共和国仲裁法》(以下简称《仲裁法》)规定，平等主体的公民、法人和其他组织之间发生的合同纠纷和其他财产权益纠纷，可以仲裁。这就说明，仲裁文书是为了解决平等主体之间的经济纠纷而使用的文书。

在生活中，较为常见及较常使用的仲裁文书可以分为仲裁协议、仲裁申请书和仲裁答辩书3种，它们是在仲裁各种经济合同纠纷时使用频率较高的文书，皆具有法律约束力、强制性及特定的格式，下面分别进行介绍。

【知识拓展】

仲裁机构和人民法院受理的经济纠纷的区别

仲裁机构和人民法院都能解决经济纠纷，但根据《仲裁法》可知，仲裁机构能解决的经济纠纷是指在经济、贸易、劳务、海事及运输等领域内产生的纠纷，而依法应由行政机关处理的行政争议，以及因与人身关系有关的财产关系而产生的纠纷不能通过仲裁解决。

【知识拓展】

经济仲裁与劳动仲裁的区别

经济仲裁与劳动仲裁都是仲裁的一种，两者的区别主要有以下几方面。

第一，适用的对象不同。

经济仲裁主要适用于平等主体之间的经济纠纷。涉及的是经济合同等方面的纠纷，劳动仲裁则主要涉及劳动者和用人单位之间劳动关系的纠纷，处理的主要是劳动者和用人单位在工资、劳动合同、工伤等方面的争议。

第二，立案的条件不同。

经济仲裁立案的前提是经济合同中必须明确约定发生争议以后由仲裁机构进行仲裁。也就是说，双方当事人在合同中有明确约定的仲裁条款。劳动仲裁是提起诉讼的前置程序，如果劳动者跟用人单位在劳动合同中没有约定，但是实际上有劳动关系的话，也是可以申请劳动仲裁的。

第三，设立的依据不同。

经济仲裁机构是根据《仲裁法》由人民政府设立的处理经济纠纷的部门，劳动仲裁机构则是根据《劳动法》在劳动部门设立的解决劳动争议的组织。

第四，法律适用不同。

经济仲裁主要是平等双方当事人之间发生的经济纠纷，需要的主要是民法、仲裁法等民商事的法律，而劳动仲裁处理的主要是劳动纠纷，关于劳动纠纷，我国有专门的法律。

第五，仲裁的效力不同。

经济仲裁是一裁终局，一经做出即生效。劳动仲裁是劳动争议的前置程序，当事人不服仲裁的话，还可以向法院提起诉讼，通过诉讼来解决争议。

一、仲裁协议

（一）仲裁协议的含义及特点

仲裁协议指当事人双方自愿将他们之间已经发生或可能发生的可仲裁的合同纠纷或其他经济纠纷等事项提交仲裁机构裁决的书面协议。仲裁中的任何一方在申请仲裁机构仲裁时，都要以双方订立的仲裁协议为前提，这样仲裁机关才会受理案件。

仲裁协议一方面表示当事人愿意将纠纷事项提交仲裁机构裁决并接受仲裁结果的意向，另一方面也排除了人民法院对经济纠纷的管辖权，因为人民法院不能受理已达成仲裁协议的某一方提出的诉讼。

仲裁协议具有共同性、明确性、独立性、前提性和法律性5个特点。

1. 共同性

仲裁协议是当事人双方自愿共同签订的，表达的是双方共同的意愿。

2. 明确性

仲裁协议中要对选定的仲裁机构、仲裁事项等做出明确的规定，否则该协议不能生效。

3. 独立性

虽然仲裁协议可以是对某合同中的纠纷事项请求仲裁的书面文书，依附合同存在，但当合同产生变更或终止时，仲裁协议依然有效，这是其独立性所在。

4. 前提性

仲裁协议是预先确定需要解决的纠纷的相关事项，也是仲裁机构进行裁决的前提条件。

5. 法律性

法律性一方面是指仲裁协议的签订必须合法，不能违反《仲裁法》的规定；另一方面是指达成协议之后，里面关于裁决机构、地点和具体事项的规定将立即生效，裁决结果将带有法律效力，会被要求强制执行。

（二）仲裁协议的格式

仲裁协议

甲方：

乙方：

××××××××××，××××××××××××××××××××××××××××××××，××××××××××××××××××××××××××××××。

××××××××××××××。

甲方：

乙方：

××年××月××日

（三）仲裁协议的写法

仲裁协议由标题、首部(协议当事人)、正文及结尾四部分组成。

1. 标题

标题为"仲裁协议"或"仲裁协议书"皆可。

2. 首部

首部即协议双方，要求写明签订协议的双方或多方当事人的姓名、称呼和地址等内容。

3. 正文

正文应说明是因为什么纠纷而订立的协议，协议的内容是什么，然后写明当事人双方共同选定的仲裁机构名称；还可在正文中附带一些条件或说明，如协议书的份数说明等。

4. 结尾

结尾应当由当事人签名、盖章，并写上成文日期。

二、仲裁申请书

（一）仲裁申请书的含义及特点

仲裁申请书是经济纠纷中的一方当事人，为了维护自己的合法权益，向仲裁机构提交的请求仲裁双方之间经济纠纷的书面请求文书。

仲裁申请书具有陈述性、参照性和规范性3个特点。

1. 陈述性

陈述性具体表现为在仲裁申请书中需要有对经济纠纷产生的事实经过的陈述，并说明理由、提供证据等。

2. 参照性

仲裁申请书中提供的事实和证据对仲裁机构最终做出的裁决结果有重要的辅助作用，可以作为其依法调解、仲裁经济纠纷的参考依据。

3. 规范性

仲裁申请书的行文和其他的经济诉讼文书一样，都有固定的格式规范。

（二）仲裁申请书的格式

仲裁申请书由标题、当事人双方基本情况、正文、结尾和附项五部分组成。

仲裁申请书

申请人：

地址：

法定代表人：

委托代理人：

被申请人(填写信息与原告基本相同)：

××××××××××××××，×××××××××××××××××××××××××××××××××。

1．×××××××××××××××，×××××××××××××××××××××××××××××××××××。

2．×××××××××××××××，×××××××××××××××××××××××××××××××××××。

×××××××××××××××，×××××××××××××××××××××××××。

1．×××××××××××××××，×××××××××××××××××××××××××××××××××。

2．×××××××××××××××，×××××××××××××××××××××××××××××××××××。

此致
××人民法院

起诉人：××
××年××月××日

附：

1．申请书副本××份；

2．书证××份；

3．物证××件。

（三）仲裁申请书的写法

1. 标题

标题应标明"仲裁申请书"。

2. 首部

首部即双方当事人的基本情况，应写明当事人的基本情况，包括申请人和被申请人的姓名、性别、年龄、工作单位、职业、地址、电话，以及法定代表人和委托代理人的姓名、职务、住址和联系电话等信息。

3. 正文

正文部分包括申请仲裁的案由或事由、仲裁请求、事实与理由三部分。

(1) 申请仲裁的案由或事由，写明是因为什么纠纷申请仲裁。

(2) 仲裁请求，即请求仲裁机构仲裁的具体事项，以及进行仲裁想要达到的最终目的。

(3) 事实与理由，简要概括经济纠纷产生的事实经过，重点写出被申请人违约的具体事实和自己承受的经济损失，并阐明申请仲裁的法律依据、有关证据及证据来源等。

4. 结尾

结尾要包含"此致"加上仲裁机构名称，申诉人的签章及成文日期等内容。

5. 附项

附项主要包括本仲裁申请书副本份数、物证件数和书证件数等信息。

（四）仲裁申请书的写作注意事项

撰写仲裁申请书时，需注意以下几点。

(1) 仲裁申请人不能因受情绪影响随意提出仲裁申请，申请理由必须以事实为依据。

(2) 要注意申请人想要通过仲裁达到的目的是否合法、合乎情理。

(3) 申请仲裁的双方当事人的基本信息必须完全准确、完整、有效，以便双方当事人能收到仲裁机构送达的法律文书；若申请人的姓名有所变更，与仲裁协议或合同不一致，应以现行有效且经登记机关登记的姓名为准，并将相关文件变更后一并提交，以免因此被通知补正，影响立案效率。

(4) 行文过程中，申请人或被申请人要填法定全称，若要用简称，需注明"以下简称××"，且应当满足仲裁裁决书的撰写习惯并全文统一使用，不得更改。有多个申请人或被申请人的，应以"第一申请人""第二申请人"的方式一起表述出来。

(5) 仲裁申请的内容应分条列项、条理清楚、准确具体，与法律条款或合同条款的用词一致。

(6) 申请人可以在仲裁请求中要求被申请人承担申请人律师的代理费等仲裁费用。

三、仲裁答辩书

（一）仲裁答辩书的含义及特点

仲裁答辩书是被申请人根据申请人在关于经济纠纷的仲裁申请书中提出的要求和相关依据理由，对申请人仲裁申请书所列事实和请求进行答复或辩解，并提供事实依据和理由的文书。被申请人作为答辩人，应当在规定的时间内向仲裁机构提交答辩书，承认或否认申请人的要求。

仲裁答辩书具有针对性、辩论性、被动性和真实性4个特点。

1. 针对性

答辩人在仲裁答辩书中答复和辩解的具体内容，即申请人在仲裁申请书中所提出的事项和要求。

2. 辩论性

仲裁答辩书是答辩人对申请人提出的要求，用事实和法律进行答复或者辩论的文书，因此具有辩论性的特征。

3. 被动性

仲裁答辩书是针对仲裁申请书出现的文书，是被申请人或其委托代理人根据仲裁申请书的内容做出的应答，这种文书不能随意、主动地使用，也不要提出其他不相干的问题。

4. 真实性

仲裁答辩书的内容要是真实、符合法律依据的内容，否则答辩的内容便没有价值。

（二）仲裁答辩书的写作格式

仲裁答辩书一般由标题、首部(答辩人基本情况)、正文、结尾和附件组成。

答辩人：××

地址：××

法定代表人：××

委托代理人：××

申请人：(填写信息与原告基本相同)

　　×××××××××××××××，××××××××××××××××××××××××××。

　　1. ×××××××××××××××，××××××××××××××××××××××××××。

　　2. ×××××××××××××××，××××××××××××××××××××××××××。

　　×××××××××××××××，××××××××××××××××××××××××××。

　　1. ×××××××××××××××，×××××××××××××××××××××××××××××××××××××。

　　2. ×××××××××××××××，××××××××××××××××××××××××××。

此致

××人民法院

答辩人：××

××年××月××日

附：

1. 申请书副本××份；

2. 书证××份；

3. 物证××件。

（三）仲裁答辩书的写法

1. 标题

标题为"仲裁答辩书"。

2. 首部

首部即答辩人的基本情况，包括答辩人的姓名、地址、职务、联系电话、法人代表及委托代理人等。

3. 正文

正文包括案由、答辩内容与请求等三部分。

(1) 案由指答辩的缘由，需简述因何人、何事而进行答辩。

(2) 答辩内容是陈述事实过程，答辩人需对申请人在仲裁申请书中提出的事实理由进行反驳或辩解，并说明自己的辩驳理由和事实依据，可以引述相关法律条文说明己方是无错或依照法律可以免责的，合法做出对己方有利的陈述，且具体实施证据要罗列清楚。

(3) 最后在以上内容的基础上，表明自己的态度或提出自己的请求，并恳请仲裁机构依法裁决，支持自己的主张。

4. 结尾

结尾一般采用信函格式呈送仲裁机构，内容为"此致""××仲裁委员会"，然后是答辩人签章及答辩日期。

5. 附件

附件包括答辩副本份数，以及证据的名称和份数。

【写作训练】

1. 今天，安小米从市图书馆借了一套《四库全书》，请代安小米写一份借条。

2. 王小姐在一家幼儿园工作几年后萌生了创业的想法，在与邻居李女士的交谈中透露出想租房开办小饭桌的想法。正巧李女士有两套闲置住房，愿意租赁给王小姐，经协商，拟签订一份三年期合同，月租5000元。请你为其代写一份合同。

3. 请根据以下材料撰写一份经济纠纷起诉状。

【背景材料】

(1) 原告信息：张××，男，汉族，××年××月××日出生，住××，委托代理人××，××律师事务所律师。

(2) 被告信息：××市××科技有限公司；地址：××市××区××路××号；法人代表：李××，系公司经理。

(3) 起诉理由和要求：××年××月××日原告个人借款人民币55万元整给××公司，约定还款期限为××年××月××日，共计6个月，利息按年利率10%计算。如无法按时还款违约金为借款总额*0.01%/日。由于××市××科技有限公司到期无力还款，该公司股东董××、何××、毕××、于××于××年××月××日在××市××有限公司达成协议，约定原告借给××市××科技有限公司的借款由被告××、××偿还。还款时间为当年12月21日还款，本息计人民币57.75万元，违约金10 000元，被告××承担连带责任保证，并有见证人江××和齐××见证。但现约定的还款期限已届止，被告并未向原告支付所述借款，原告多次催收讨要无果；张××请求法院判决被告履行合同，付清所欠本息及违约金，并要求本案全部诉讼费用由被告支付。

(4) 时间：20××年12月31日。

(5) 可以提供的证据：借款合同1份，还款承诺书1份。

4. 请根据以下材料撰写一份仲裁申请书。

【背景材料】

(1) 申请人信息：××县××镇××村村委会；法定代表人：牛××，村长。

(2) 被申请人信息：××县××厂；地址：××县城关镇东方红路13号；法定代表人：南××，厂长。

(3) 案由：被申请方单方终止合同。

(4) 申请请求：继续履行协议；赔偿申请方经济损失。

(5) 申请原因：20××年5月5日，申请方与被申请方签订"联办淀粉厂协议书"，约定双方共同投资建厂。申诉方投资为三分之一，被诉方投资为三分之二，投产后利润按投资比例分成。协议书第12条："本协议签订后，双方信守协议，不得以任何理由单方终止。任何一方终止协议，一切后果由提出终止协议方负责。"

双方于20××年5月筹建施工。申诉方与被诉方各投资10万元，方案20××年元月底建成投产。不料被诉方20××年8月突然提出"经县经计委，不再给淀粉厂投资"，为此，申诉方数次找被诉方协商，同时主动向县经计委申明情况，希望催促被诉方履约。但被诉方竟不予理睬，公然单方终止协议，不但不承担任何经济损失，还无理要求申诉方承担被诉方全部投资款项。不仅如此，被诉方还背着申诉方函告县电力局，要求停顿使用用电补贴，故意给筹建工作设置障碍。申诉方屡次奉劝其继续履行协议，但被诉方根本听不进去，置相关法律和双方签订的协议书于不顾，一直奉行违法行为。

(6) 可以提供的证据：双方签订的"联办淀粉厂协议书"1份；被申请方擅自终止合同的函件1份。

【例文赏析】

例文一：经济纠纷起诉状

起诉状

原告人：××市××区××公司 地址：××市××区××路××号 法人代表：××，系公司经理

被告人：××市××区××超市 地址：××市××区××路××号 法人代表：××，系超市经理

案由：追索货款，赔偿损失

诉讼请求：

1. 责令被告偿还原告货款××万元；

2. 责令被告赔偿拖欠原告货款××个月的利息损失；

3. 责令被告赔偿原告提起诉讼而产生的切损失，包括诉讼费、请律师费等。

诉讼事实和理由：

原告和被告20××年××月××日商定，被告从原告处购进茅台酒××箱，价值人民币××万元。原告于当年××月××日将××箱茅台酒用车送至被告处，被告立即开出××万元的转帐支票交付原告，原告在收到支票的第二天去银行转帐时，被告开户银行告知原告，被告帐户上存款只有××万余元，不足清偿货款。由于被告透支，支票被银行退

回。当原告再次找被告索要货款时，被告无理拒付。后来原告多次找被告交涉，均被被告以经理不在为由拒之门外。

根据《民法典》合同编第五百七十七条和五百七十九条的规定。被告应当承担民事责任，原告有权要求被告偿付货款，并赔偿由于被告拖欠货款而给原告带来的一切经济损失。

证据和证据来源：

1.被告收到货后签收的收条1份；

2.银行退回的被告方开的支票1张；

3.法院和律师事务所的收费收据××张；

此致

××人民法院

起诉人：××公司

法定代表人(或主要负责人)：××

委托代理人：××

××年××月××日

例文二：经济纠纷答辩状

答辩状

答辩人：××科技有限公司

住所地：山东省××地区 法定代表人：李××

住所地：河北省××地区 法定代表人：蒋××

答辩人因与被答辩人买卖合同纠纷一案，现答辩如下。

第一，答辩人与被答辩人于20××年××月××日签订买卖合同一份，答辩人按照合同约定提供了符合要求的金属探测器，其质量无任何问题。

第二，根据合同第五条约定，若金属探测器有任何质量问题，被答辩人需在签收后3日内提出书面异议，若未提出书面异议视为答辩人提供的金属探测器符合质量要求，但是答辩人至今仍未收到被答辩人的任何书面异议。

第三，根据合同的相对性原理，本案的权利义务及违约责任仅限于答辩人与被答辩人之间，被答辩人诉状中提到的某矿业有限公司与本合同及本案无关。

(1) 答辩人提供的金属探测器符合答辩人与被答辩人之间合同约定的质量标准，且双方并没有约定以第三人(某矿业有限公司)的检验标准作为双方之间的验收标准，被答辩人购买该产品后另行出售，其与第三人之间约定的质量标准及该产品是否能够与第三人的产品匹配使用不能约束被答辩人，对被答辩人不发生法律效力。

(2) 根据违约责任的相对性原理，被答辩人因与第三人的合同纠纷造成的损失与答辩人无关，其主张要求答辩人赔偿损失××元无任何法律依据。

综上，答辩人提供了符合合同约定的产品且合同已经履行完毕，被答辩人的诉讼请求没有事实和法律依据，请予依法驳回。

此致

××人民法院

答辩人：××有限公司

20××年××月××日

例文三：仲裁协议

仲裁协议

甲方：内蒙古××公司

住所：××市××路××号

法定代表人：王××，男，××岁，系该公司总经理

乙方：××市××局××公司

住所：呼和浩特市北路××号

法定代表人：李××，男，38岁，系该公司经理

双方于20××年××月××日签订并经××市公证处公证了松散型联营汽车运输煤炭业务的《联营协议书》，联营的1年期限已经届满，双方未获得利润；又实际联营半年多，仍未见利润。有鉴于此，双方一致同意选择呼和浩特仲裁委员会确认联营业务终止，解除联营协议，分割联营投资购置的固定资产，分担债务，分享债权，彻底清算双方的联营业务。双方一致承受呼和浩特仲裁委员会根据我国《仲裁法》和国家的示范仲裁规定，以及该会自己的仲裁规定，对上述纠纷所做的一次性终局裁决结果。

甲方(盖章)：　　　　　　　　　　　　乙方(盖章)：

法定代表人(签字)：　　　　　　　　　法定代表人(签字)：

20××年××月××日签订于××市××区

××门窗有限公司

20××年11月18日

模块六

财经报告文书

　　财经报告文书指围绕财经工作、市场活动情况，对客观经济活动过程及发展变化做出调查、预测、分析后撰写的报告文书的总称。质量可靠的财经报告文书能够有效反映市场经济的变化数据，为企业带来大量准确和实用的资料，帮助企业做出正确的管理决策。

　　本模块将介绍市场调查报告、市场预测报告、可行性研究报告、经济活动分析报告等几种财经报告文书。通过对财经报告文书的学习和掌握，学生可以提升从事管理工作的能力。

▶ 学习任务

- 撰写市场调查报告
- 撰写市场预测报告
- 撰写可行性研究报告
- 撰写经济活动分析报告

【写作故事】

　　中华人民共和国成立70多年来，我国在由贫到富、由弱变强的伟大复兴过程中，建设了一系列重大工程。缘于国家发展和改革委员会(原国家计委，以下简称"国家发展改革委")和所在司局的职能，农村经济司(以下简称"农经司")原司长高俊才在职期间参与和见证了很多重大工程的前期工作和建设运行，尤其是三峡枢纽、南水北调和退耕还林三大工程，造福当代、惠及子孙，可称为百年大计甚至千年大计工程，高俊才作为历史工程的见证人留下了他对于三峡的记忆。

　　我在国家发展改革委工作32年多，从走进国家计委农林水利局机关门口到退休于国家发展改革委农经司，从三峡工程前期工作到建设运行和解决一系列后续问题，始终参与而且有些工作深度参与。

　　我刚毕业参加工作的1982年9月，党的十二大提出"在本世纪末，工农业总产值翻两番"。为适应工农业总产值翻两番对能源的需求，结合改善长江中下游的防洪、航运条件，当时兴建三峡工程的呼声很高，但考虑到国情，建设规模要适当，尽量减少水库淹没，在三峡工程大坝高、中、低三个方案中，最初的决策意见拟采用低坝方案，即正常蓄水位为150米。经过国务院16个部委和鄂湘川3省，以及58个科研施工单位、11所大专院校的专家的努力，编制了正常蓄水位为150米的综合利用方案可行性报告。1983年，由国家计委组织审查这项报告。

1984年4月，国务院初步确定三峡工程实施蓄水位为150米的低坝方案。三峡工程的各项准备工作紧锣密鼓地展开。葛洲坝集团公司迅速组织一支施工队伍，欢天喜地、浩浩荡荡地开进了三峡工地。三峡省筹备组也宣告成立，我所在的国家计委农林水利局派了一名副局级领导朱好生同志到湖北宜昌负责三峡省计委的筹建工作，我陪同当时的处长陈沛深同志到宜昌出差时，还专门到朱好生同志处调查了解三峡工程进展情况。

出乎意料的是，之后不久便发生了日益激烈的争论，很多专家对三峡工程150米的低坝方案提出了不同意见，有些专家甚至反对修建三峡工程。以四川省为主的一些专家建议采用中坝方案。一些政协委员、专家学者纷纷发表言论，撰写文章，反对三峡工程实施。

面对三峡工程的争论，党中央国务院果断决定对三峡工程进行重新论证。1986年6月，党中央国务院下发15号文件，即《关于长江三峡工程论证有关问题的通知》。国务院从全国65个单位、部门、科研院所和高等院校抽调412名专家，着重吸收持不同意见的专家参与，还将方方面面的不同意见印成7大本资料，人手一册，分发给全体专家讨论、参考。最后形成14个专题论证报告。经过近三年的重新论证，1989年5月，《长江三峡水利枢纽可行性研究报告(审议稿)》在三峡工程论证领导小组第十次会议上通过，并于当年7月上报国务院审查。报告的定性结论是"三峡工程建比不建好，早建比晚建有利"；定量的实施方案是，坝高185米、蓄水位175米(即中坝方案)。

三峡工程1994年12月14日正式开工；2003年6月1日开始蓄水发电；2006年5月20日大坝主体工程竣工；最后一台水电机组于2012年7月4日投产，32台单机容量为70万千瓦的水电机组装机总容量2240万千瓦，是世界上最大的水力发电站和清洁能源生产基地；2016年5~9月升船机通过工程验收、消防验收并完成实船试航。

三峡工程效益很多，主要是三大效益，即防洪、发电和航运。防洪效益被认为是最核心而且不可替代的效益，三峡大坝防洪总库容221.5亿立方米，可将长江中下游的防洪标准从十年一遇提高到百年一遇，大大减轻长江中下游湖北、湖南、江西、安徽、江苏等省汛期的防洪压力。年发电量1000亿度左右，大部分电能通过西电东送工程，源源不断地送往华中、华南等地区，对缓解这些地区的用电紧张起到关键作用。航运效益也非常大，在非汛期三峡水位保持在175米时，通过三峡船闸万吨船队可直达重庆。除上述三大效益外，还有灌溉、养殖等效益，总之，三峡工程综合效益是巨大的。

(资料来源：高俊才.揭秘"三峡工程"背后的故事[N].中国经济导报，2019-07-10.)

任务一 撰写市场调查报告

一、市场调查报告的概念

市场调查报告是指根据市场调查，收集、记录、整理和分析市场对商品的需求状况，以及与此有关的资料的文书。换句话说就是用市场经济规律去分析，进行深入细致的调查研究，透过市场现状，揭示市场运行的规律、本质。市场调查报告是市场调查人员以书面形式，反映市场调查内容及工作过程，并提供调查结论和建议的报告。市场调查报告是市场调查研究成果的集中体现，其撰写的好坏将直接影响整个市场调查研究工作的成果质量。一份好的市场调查报告，能给企业的市场经营活动提供有效的导向作用，能为企业的决策提供客观依据。

二、市场调查报告的特点

市场调查报告是经济调查报告的一个重要种类，它是以科学的方法对市场的供求关系、购销状况及消费情况等进行深入细致的调查研究后所写成的书面报告。其作用在于帮助企业了解掌握市场的现状和趋势，增强企业在市场经济大潮中的应变能力和竞争能力，从而有效地促进经营管理水平的提高。

市场调查报告可以从不同角度进行分类。按其所涉及内容含量的多少，可以分为综合性市场调查报告和专题性市场调查报告；按调查对象的不同，分为关于市场供求情况的市场调查报告、关于产品情况的市场调查报告、关于消费者情况的市场调查报告、关于销售情况的市场调查报告，以及关于市场竞争情况的市场调查报告；按表述手法的不同，可分为陈述型市场调查报告和分析型市场调查报告。

与普通调查报告相比，市场调查报告无论从材料的形成还是结构布局方面，都存在明显的共性特征，但它比普通调查报告在内容上更为集中，也更具专门性。

1. 针对性

市场调查报告是决策机关决策的重要依据之一，必须有的放矢。

2. 真实性

市场调查报告必须从实际出发，通过对真实材料的客观分析，才能得出正确的结论。

3. 典型性

典型性主要表现为两点：一是对调查得来的材料进行科学分析，找出反映市场变化的内在规律；二是报告的结论要准确可靠。

4. 时效性

市场调查报告要及时、迅速、准确地反映、回答现实经济生活中出现的新情况、新问题，突出"快""新"二字。

三、市场调查研究的方法

在调查研究过程中，由于调查目的不同，所选择的调查类型、调查方式也不同，其使用的方法也不尽相同。

（一）直接调查方法

1. 普遍调查法

普遍调查法即普查，是指在一定范围内，对所有对象进行全面的调查，以获得完整系统的资料。普查的优点是资料全面误差小。例如，全国性人口普查采取的就是普查方式，为今后国家有关方针、政策的制定提供了依据。

2. 典型调查法

典型调查法即在一定的总体范围内，选择能够代表总体状况的典型进行深入调查。明确地选择典型，是此调查法的关键。若所选典型不具备普遍性、代表性，将特殊规律误认为一般规律来指导全局则会造成失误。

3. 抽样调查法

抽样调查法即在需要调查的客观事物的总体中抽取一部分进行调查，以此来推断总体情况。此法的长处是省时经济，较客观可靠。根据操作的方式不同，可分为随机抽样和非随机抽样两种。随机抽样又称概率抽样，即不以个人主观感觉或判断为依据，总体中每个个体均具有相同的地位，采取随机方式抽样，各样本中选取机会都是均等的。随机抽样又分为简单随机抽样、分层随机抽样、集群抽样等。非随机抽样也称非概率抽样，它是根据研究者的主观意志来选取调查对象，以此来判断对事物的认识。非随机抽样又分便利抽样、配额抽样、判断抽样等。

4. 实地观察法

实地观察法即直接亲身深入调查第一线，通过观察、访谈等方式，获取真实、可靠的情况。

5. 问卷调查法

问卷调查法是指根据调查的内容设计一系列问题，并编制成表格，即调查表，通过反馈后的统计数字，进行归纳、分析研究，然后将其结果写成市场调查报告。

（二）间接调查法

间接调查法又称文献资料法，即从报纸、杂志、会议资料、简报、网络等载体所登载的信息科研成果、经济信息中采集资料，在进行分析比较和研究后得出结论。

四、市场调查报告的格式及写法

市场调查报告的写作目的、类型不同，以及读者对象有异，其写作格式和要求也有所区别。

（一）标题的写法

1. 直叙式标题

"直叙式"反映调查的主要内容、调查对象。例如，《××市环境污染状况调查》《大学生就业状况调查报告》。

2. 表明观点式标题

"表明观点式"直接阐述调查报告的观点、看法，以及对调查信息的评价。例如，《食堂销售额逐渐下降》《唐装趋向于时尚》《保暖内衣悄然升温》。

3. 提出问题式标题

"提出问题式"是以设问、反问等形式突出问题的焦点和尖锐性。例如，《价格战能根本提高企业效益吗？》《当前大学生就业路何在？》。

4. 双标题式标题

双标题式标题中，主标题提出问题式或结论式，副标题则为直叙式。例如，《"皇帝的女儿"也"愁嫁"——关于舟山鱼滞销情况的调查》《××牌产品为何滞销——对××牌产品销售情况的调查分析》《女人生来爱逛街——京城女士购物消费抽样调查报告》。

（二）目录

调查报告的内容、页数较多，为了方便读者阅读，应当使用目录或索引形式列出报告所分的主要章节和附录，并注明页码。整个目录的篇幅不宜过长，以一页为宜。通常只编写两个层级的目录，较短的报告也可以只编写第一层级的目录。

如果报告含有很多的图和(或)表，则需要制作图表目录，目的是帮助读者快速找到信息的形象解释。

（三）摘要

1. 内容

摘要是调研报告中最重要的内容，是整个报告的精华。一般来说，高层管理人员只阅读调研报告的摘要部分。因此摘要一定要精练，篇幅不宜多长，1~2页为宜。摘要主要包括如下内容。

(1) 简要说明调查的由来和委托调查的原因。

(2) 简要介绍调查对象和调查内容。

(3) 简要介绍调查研究的方法。

(4) 简要说明调查执行结论与建议。

2. 书写模式

摘要的一般书写模式如下。

受××委托，本公司针对××××开展调研活动。出于××××原因，本项目采用××××调研方式，运用××软件及××统计方法，对××××调查内容进行分析，最后得出××××结论并提出××××建议。

（四）调查概况

1. 研究背景和目的

在这一部分报告内容中，研究者要对调查的由来或受委托进行该项调查的原因做出说明。说明时应尽可能引用有关背景资料作为依据，简短罗列客户企业在生产经营中面临的问题，在对研究背景分析所存在问题的基础上，提出调查的目的及所包含的信息范围。

撰写时有以下几种形式。

(1) 开门见山，揭示主题。报告开始就先交代调查的目的或动机，提示主题。例如，"我公司受西安市某饮料开发公司的委托，对消费者进行一项有关中药保健可乐饮料市场需求状况的调查，了解消费者对中药保健饮料的购买意向，为××公司开发该产品提供可行性决策参考"。

(2) 结论先行，逐步论证。先将调查的结论写出来，然后逐步论证。许多大型的调查报告均采用这种形式。其特点是观点明确，使人一目了然。例如，对于中药保健可乐饮料的购买意向调查项目也可以做出如下开头，"我们通过对××保健饮料在西安市消费者购买意向的调查，认为它不具备开发价值，原因主要从以下几方面阐述"。

(3) 交代情况，逐步分析。先交代背景情况、调查数据，然后逐步分析，得出结论。例如，"本次关于××品牌运动装的消费情况调查主要集中在北京、上海、重庆、天津，调查对象集中于中青年"。

(4) 提出问题，引入正题。可以用这种方式提出人们所关注的问题，引导读者进入正题。例如，"从去年下半年开始，随着康师傅控股有限公司的上市，各种合资、国产的方便面如统一、营多、一品等似雨后春笋般涌现，面对种类繁多的方便面，顾客是如何选择的？厂家该如何在激烈的竞争中立于不败之地？带着这些问题，我们对北京市部分消费者和销售单位进行了有关调查"。

2. 调查研究方法

对调查的过程、时间、地点、对象、资料收集方法和抽样方法等做比较详细的介绍，对调查研究的局限性和不足之处也应进行实事求是的说明。主要内容如下。

(1) 调查地区。

(2) 调查对象。

(3) 访问完成情况。

(4) 样本的结构。

(5) 资料采集。

(6) 访问员介绍。

(7) 资料处理方法及工具。

（五）调查结果

这是调查报告的主体部分，主要是将调查的结果报告出来，包括数据图表资料及相关文字说明。要对调查研究中发现的基本事实资料进行有组织、有重点、层次分明的陈述，以便读者理解有关文字说明。可选择重要且简单明了的数据分析图表插入相应的叙述内容中。

（六）结论和建议

1. 概括全文

经过层层剖析后，综合说明调查报告的主要观点，深化文章的主题。

2. 形成结论

在对真实资料进行深入细致的科学分析的基础上，得出报告的结论。

3. 提出看法和建议

通过分析形成对事物的看法，并在此基础上提出建议和可行性方案。

（七）局限性

叙述由于时间、预算、组织限制等因素的制约而导致调查项目结果的局限性，例如，陈述样本规模和样本选择、抽样框及抽样误差，如"只有17%的问卷回收率"等。叙述研究局限性的目的在于指出研究成果的弱点，以便在应用研究结果时引起注意。

（八）附件

(1) 项目策划书。
(2) 实地调查问卷的抄本。
(3) 抽样有关细节的补充说明。
(4) 现场走访人员约访时间表。
(5) 主要质量控制数据。
(6) 技术细节说明。
(7) 调查获得的原始数据图表。
(8) 提供资料人员的名单。

五、市场调查报告的写作要求

市场调查报告应围绕市场营销中的一个突出问题来组织材料，并集中力量分析解决一个重要问题。市场调查报告有的公开发表，有的在内部使用。但其写作目的是一致的，都是为了弄清事物的本来面目，从而解决问题，或为领导机关解决问题、制定政策提供依据。必须明确调查报告的这一鲜明特点，在写作中必须站在客观的立场上，一切从实际出发，坚持实事求是的原则，不带任何主观色彩和条条框框，深入调查，并对调查得来的"丰富的感性材料加以去粗取精、去伪存真、由此及彼、由表及里，下足功夫"，只有这样才能揭示出事物的本质和内在联系，在市场调查报告中提出符合客观实际、具有探索价值和富有创见性的见解。

（一）材料充分翔实

能否通过深入细致的调查研究掌握第一手资料，能否搜集大量的相关资料，这直接影响市场调查报告的质量高低，同样材料是否真实、是否清晰，也影响结论是否可信。所以，作为充分体现可信性和可操作性的实用文书，市场调查报告所引用材料的真实性至关重要，不可轻视。掌握真实材料是写好市场调查报告的基础和前提。要占有第一手真实的材料，就必须深入实际，开展调查研究，了解群众普遍关心的、迫切需要解决的，并带有普遍性、倾向性及真实性的问题和材料。只有深入调查，掌握的材料才能真实可靠，确凿无误。这样写出来的市场调查报告才不会失去科学价值。

（二）正确运用分析方法，保证客观性和科学性

观点必须是从分析材料中自然得出的正确结论。市场调查报告的观点，不是作者事先确立好的，不是对材料进行简单归类得出的，也不是作者某种主观意向的随意附贴，而是作者对大量事实材料进行分析综合得出的结论，是作者站在理性的高度上对事实材料认识的结果。所以，只有当观点是从全部事实材料中得出的正确结论时，观点才是真实可信的，才是一种理性的认识，才会为观点与材料的统一提供内在基础。观点统一材料决定了材料的取舍，材料要充分、有力地说明观点，这是一个问题的两个方面。在市场调查报告的写作中，在选取材料支持说明观点时，要注意选取典型材料，即选取思想深刻、有代表性、最能说明问题的材料。在方法上，使用材料要精当，可以用一组材料说明观点，可以运用两个材料对比说明观点，也可以采用综述与列举相结合的方法说明观点，还可以用精确的统计数字说明观点等。观点与材料统一处理好的市场调查报告，才会有实用价值。

任务二　撰写市场预测报告

一、市场预测报告概述

市场预测报告是依据已掌握的有关市场的信息和资料，对商品的产、供、销情况进行广泛深入的调查研究后，通过科学的方法进行分析研究，对市场的发展变化趋势进行预先测算或推断的一种预见性报告。

市场预测报告实际上是市场调查报告的一种特殊形式，跟一般市场调查报告不同的是，市场预测报告着眼于"未来"，运用的是预测理论、方法和手段。它是以现在预算未来，以已知推断未知。预见性是它的本质特点，预见的准确性是它的根本价值。市场预测报告也是应用写作研究的文体之一。

（一）市场预测报告的特点

1. 预见性

市场预测报告的性质就是对市场未来的发展趋势做出预见性的判断，它是在深入分析

市场既往历史和现状的基础上所做的合理判断，目的是将市场需求的不确定性降到最低，使预测结果和未来实际情况的偏差概率达到最小。

2. 科学性

市场预测报告在内容上必须掌握充分、翔实的资料，并运用科学的预测理论和预测方法，以周密的调查研究为基础，充分收集各种真实可靠的数据资料，这样才能找出预测对象的客观运行规律，得出合乎实际的结论，从而有效地指导人。

3. 针对性

市场预测的内容十分广泛，但每次的市场调查和预测，只能针对某一具体的经济活动或某一产品的发展前景，因此，市场预测报告的针对性很强。选定的预测对象越明确，市场预测报告的现实指导意义就越大。

【知识拓展】

市场预测报告的作用不可小觑

市场预测报告可以使企业和管理部门了解市场供应发展的趋势，更深入地掌握市场变化规律，从而根据市场需要，调整产品结构，改善经营管理，提高经济效益。

早在春秋时期，大政治家、大商人范蠡就成功地进行过市场预测。他根据市场物价随天时、气候变化而变化的规律，推测"水则资车"，意思是水灾之后，马车将成为紧俏商品，价格必定大涨，因此应该改做马车生意。由此可见，市场预测古已有之，并不是商品经济社会才有的事。

当然，在商品经济社会中，市场预测的作用被放大了。第二次世界大战之后，日本的汽车工业迅速发展，就是因为他们早就预测出世界会发生能源危机、道路拥挤等问题，因而将汽车向节能化、小型化方向改造发展，结果成功地占领了世界大部分国家的汽车市场。

由此可见，在市场经济中能否高瞻远瞩，是否具有战略发展眼光，与能否成功地进行下场预测有密切关系。

（二）市场预测报告的分类

1. 宏观预测与微观预测

根据预测范围的不同，市场预测报告可分为宏观预测和微观预测两种。

宏观预测是针对某一大类商品，就社会购买力与商品可供量的平衡情况所做的预测，例如，《2023年乳制品消费行为及预测报告》就是对整个中国乳制品消费市场进行预测。

微观预测是针对某一种或某一个品牌号的商品，就其社会总需求量所做的预测，例如，《儿童奶酪棒市场预测报告》就是对某种具体的乳制品消费前景所做的预测。

2. 定量预测和定性预测

根据预测方法的不同，可分为定量预测和定性预测。

定量预测指主要采用统计分析法和经济计量法进行的预测。所谓统计分析法，是指主要根据已有的大量历史资料进行分析研究，得出大量统计数据，从中发现产品的供求趋势。所谓经济计量法，主要是指根据各种因素的制约关系用数学方法加以预测。

定性预测是对影响需求量的各种因素，如产品质量、价格、消费对象、销售网点、用途等进行调查、分析、综合之后，对供求前景做出推测和判断。

3. 短期预测、中期预测和长期预测

一般把一年以内的预测称为短期预测，一年以上五年以内的预测称为中期预测，五年以上的预测称为长期预测。短期预测适用于产销变化较大的商品，中期预测适用于耐用商品，长期预测则适用于建设周期长、投资大的商品。

二、市场预测报告的写作格式

市场预测报告由标题、前言、正文、结尾四部分组成。

（一）标题

市场预测报告的标题比较灵活，根据预测对象内容和范围的不同，可有以下写法。

一种由单位或地区名称、时间、内容和文种组成，如《××县2022年绿色农产品行业发展预测报告》；另一种由内容和文种组成，如《外卖行业趋势预测报告》《我国户外用品市场预测报告》。此外，有时也可以省略"报告"的字样或有正副两个标题，如《国内空气净化器市场预测》《健身器材市场需求潜力大》《出境游市场需求减弱——近期出境游市场形势预测》。总之，不管哪种形式的标题，都必须标出预测目标，它是预测报告标题的必要组成要素。

（二）前言

前言部分要求以简短扼要的文字说明预测的主旨，或概括介绍全文的主要内容。可以将预测的结果提前到这个部分来写，以引起读者的注意。

（三）正文

市场预测报告的正文是市场预测报告的主体部分，一般包括现状、预测、建议三部分，以预测部分为重点。

1. 现状部分

预测报告的特点就是根据过去和现在预测未来，因此，写市场预测报告首先要从收集到的材料中选择有代表性的资料、数据来说明经济活动的历史和现状，为进行预测分析提供依据。要把握现状，就要根据企业生产经营的范围，对市场进行广泛深入的调查，收集预测对象的各种相关数据资料，并把这几部分内容综合起来，采用夹叙夹议的手法，置于报告的开头。

例如，《中国户外用品行业发展现状及发展前景报告》的开头部分对现状的表述是："户外休闲从狭义角度上指在自然或半自然的环境中进行的休闲活动，包括露营、野外探险、骑行、登山、滑雪、自驾越野等，户外用品产业则是伴随着户外运动兴起而发展起来

的产业。户外用品分为户外服装、户外功能鞋及户外装备三大类别。从户外运动类别看，滑雪和登山攀岩是国内发展最快的两项运动，伴随着冬奥会和攀岩纳入奥运项目等一系列利好因素，户外用品产业也呈现出山高水阔、风雪兼程的发展态势。"

从上面的例子可以看出，交代现状的基本手法是边叙边议，重点在于找出问题，指明矛盾，为转入分析预测打下基础。

2. 预测部分

利用资料数据进行科学的定性分析和定量分析，从而预测经济活动的趋势和规律，是市场预测报告的重点所在。这部分应该在调查研究或科学实验取得真实、准确的资料数据的基础上，对材料进行认真分析研究，再经过判断推理，从中找出发展变化的规律。

由于预测的对象和方法不同，其写法也不尽相同。凡采用定性预测分析方法的，由于它是预测者依据个人的经验和分析能力，通过对影响市场变化的各种因素的分析、判断、推理来预测市场未来的发展变化，故而在写法上比较直接、简明、集中，多采用单一层次、一气呵成的写法，把判定性质、预测基本方向作为主要目的，侧重于结果，而对预测过程则轻描淡写。如《观光旅游向度假旅游过度阶段的旅游消费》中关于旅游费的预测："从旅游消费发展阶段来看，旅游消费将经历一个消费升级的过程，先后经历观光游—休闲游—度假游三个阶段。2008年，我国人均GDP达到2.41万元，意味着我国旅游业开始进入度假游发展阶段，具体表现为家庭度假市场快速发育、大型休闲度假景区不断涌现、自驾游正在兴起。观光游向度假游转变，有利于丰富消费者的户外活动，这些都将带动户外用品需求的增加。"此报告采用了定性预测分析，预测内容表现为文字集中，直接切入主题。

如果采用定量预测分析方法，由于是根据大量统计资料，运用一定的数学方法进行运算，以揭示有关变化之间的规律联系，所以在写作上不仅要有运算结果，而且要有推算过程，故多采用层层递进的形式，可以按时间顺序一层一层地表述，也可采用先讲结果后讲原因的方式来写作。如《2023中国彩电行业预测》中有关彩电市场的预测："受房地产市场低迷、消费者购买不足等连锁反应的影响，近年来，中国彩电市场长时间处于存量状态，整体市场规模增长乏力。据奥维云网(AVC)全渠道推总数据，2022年1~10月中国彩电线上市场零售额规模为490亿元，同比下滑6.5%；同期，线下市场零售额规模为388亿元，同比下降14.9%，彩电市场全面遇冷已成定局。"

3. 建议部分

根据推断结果，向商品生产的决策部门，以及商品生产和销售厂家提出切实可行的建议。这部分最能显示出预测报告的价值，是作者经验和智慧的综合体现。在写作上一般采用分条列项的方法，一条一条地表述，条与条之间属平行的并列关系。在内容上，切忌重复。仍以《中国户外用品行业发展现状及发展前景报告》为例，它所列的建议有两点，如"1.供给侧……2.需求侧……"。正文的三部分之间，有着紧密的逻辑关系。行文时应注意层次清楚、文脉贯通，使全文浑然一体。

（四）结尾

凡有前言的预测报告，结尾一般要与开头相照应。或归结全文，以深化主题；或重申观点，以加深认识。如无前言，则大都以署名和成文日期做结尾。用于报刊发表的，要把署名置于标题之下的正中位置。

任务三 撰写可行性分析报告

一、可行性分析报告的概念和特点

（一）可行性分析报告的概念

可行性分析报告是指国家、企事业单位组织专家对建设项目、投资项目、产品生产项目、合资经营项目和科研项目等的经济有效性、技术合理性、实施可行性，进行分析、论证之后形成的书面报告。

可行性分析报告是现代自然科学、经济科学和管理科学发展的产物，已成为世界先进国家的一种决策手段。可行性分析原只用于工程建设方面，由美国开始试行，第二次世界大战后，世界发达国家普遍推广实行。联合国工业发展组织1979年、1989年编印了《工业可行性分析手册》和《工业项目评价手册》，总结和发展了20世纪30年代以来可行性分析这一系统的科学分析方法，从而促进了发展中国家对可行性分析的开展和推广。我国在改革开放后开始从国外引进这一科学办法。1981年国家计划委员会明文规定："把可行性分析作为建设前期工作中的一个重要经济技术论证阶段，纳入基本建设程序。"1983年，我国还颁布了《关于建设项目进行可行性分析的试行管理办法》。1985年国务院技术分析中心出版了《工业项目可行性分析经济评价方法——企业经济评价》。1987年国家计委又颁发了《建设项目的经济评价方法和参数》《关于建设项目经济评价工作的暂行规定》，为我国可行性分析的标准化打下了良好的基础。近年来，随着市场经济体制的建立，可行性分析报告应用的范围越来越广。如在新设立一个股份有限公司、组织一次大型产品销售活动、推广一项新科学技术之前，需要运用各种资料、数据、信息等进行分析、对比、核算，对其进行技术论证和经济评价，以确定一个"技术上合理，经济上合算"的最佳方案，写出论证性强的可行性报告。此外，按照有关规定，有的建设项目对环境有影响时，还需要向环保部门提交可行性报告，请其审查。

（二）可行性分析报告的特点

1. 前瞻性

可行性分析是对将要开展的投资项目及其效果进行预测。它分析的是未来的行动、预期的效果，因此必须根据党和国家的有关方针政策、国民经济的发展规划和地区规划、本行业规划等，对事物发展的过程状况、可能遇到的问题和结果进行前瞻性分析。它要在充分调查投资环境、条件、方向，掌握相关资料、数据、信息的基础上运用各种预测方法，对其合理性、效益性、可行性做出科学的估计，提出合理的对策。

2. 综合性

可行性分析是一门综合性的学科，分析报告的内容涉及诸多学科领域，如自然科学、社会科学、经济科学、管理科学等，具体来说包括地质、地貌、建设设计、自然环境、水文交通、文化教育、政策法规、财务经费、管理手段等。它以市场为出发点，以人财物投入为基础，以经济效益评价为结果。它要针对影响项目和方案的众多因素进行全面、系统的综合分析。

3. 论证性

论证性是可行性分析报告的关键，是对投资项目的可行性进行全过程的分析论证。论证性一般分为四个阶段：一是机会分析论证，对投资的环境条件、投资的方向进行调查分析、分析论证；二是初步分析论证，在投资方向有可能之后，再组织各学科门类的专业机构人员做进一步调研，对项目的相关问题做初步论证；三是详细分析论证，在此基础上进一步深入调查分析，设计若干方案，从技术上、经济上分析不同方案中各种问题的优劣利弊，选择最佳方案；四是形成报告，对投资项目的可行性进行整体评估、论证、决策，撰写报告。

二、可行性分析报告的作用和种类

（一）可行性分析报告的作用

可行性分析是遵循客观经济规律进行分析的，是宏观调控固定资产投资的重要机制。可行性分析报告是对投资项目可行性分析的系统化、理论化、条理化的语言表达形式，它有如下作用。

1. 作为投资者决策的依据

时下，可行性分析报告越来越受到人们的重视。在遵循客观经济规律的基础上，追求最大经济效益已成为投资者们的共识。可行性分析报告的任务在于分析论证准备实施项目的必要性与可行性，分析和论证技术上的合理、经济上的合算。对该项目实施的必要与可能，实施后的经济效益与社会效益，实施条件和措施，实施中意外情况处理等问题，做出科学的、具体的回答，从而为决策者提供决策的依据。这就是可行性分析报告的最主要作用。该项投资项目的规模越大，投资越多，周期越长，可行性分析报告的决策参考作用就越显得重要。

2. 作为重要的融资依据

可行性分析报告是申请建设资金、吸引外来投资的依据。向金融机构申请贷款，要以提交该项目的可行性分析报告为先决条件，贷款银行或投资者组织有关专家对可行性分析报告进行评审，写出项目评估报告，并依据该报告决定是否贷款或投资，以及投资多少。

3. 作为主管部门审批和与项目有关的部门签订协议的依据

可行性分析报告是投资、建设项目立项，申请主管部门审批和与项目有关的部门签订协议的必需文书。只有提交了可行性分析报告，主管部门才予以审批，才发给审批设计任务书；对申报引进技术、引进设备的请求才给予批准；项目实施的有关部门或合作者才会同意签订有关协议。

（二）可行性分析报告的种类

可行性分析报告适应于各行各业，划分种类的方法也多种多样，一般有以下三种分类方法。

1. 按内容分类

按其内容，可以分为工业可行性分析报告、农业可行性分析报告、高等教育可行性分析报告、中外合资企业可行性分析报告，以及开辟和拓展新市场、开发新产品和新技术、采用新工艺和新管理方法的可行性分析报告等。

2. 按范围分类

1) 一般可行性分析报告

主要指规模小、投资少的小项目的可行性分析报告，包括新建和扩建项目，牵涉面不大的常规性技术改造项目，某一方面的经营管理改革、单项科学实验等。一般可行性分析报告项目的内容比较单一，涉及面不大，引用数据不多，技术经济分析较为简单明了。

2) 大中型项目可行性分析报告

主要指规模大、投资多、涉及面广的可行性分析报告，包括新建和扩建工程浩大复杂的技术改造项目、全局性的经营管理改革和重大科学实验等。这种可行性分析报告项目内容多，涉及多种专业，技术经济论证分析复杂，要求很高。因此，参加大中型项目可行性分析的人员，必须包括各方面的专业人员，有的还应该是有一定权威、影响力的专家、学者。大中型项目可行性分析，不是短期就能完成的，一般往往需要分三个阶段进行。首先是机会可行性分析，主要针对项目的环境条件、发展方向、机会潜力、社会效益、经济效益等，在调查的基础上做出初步评价，为提出项目建议书提供依据，着重解决是否有必要的问题。其次是初步可行性分析报告，是在机会可行性报告批准后，进一步对经济规模、项目经费、投入出产、经济价值分析预测，探讨技术途径、设备造型，论证经济效益，为编制设计任务书或建设规划提供依据。初步可行性分析着重解决是否可行的问题。最后是可行性分析报告，是在前两个阶段取得成果的基础上对该项目的客观依据、外部环境、技术方案、工程规模、经营管理等主要方面，在取得大量数据的基础上全面深入地进行技术经济论证，为编制设计或建设规划提供依据。可行性分析报告在最终解决项目是否可行的前提下，得出肯定性结论。

3. 按性质分类

(1) 肯定性的可行性分析报告，即肯定项目实施的必要和可行。

(2) 否定性的可行性分析报告，即否定项目实施的必要和可行。

(3) 选择性的可行性分析报告，即一般写出两个以上的可行性分析报告，供决策者挑选。

三、可行性分析报告的格式及写法

（一）可行性分析报告的一般格式

可行性分析报告的格式一般由标题、正文、附件、日期四部分构成。

1. 标题

可行性分析报告的标题通常有两种形式：完整式和简略式。

完整式标题由编写单位、项目名称和文种构成，如《××公司关于上马××产品研发项目的可行性分析报告》。简略式标题则省略编写单位，简化文种名称，只突出项目名称，如《无人机配送的可行性报告》。

2. 正文

可行性分析报告的正文一般分为三部分：概述部分、主体部分、结论和建议部分。

1) 概述部分

概述部分也可以称为前言、总论或总说明，要求写明的内容如下。

(1) 项目基本情况：项目名称、项目主办单位及负责人、可行性分析工作单位、可行性分析项目的技术负责人、经济负责人和参加人员。

(2) 项目提出的依据：又可分为文件的依据，即国家有关经济的方针、政策；会议的依据，即上级主管部门的会议决定；现实、市场需求情况；投资预算、经济效益等。

(3) 项目分析的意义：主要从政治、技术、经济、国际国内、本地区、本行业等方面进行分析。

(4) 可行性分析的范围：提纲挈领地概括说明论证和结论的主要内容或分析中存在的问题及建议。

概述部分怎么写、写多少，往往取决于项目的大小和问题的难易程度，因写作对象的不同而写法不同。

2) 主体部分

主体部分即分析论证部分，一般包括项目方案论证选择、综合性分析论证、技术经济效益分析评价、不确定分析论证等。如果是大中型项目，可行性分析报告的主体部分还可以采用分条列项进行专题论证。分析项目不同，主体分析论证的内容也不尽相同。一般大中型建设项目可行性分析报告的正文大都需要从市场预测分析(论证必要性)、客观条件分析(论证可能性)、工艺技术环境保护分析(论证合理性)、财务经济评价(论证效益性)等多方面进行技术、经济论证。

(1) 市场需求和建设规模方面，对未来产品的市场竞争力在国内外市场进行销售预测，对拟建项目的建设规模和产品生产方案加以从技术上、经济上进行论证。

(2) 内外客观条件方面，在资源、原材料、能源、运输及公共设施等方面，对各种客观条件加以技术、经济论证。

(3) 项目技术方面，主要是对项目自身各方面，如项目主体工程、全厂总图设置、技术设备的选择、土建工程、生产方法等加以技术、经济论证。

(4) 建设计划方面，对项目的总体计划和日程安排，以及管理体制、管理人员、生产人员的配备加以技术、经济论证。

（5）资金筹措方面，对总投资费用、资金来源筹措贷款利率，以及贷款偿付方式、资金数额、使用时间的安排等进行合理性、可靠性论证。

（6）经济评价方面，对生产成本与销售收益估算等进行评价，对项目在整个国民经济中的综合经济效益进行评价。

（7）环境保护方面，主要是从投产后对生态环境的影响方面进行预测、评价，对环境保护方案加以技术、经济论证。

由于可行性报告的内容较多、涉及面广，故而其论证的内容及方法难以局限于某种固定模式，可根据项目的需要加以选择或增加新的内容。

3）结论和建议部分

在充分论证可行性的基础上，对项目建设的整体必要和可行做出经济评价，也可以指出存在的问题或提出有关建议。如果在概述部分已做出清楚明确的结论，结尾处可不再陈述；或在前言部分做简要的概述，结尾处再做归纳性或强调性陈述。

3. 附件

附件一般不放在正文中。对于有参考价值或进行补充说明、增强说服力的材料，可做该可行性报告的附件，如试验数据、设计图纸、论证材料、图表等；如果没有这样的材料，可不设"附件"。

4. 日期

应在正文的右下方写明完成可行性报告的年、月、日。

（二）可行性分析报告的写法

1. 表达方式

可行性分析报告是一种论证性文件，说明、议论和分析论证为其主要表达方式，常采用的有介绍、分类、比较、图表、数字等说明方法。可行性分析报告的写作过程即为一个论证过程，在分析论证过程中常运用动态与静态、定性与定量、一分为二、列举归纳、逐层推进、对比分析等多种论证方法。

2. 语言要求

1）严密、准确、鲜明

可行性分析报告的语言要求严密、准确、鲜明。首先要把分析对象作为一个系统来分析，把分析对象分解为若干部分，有步骤地、严密地进行剖析，其次要把各个部分的情况综合起来，构成一个完整、准确、有说服力的逻辑整体。文中所用的论证要准确、翔实，提出的见解和对策必须准确无误，得出的结论要观点鲜明。

2）图表、数字、说明

运用表格、图形、数字来说明问题、阐述观点是可行性分析报告语言的另一个特色，常用的有统计表、非统计表、测量数据、贷款金额、费用估计、曲线图、平面图、统计图等。文字与图表、数据在报告中是相辅相成、相得益彰的，在表述时它们融为一体，可增强说服力。

四、撰写可行性分析报告应注意的事项

（一）背景分析的广阔性

当今是信息网络社会，是市场经济稳步发展时期，信息之多，信息之快，使任何一个可行性分析报告都不再是孤立的报告立项问题，而是与经济密切相关，与社会环境有着广泛的外部联系。因此，进行可行性分析要善于将局部的问题放在一个广阔的社会背景、经济背景上进行分析。在分析拟建项目时不但要着眼于现实，追究其历史，更要放眼于未来，尤其是建设周期长、投资多的项目。

（二）内容分析的真实性

为了得出正确的结论，进行可行性分析一定要实事求是，从客观实际出发，排除一切外来干扰，不带主观偏见，尊重客观事实和各种资料数据，进行多方案的比较，公正地分析得失，不夸大事实、不片面追求经济效益，否则，凭主观臆断，盲目上马所造成的损失将是巨大的。《关于加强基本建设计划管理、控制基本建设规模的若干规定》中明确指出，项目可行性报告中的各项条件及计算，如有错误和不实之处，应由主管部门及承担协作部门负责，凡由此造成重大损失的，要追究主管部门的责任，直至追究法律责任。

（三）结构写法的多样性

可行性报告结构、内容的繁简，篇幅的长短，往往取决于项目的大小或问题的难易。规模大、投资多、周期长的项目，其结构、内容比较复杂，篇幅比较长，有的可长达十几万字；反之，内容简单的则只有几千字。

从结构形态来看，复杂的可行性报告是单独编制成的，格式包括：封面；摘要；目录；图表目录；标题；主体(总论、正文、结论和建议)参考文献；附件；日期。而内容简单的可行性报告一般格式为：标题；正文(总论、正文、结论或建议)；日期。

从具体内容上看，可行性报告因种类不同而有所差异。如工业建设项目可行性分析报告的概述部分，含项目提出的依据，分析的依据和范围，分析结论的概括意见等。而中外合资项目可行性报告的概述部分除上述基本情况外，还须注明注册国家(地区)和法人代表姓名、职务、国籍；拟建项目总注册资本，合资各方出资比例，出资方式，资金来源构成；合作期限，利润分配和亏损应承担的责任等。可见可行性分析报告在结构写法上呈多样性、灵活性。

任务四　撰写经济活动分析报告

一、经济活动分析报告的概念和特点

（一）经济活动分析报告的概念

经济活动分析报告是经济职能部门或企业实体，以计划指标、会计核算、统计核算和

调研情况等为依据，运用科学的方法，对一定范围、时间内的经济活动状况进行分析研究、评估后写成的书面报告。

经济活动分析研究的对象是企业经营的过程和成果，目的是调控企业的经济活动、改善企业经营管理、降低成本、增加企业利润、提高经济效益，并从企业的经营过程中总结经验，揭露矛盾、分析原因、提出措施，充分挖掘一切潜力。实际上，经济活动分析报告包含了三层含义：①经济活动，是指在生产经营活动中，能够用货币形式反映的各种活动，如购买材料、销售产品等；②经济活动分析，是指运用会计、统计及业务核算等资料，通过调查研究，分析、检查企业计划完成的过程和结果的方法；③经济活动分析报告，是指有关部门在进行经济活动分析的基础上写成的文字材料，它的作者可以是企业自己，也可以是企业外部主管部门、财政银行部门。

经济活动分析报告的三层理解实际上规定了经济活动分析报告的主体对象、客体内容及反映手段，有别于经济预测和经济工作总结。经济活动分析常围绕生产、成本、销售、利润、资金来进行，并着眼于企业经营活动和生产成果相互影响、发展变化的动态过程。

（二）经济活动分析报告的特点

经济活动分析报告是在某种思想和经营理念的指导下，对特定的经济活动状况进行的调查分析。这种文体具有以下特点。

1. 观点的鲜明性

观点即对事物的态度和意见，是在分析报告中所得出的结论。经济活动分析的作用，在于通过对经济活动过程和结果的分析及判断，指导实践，因此，分析报告中的观点必须鲜明。

2. 分析的客观性

经济活动过程，指工业企业的供产销过程，即物质资料的再生产过程；以及商业企业的购买销过程，即商品的流通过程。经济活动结果是指经济活动中各项经营成果及完成的各项经济指标。经济活动过程及其结果是经济活动分析的内容，通过分析、评价资源利用情况，检查经济结构完成情况，促使经营管理水平不断提高。因此，只有客观、公正、准确的分析，才能得出和实际相符的结论，这样的结论才具有参考价值。

3. 时效的定期性

经济活动分析报告是对一定时期内已完成的生产经营、销售或其他经济活动的分析和总结，一般在年终或一个生产周期，或一个经营环节后进行，具有明显的定期性和及时性。

4. 效果的检验性

经济活动分析报告是对已发生的经济活动过程的检验与评估，标准是计划指标、党和国家的相关方针政策、法规法令及加入世界贸易组织后的相关国际准则。

5. 数据的对比性

经济活动分析报告以数据对比分析为主。不同的经济活动由不同的经济技术指标构成，有不同的分析要求和计算方法，专业技术性强。检验每项经济指标的完成情况及相关因素等，必须通过数字对比加以表示和说明。有比较才有鉴别，才能明辨得失优劣，确定方向。

6. 实践的指导性

分析过去只是手段，指导今后的工作才是目的。经济活动分析报告着重分析经济情况产生的原因、总结成功的经验，找出不足的地方及薄弱环节、提出解决的建议和措施等。其目的在于分析过去、总结规律，指导企业今后的经营活动。

二、经济活动分析报告的作用和种类

（一）经济活动分析报告的作用

经济活动分析报告有助于及时检查和总结经济活动的情况，对企业生产经营状况和企业财务状况进行全方位的总结。它的作用是多方面的，具体来说有以下4个方面。

1. 反映现有经济状况，进行科学评估

通过对各种经济指标完成情况的汇总分析，可以考核本期计划的执行情况，并经过历史性比较和先进性比较来客观、全面地认识企业经营的现况、地位，找到成绩与经验，发现问题与经营中潜在的危机，从而对一定时间和范围内企业的经济活动做出一个实事求是的科学评价，让企业经营者做到心中有数、防患未然，调整经营策略。

2. 分析主客观因素，明确发展方向

通过对影响或决定经济活动的各种主客观因素的分析研究，能找出企业经营中发展优劣的决定性因素或关键问题。如通过计划完成好坏原因的分析，既可以看到成绩、激励先进，又可以发现问题，解决问题，进一步完善计划制订的科学性，为进一步完善计划提出合理的意见或措施，明确企业的发展方向及努力方向。

3. 发挥管理功能，提高管理水平

经济活动分析是经济管理工作的重要组成部分。计划、核算、分析三个既联系又独立的环节反映了经济管理的整个过程。计划是事前控制，重在预定目标；核算是事中控制，重在反映监督计划和执行过程及结果；分析是事后控制，根据核算资料对计划执行情况进行分析。三者构成了经济管理的有机统一整体，计划为分析提供评价标准，核算为分析提供必要资料，而分析则使计划得以检验，也使核算得以深入，能帮助经济活动有关部门制订计划恰如其分、执行计划切实有效，促进管理水平的提高。

4. 认识市场规律，搞好职能服务

随着社会主义市场经济的发展及经济全球化的趋势，经济活动更加复杂而富有变化，经济主体的多方性及经济活动的联动性日益明显，原有的一些管理方法、计划措施等已不能适应新的经济形势，无论是企业本身还是财政、税务、审计、统计、银行等经济管理部门，都需要经常深入市场进行经济活动分析，以便及时掌握各种经济活动运行情况，认识市场规律，采取各种有力的调控措施和政策，更好地履行各经济管理部门的职责，为企业、行业、地区乃至全国的国民经济健康迅速发展提供最优的服务。

（二）经济活动分析报告的种类

由于企业的性质不同，故而经济活动的内容也有区别；由于企业在不同时期的经济活动内容不是固定不变的，因此经济活动分析就不能只是一个模式。再加上市场主体分析经济活动的目的任务要求不同，角度办法不同，经济活动分析的形式就有了不同样式。下面根据不同的分类标准，进行适当的归纳。

1. 按部门划分

按部门可分为工业经济活动分析、农业活动分析和经贸活动分析。

各部门的经济活动分析都涉及人、财、物和产供销这些要素，但是这些要素在各部门的经济活动分析中各有自己的内容和格式。例如，生产企业以生产为中心，其经济活动分析的内容和形式常表现在产量、品种、质量、消耗、劳动生产率、成本、利润、资金等八大指标上。商业企业以商品流通过程中购销调存的活动为中心。活动过程中会不断发生人力、物力和财务耗费，需要商品流通费的支出，支出由销售收入补偿。收入大于支出，则取得盈利，相反则亏损。因此，商业经济活动分析将购销调存的分析和财务分析(资金、流通费和利润的分析)作为自己的内容和形式。其他部门(如农业、交通运输、财政金融等)的经济活动分析也各有自己的特殊内容和形式。

2. 按范围划分

按范围可分为综合分析、专题分析和典型分析。

综合分析也称全面分析，是对企业进行全面的检查和评估，使用大量的指标和资料，在经营过程和结果中揭露不平衡现象，抓住经营中的主要矛盾，查明主要因素，促进全面改善，提高经济效益。它对于指导企业进行有效市场运作具有重要意义。由于企业经营和成果最后都综合地反映在财务上，因此财务分析在综合分析中具有特别重要的意义。

专题分析是对某些重要问题进行分析，是综合分析的继续和深入，也可以根据经营中发现的问题和企业市场经营的要求随时进行，有助于某些关键问题的深入了解和具体解决，如成本分析、费用分析、产品质量分析、资金分析等。专题分析报告的特点是内容专一、分析深入。它是不定期的分析报告，发现问题后可及时分析，具有明显的动态性和专一性。

典型分析是对有代表性的某个单位、部门、事件和全局性问题进行深入分析，从而揭示一般规律，指导或促进其他单位或部门的工作，具有明显的代表性和普遍性。

三、经济活动分析报告的分析方法

经济活动分析建立在数据指标体系的基础上，指标数据的分析要根据目的要求和资料数据掌握情况，采用科学的技术方法。技术方法的选择得当是分析的重要前提和关键，经济活动分析可以说是方法论的科学体现。因此，经济活动分析报告的写作也要讲究分析方法的叙述。方法叙述得精简清晰，报告就有说服力。经济活动分析报告常用的分析方法有下列几种。

（一）比较分析法

比较分析法也称对比分析法。它将两组或多组具有可比性(如时间、内容、项目和条件、标准等相同或相近)的数据资料放在同一基础上进行比较，以鉴别高低，找到差异，查明原因，提出改进措施。一般可从以下几方面进行比较。

1. 比计划

将本期各项指标的实际数与计划数对比，这是最基本的比较。其作用有二：一是说明本期执行计划的实际状况，找出差异的原因；二是检验计划指标是否合理、实际，是否需要修订。

2. 比历史

将本期实际数与上期、上年度或历史期间最高水平进行比较，看其增减幅度，以反映经济活动的发展变化及趋势。

3. 比先进

将本期实际完成数与国内外同行业基本相似或相同的先进企业同期完成数进行对比，以考察本企业各项经济指标的高低层次。这样既能对本企业状况合理定位、准确评估，也可以学习先进，找出差距、扬长避短，明确经营方向。

（二）因素分析法

因素分析法是探求影响某一经济指标完成情况的各种因素和影响力程度的分析方法，它要将造成差异、问题的各种主客观因素综合分析，在错综复杂的矛盾中找出最本质、最关键、起决定作用的因素。比较分析法着重于数据和情况的对比，因素分析法侧重于事实的说明和特点、原因的剖析。

（三）动态分析法

将不同时期经济活动的同类指标实际数值进行比较，求出比率，进而分析该项指标减增发展情况，即为动态分析法。进行动态分析，需要定量的历史资料积累，将其依时间顺序排列，组成动态数列。数列中的指标数第一个为最初水平数据，最后一个为最新水平数据，每个数值均叫发展量，这个数列反映的是经济活动某个项目在不同时期的规模水平。

动态分析应先划定经济活动的起止时间，列出有关的所有数值，计算出增减速度、平均变化速度等，然后从这些比率的变动中研究某一个指标的变化情况，并推测其发展趋势。需要注意的是，分析这些数值不能仅仅围绕抽象的数字，还应探讨不同时期的各种其他因素对数值变化直接或间接的作用和影响。

除以上方法外，还有预测分析法、平衡分析法、时间分析法、指数分析法、差额分析法、线性规划法、相关分析法等，可分别从不同角度进行经济活动分析。在具体选择时，可依据资料内容、性质，分析的对象和目标，采用一种或几种分析方法。

四、经济活动分析报告的格式及写法

（一）经济活动分析报告的格式

1. 标题

根据经济活动分析报告内容、目的的不同，标题形式可多样化，但一般由单位名称、分析时限、分析内容和文种类型四要素组成。表现形式有：①完整性标题，如《××市××银行关于2000年度居民储蓄情况的分析》《××公司2000年上半年产成品质量分析报告》，这种标题四个要素齐全、表达完整；②不完整性标题，某些报告拟题时为了特别突出某方面的因素往往会省去某些次要要素，以突出标题题旨的鲜明性。不完整性标题大致有三种表现形式：突出分析对象，如《钢材产销分析》；突出分析的内容或范围，如《对当前工业生产资金和市场形势的分析》；突出文章的观点，如《要把产成品资金作为经济活动分析的重点》。

2. 导言

导言亦称前言、引言、开头、导语，主要概述分析报告的内容、范围、对象、目的、背景等。一般写法如下。①从简单介绍经济情况入手，然后提出要分析的问题。其属于开门提问式，如《对当前工业生产资金和市场形势的分析》一文，就是这样开头的。②有的分析报告在简单介绍情况后，会提出观点，并用一过渡句转入分析。其属于开门见旨(山)式，如《工业产成品资金因何上升》一文，就是这样开头的。③有的分析报告的开头只是一句过渡语，会马上转入正文。如《××市财政局关于一月份财政收支情况的分析报告》一文的开头为"现将1月份财政收支情况报告如下"。

3. 主体

这是经济活动分析报告的主要部分。这部分的重点是分析原因，找到问题，得出结论。它一般由以下三部分组成。

(1) 基本情况。运用对比、分解、综合的方法，以大量的数据(包括图表)介绍情况，找出差异。

(2) 原因剖析。深入分析上述情况，找出主客观因素，给予恰当评价。

(3) 意见建议。在科学分析的基础上给出正确的意见，有针对性地提出合理的措施、建议，以指导实践。

4. 结尾

分析报告有的有结尾，有的结尾不明显；有的以建议结尾，有的以分析结果结尾，有的在结尾处展望未来，鼓舞斗志。总之，结尾要写得简明扼要，干净利落。

5. 落款

在正文的下方写分析报告的单位名称和报告成文的时间。

（二）经济活动分析报告的表达方式

经济活动分析报告重在分析，故而必须有数据和情况的介绍，必须引用实例说明观点和看法，还必须从事实的分析中推断发展规律。因此，经济活动分析报告主要采用叙述、说明、议论相结合的表达方式。

1. 叙述

叙述常用于对经济活动基本情况、经济效益和存在的问题的介绍。分析报告多用概括叙述手法，使叙述情况简明扼要，清晰明了，主次分明。

2. 说明

说明常用于对经济指标执行情况的说明。说明的文字要做到条理清楚，纲目分明。要对客观事物进行客观、冷静、科学的解释；要把握分析报告的内容，抓住分析报告的特点。常用的说明方式有数字说明、图表说明、比较说明和诠释说明。

3. 议论

写作经济活动分析报告，常在概述基本情况、说明经济指标执行情况的基础上，分析问题产生的原因，对经济效益进行客观评价，以此传达作者的观点和看法。因此，常用议论点明观点、分析原因、总结经验教训。运用议论评价经济活动的好坏优劣要恰如其分，对问题的分析要切中要害。分析判断必须准确，推理必须合乎客观事物的发展规律，不可主观臆断，随心所欲。

【知识拓展】

经济活动分析报告与经济预测报告的异同

经济活动分析报告与经济预测报告在写作对象、写作程序、写作目的等方面有相同或相似之处。它们反映的都是经济活动运转情况，都必须对已开展的经济活动进行客观、全面、科学的分析，并以数据为主要分析对象，都要寻找出经济活动的客观规律，为有关部门下一步的经济决策提供有效依据。具体而言，相同与不同之处分别如下。

1. 相同点

(1) 方法上的相同。两者都要对经济活动进行全面、系统的分析，然后进行预测。

(2) 表述上的相同。两者都要运用大量的数据进行定量分析，再给出定性的观点。

(3) 作用上的相同。两者都要确立一定的研究目标，从而捕捉发现经济活动中的各种规律，为决策者提供有效的决策依据。

2. 不同点

(1) 内容侧重点不同。经济活动分析报告侧重于分析现阶段经济效益及影响经济效益的多种原因，并提出相应的对策，而经济预测报告则侧重于分析未来经济活动的动态变化及运用趋势。

(2) 写作目的不同。分析报告的目的在于指导下一段经济活动，预测报告注重预测未来市场的发展变化，旨在帮助经营者及时调整现行的经济策略。

(3) 写作时间不同。分析报告写于经济活动之后，预测报告写于经济活动之前。

（4）语言特点不同。经济活动分析报告多用肯定的判断性语句，而经济预测报告多用模糊的推测性语句。

（5）调查的范围不同。经济预测报告比经济活动分析报告调查的范围要广。

五、撰写经济活动分析报告应注意的事项

（一）要突出重点

经济活动分析不能写得面面俱到，不分主次。要抓住关键问题，深入分析，揭示潜在问题，提出有预见性的建议，给人以深刻印象，为经济经营者提供有力的决策依据。

（二）要善于发现问题

经济活动分析报告是加强企业管理、提高决策水平的重要手段，必须如实地反映市场中各经营主体的经济活动。分析和写作必须坚持原则，实事求是，肯定成绩，不回避矛盾，不掩盖矛盾，要有科学的态度、科学的勇气。要全面看待、分析各种指标，善于超前性地发现问题，防微杜渐，保证各经营主体在市场中健康良性地发展，并提高自身的竞争实力。

（三）要防止单纯罗列数据

经济活动分析报告通过指标来分析问题，指标十分重要，在报告中占有重要地位。但是指标分析必须与因素情况分析相结合，只有数据才能反映问题的本质。一个企业的效益上去了，数据上很惊人，但还要看经营主体是否违反了国家的经济政策，是否损害了国家和人民的利益。书面报告切勿单纯依靠数据而不得要领，要重视分析叙述的角度，要注意数据与因素分析相结合。

（四）要注重科学性

写经济活动分析报告应客观全面，既肯定成绩，又找出差距；既说明有利因素，又说明不利因素；既分析客观因素，又分析管理上的主观因素，切忌片面性。

【写作训练】

1. 请以前面所确定的创业项目的实施需求为前提开展相关市场调查，并完成市场调查报告。

2. 根据前面所完成创业项目的市场调查报告完成市场预测报告。

3. 根据前面所完成的市场调查报告完成创业项目的可行性分析报告。

【例文赏析】

例文一：市场调查报告

××市居民家庭饮食消费状况市场调查报告

为了深入了解本市居民家庭在酒类市场及餐饮类市场的消费情况，特进行此次调查。调查由本市某大学承担，调查时间是20××年7月至8月，调查方式为问卷式访问调查，

本次调查选取的样本总数是2000户。各项调查工作结束后，该大学将调查内容予以总结，其市场调查报告如下。

1.调查对象的基本情况

(1) 样品类属情况。在有效样本户中，工人320户，占总数比例18.2%；农民130户，占总数比例7.4%；教师200户，占总数比例11.4%；机关干部190户，占总数比例10.8%；个体户220户，占总数比例12.5%；经理150户，占总数比例8.52%；科研人员50户，占总数比例2.84%；待业户90户，占总数比例5.1%；医生20户，占总数比例1.14%；其他260户，占总数比例14.77%。

(2) 家庭收入情况。本次调查结果显示，从本市总的消费水平来看，相当一部分居民还达不到小康水平，大部分的人均收入在3000元左右，样本中只有约2.3%的消费者收入在5000元以上。因此可以初步得出结论，本市总的消费水平较低，商家在定价的时候要特别慎重。

2.专门调查部分

1) 酒类产品的消费情况

(1) 白酒比红酒消费量大。分析其原因，一是白酒除了顾客自己消费，用于送礼的较多，而红酒主要用于自己消费；二是商家做的广告多为白酒广告，红酒的广告很少。这直接导致白酒的市场大于红酒的市场。

(2) 白酒消费多元化。

① 从买白酒的用途来看，约52.84%的消费者用来自己消费，约27.84%的消费者用来送礼，其余的是随机性很大的消费者。

买酒用于自己消费的消费者，其价格大部分在30元以下，其中20元以下的约占26.7%，20~30元的占22.73%，从品牌上来说，稻花香、洋河、汤沟酒相对看好，尤其是汤沟酒，约占18.75%，这也许跟消费者的地方情结有关。从红酒的消费情况来看，大部分价格也集中在20~30元，其中，20元以下的占10.23%，价格档次越高，购买力相对越低。从品牌上来说，以花果山、张裕、山楂酒为主。

送礼者所购买的白酒其价格大部分为100~250元(约28.4%)，约有15.34%的消费者选择250元以上的白酒。这样，生产厂商的定价和包装策略就有了依据，定价要合理，又要有好的包装，才能增大销售量。从品牌的选择来看，约有21.59%的消费者选择五粮液，10.795%的消费者选择茅台。另外，对红酒的调查显示，约有10.2%的消费者选择50～100元的价位，选择100元以上的约5.11%。总之，从以上的消费情况来看，消费者的消费水平基本决定了酒类市场的规模。

② 购买因素比较鲜明，调查资料显示，消费者关注的因素依次为价格、品牌、质量、包装、广告、酒精度，这样就可以得出结论，生产厂商的合理定价是十分重要的，创名牌、求质量、巧包装、做好广告也很重要。

③ 顾客忠诚度调查表明，经常换品牌的消费者占样本总数的32.95%，偶尔换的占43.75%，对新品牌的酒持喜欢态度的占样本总数的32.39%，持无所谓态度的占52.27%，明确表示不喜欢的占3.4%。可以看出，一旦某个品牌在消费者心目中形成某种印象，是很难改变的，因此，厂商应在树立企业形象、争创名牌上下功夫，这对企业的发展十分重要。

④ 动因分析。这主要在于消费者自己的选择，其次是广告宣传，然后是亲友介绍，最后才是营业员推荐。不难发现，怎样吸引消费者的注意力，对于企业来说是关键，怎样做好广告宣传，消费者的口碑如何建立，将直接影响酒类市场的规模。而对于商家来说，营业员的素质也应重视，因为其对酒类产品的销售有着一定的影响作用。

2) 饮食类产品的消费情况

本次调查主要针对一些饮食消费场所和消费者比较喜欢的饮食进行，调查表明，消费有以下几个重要特点。

(1) 消费者认为最好的酒店不是最佳选择，而最常去的酒店往往又不是最好的酒店，消费者最常去的酒店大部分是中档酒店，这与本市居民的消费水平是相适应的，现将几个主要酒店比较如下。

泰福大酒店是大家最看好的，约有31.82%的消费者选择它，其次是望海楼和明珠大酒店，都是10.23%，然后是锦花宾馆。调查中我们发现，云天宾馆虽然说是比较好的，但由于这个宾馆的特殊性，只有举办大型会议时使用，或者是贵宾、政府政要才可以进入，所以调查中作为普通消费者的调查对象很少会选择云天宾馆。

(2) 消费者大多在自己工作或住所的周围选择酒店，有一定的区域性。虽然在酒店的选择上有很大的随机性，但也并非绝对如此，例如，长城酒楼和准扬酒楼也有一定的远距离消费者惠顾。

(3) 消费者追求时尚消费，如对手抓龙虾、糖醋排骨、糖醋里脊、宫保鸡丁的消费比较多，特别是手抓龙虾，在调查样本总数中约占26.14%，以绝对优势占领餐饮类市场。

(4) 近年来，海鲜与火锅成为市民饮食市场的两个亮点，市场潜力很大，目前的消费量也很大。调查显示，表示喜欢海鲜的占样本总数的60.8%，喜欢火锅的约占51.14%。在对季节的调查中，表示喜欢在夏季吃火锅的约有81.83%，在冬天的约为36.93%，火锅不但在冬季有很大的市场，在夏季也有较大的市场潜力。目前，本市的火锅店和海鲜馆遍布街头，形成居民消费的一大景观和特色。

3.结论和建议

1) 结论

(1) 本市的居民消费水平还不算太高，属于中等消费水平，平均收入在1000元左右，相当一部分居民还没有达到小康水平。

(2) 居民在酒类产品消费上主要用于自己消费，并且以白酒居多，红酒的消费比较少。用于个人消费的酒品，无论白酒还是红酒，其品牌都以家乡酒为主。

(3) 消费者在买酒时多注重酒的价格、质量、包装和宣传，也有相当一部分消费者持无所谓的态度。对新牌子的酒认知度较高。

(4) 对酒店的消费主要集中在中档消费水平上，火锅和海鲜的消费潜力较大，并且已经有相当大的消费市场。

2) 建议

(1) 商家在组织货品时要根据市场的变化制定相应的营销策略。

(2) 对于消费者较多选择本地酒的情况，政府和商家应采取积极措施引导消费者的消费，实现城市消费的良性循环。

例文二：市场预测报告

2022年小麦市场分析预测报告

1. 全省小麦生产情况

1）总体预增已成定局

根据湖北省农业部门最新统计数据预估，预计2022年全省夏粮面积约1950万亩、同比略减0.3%，总产约99亿斤、同比增长4.7%。其中，全省小麦的种植面积、单产、总产呈"一减两增"特征，预计全省小麦种植面积1575.1万亩，呈持平略减态势，减幅0.2%；单产、总产分别为266.2公斤、419.3万吨(83.86亿斤)，同比分别增加13.2公斤、20万吨(4亿斤)，增幅分别为5.2%、5.0%。据了解，今年省农业部门定点监测田块亩产达到336.6公斤，增产3%。

2）普遍预计品质较好

据统计，今年我省小麦亩平有效穗数、穗平粒数、千粒重预估值均有不同程度增加，即亩均有效穗30.5万个、穗粒数29.2粒、千粒重37.4克，分别同比增加0.8万个、0.1粒、0.8克。有省内企业反映，荆州、仙桃地区已收小麦容重760 g/L以上，不完善粒、病斑粒等符合国标，面筋值28左右，品质处于近十年以来较好水平。

3）产情影响因素分析

(1) 前期苗情长势较好。2021年秋播期间，全省适宜播期内播种小麦面积占比85%，较上年提升5个百分点，秋播期间气象条件和土壤墒情适宜，播种质量高，小麦机播率和药剂拌种覆盖率稳定在70%和80%以上，苗情基础较好。小麦全生育期内气象条件整体有利因素居多，苗情长势持续向好。其中，冬前全省小麦一、二类苗面积占比为79.9%，同比增加10.8个百分点；冬至一、二类苗面积占比83.4%，较上年增加3个百分点；立春一、二类苗面积占比86.9%，同比增加6.9个百分点，苗情长势为有效穗增加奠定基础。

(2) 今年全省气象条件整体有利。小麦生育期内经历了几次不利气候影响，但影响程度有限。秋冬气象干旱对弱苗转化升级不利，但对壮苗根系下扎有利，为后期抗倒伏奠定基础，且我省弱苗比例较低，未形成明显旱情灾害；进入3月气温快速回升，弥补了前期光照和温度的不足，在田小麦生长发育加快，3月中旬全省大范围降雨，对丘陵岗地麦田土壤墒情补充和前期肥料释放吸收有利，也为追施孕穗肥创造有利条件。小麦扬花期间，我省大部地区小麦扬花期与降雨错开，赤霉病见病轻。4月两次大风天气，未见大面积小麦倒伏现象。

(3) 病虫害发生和防控形势强于往年。农业部门监测显示，截至三月底全省小麦病虫累计发生面积1201.3万亩次，比去年同期减少26.7%，其中，条锈病累计发生面积发生比去年同期减少84.2%，是近十年来第二轻年份。从小麦品种赤霉病抗性和发病情况来看，整体发病较轻，江汉平原麦区荆州、天门、黄冈等地区病穗率在1.08%～14.13%，北部麦区襄阳、曾都等地区病穗率都低于1%。小麦灌浆期间，我省气温走势相对平稳。

(4) 今年全省有关部门对小麦生产重视程度前所未有。今年，省委省政府高度重视夏粮生产，一季度先后编制工作方案、印发通知，全力以赴保夏粮丰收，多措并举，全面落实，力度远超往年。目前，全省完成小麦病虫害统防统治1718.8万亩次。

2. 新麦上市情况

(1) 上市收购情况。今年湖北省新麦零星上市在 5 月 4 日前后。鄂东地区开秤价 1.35 元/斤(水分 14%以内)，较去年同期上涨 0.2 元/斤。截至 5 月 23 日，除少数品质偏差地区，我省新麦收购均价已达 1.5 元/斤(水分 13.5%以内)，较开秤价上涨 0.15 元/斤，涨速较快呈高开高走态势。本地大型面粉企业到厂价从五月中旬 1.45 元/斤提高到 1.52 元/斤(水分 13%以内)，大型饲料企业收购价 1.55 元/斤(水分 13.5%以内)，较上市初期上涨 0.05 元/斤，市场预期攀升带动收购价格整体上行。目前，武汉、黄冈、天门等地已经铺开，鄂北区域正在零星上市，预计江汉平原、襄阳等地 5 月 27 日后将会集中大量上市。

(2) 外地企业收购踊跃。除本地企业外，北方及四川、贵州、广东等外地企业通过产区租仓、委托收购等方式积极参与本季湖北市场收购，由于新麦质量普遍较往年好，收购积极性较高，直接推动了我省新麦的高开高走。目前，我省产小麦送河北、山东等省的到货价在 1.58~1.62 元/斤左右。

(3) 多元化市场收购主体心态迥异。随着猪价企稳、水产养殖旺季，饲料企业在今年新麦收购季的主导作用有所增加，有饲企表示只要新麦价格低于 1.6 元/斤，收购积极性就不会降低。收储企业则表示，只要新麦价格比前期 1.45~1.55 元/斤陈麦轮出价低，势必大量补库，以完成政策性轮换刚需任务。相比之下，制粉企业显得相对较为被动，议价能力偏弱，受终端走货不畅影响和出于成本考量，生产加工仍以消化库存陈麦为主，对当季新麦价格颇为谨慎。贸易商方面，大都认为当前麦市行情节奏难把握、利润空间有限，普遍采取"快进快出"的应对策略，以完成前期合约为主，对新麦收储持观望态度。

3. 市场运行特点分析

(1) 小麦金融属性表现抢眼，麦市跌宕起伏。今年 2 月下旬，国际形势风云突变，推动全球农产品价格环比大涨。CBOT 小麦期货，在一周内上涨 28%，最大涨幅超过 50%，创 14 年以来新高，国际麦价犹如火箭，快速上涨并迅速传导，国内麦价迎来罕见的"高光时刻"。监测数据显示，至 3 月上旬，周边外省产小麦到鄂报价在 3100 元/吨(国标三等)左右，与去年同比上涨 604 元/吨，麸皮出厂均价 2358 元/吨，较 2021 年同期上涨 390 元/吨，幅度较大。今年春节后，省内农户小麦存粮基本见底，政策性粮源也迟迟未投放我省市场，加之恰逢我省新麦上市前的"空窗期"，2 月底、4 月初连续两轮较大的上涨和急速回调，剧烈频繁，不断刺激着市场本已脆弱敏感的神经，令绝大多数市场参与者始料未及。

(2) 托市调节功能趋弱，供应紧平衡局面短期难改。去年，玉米饲用缺口问题凸显，虽然庞大的政策性小麦库存进行了有效填补，但经过多轮去库存消化，从供给面上看，国内临储小麦库存总量大幅下降。市场普遍预测，截至 2 月末国内临储小麦总量已从高峰时期超过 1 亿吨下滑至 4500 万吨左右。今年前 5 个月，国内临储小麦投放量已由往年的 400 万吨/周大幅下降至 50 万吨/周，显示出国家宏观调控更趋谨慎，而且地方储备轮换受 70%的库存要求限制，持续供给的能力疲态已现，市场调节的能力明显减弱。因此，国内小麦供需阶段性偏紧的形势，短期内依然难改。

(3) 饲企承受力强拉高新麦价格，替代现象在我省依然存在。截至 5 月 23 日，襄阳、钟祥饲料企业当地收购挂牌价在 1.55 元/斤(水分 13.5 以内)，较前一周提高 0.05 元。究其原因，主要还是当前市场新麦供给量总体偏少，大型饲料企业对价格接受度和承接能力明显强于其他类型企业，表现最为积极。受此情绪影响，制粉企业和贸易商也开始逐步进场，由观望态度转向谨慎收购，致市场价格整体提升。通常来看，小麦比玉米价格高 150 元/吨以内时，饲料企业出于能量和蛋白含量综合考虑，会根据小麦、玉米、豆粕等原料价格灵活调整配方。例如，武汉某饲料企业反映，目前所生产的鱼饲料中，使用小麦替代的占比约为 5%，襄阳某饲料厂小麦用量比例占到 20%~30%。由此可见，作为替代用原粮，小麦只要与其他原粮有价差，饲用替代现象在我省就依然存在。

(4) 优质麦源印证消费升级，然而需求抑制明显。一方面，近年来我省夏收高质量小麦因其稀缺性而广受市场追捧，小麦优质优价的市场效展现充分，各类数据都显示，随着生活消费水平的不断提高，我省企业对优质麦源的补库刚需越来越强劲，优质小麦价格持续坚挺，也是近年来我省小麦市场需求结构发生深刻变化的显著特征之一。而另一方面，2022 年与往年相比社会口粮消费总量呈总体下降趋势。据国家粮油信息中心 5 月份公布的小麦供需平衡数据，预计 2022/23 年度国内小麦消费总量 13625 万吨，比上年度减少 909 万吨，降幅 6.25%。

(5) 购销企业市场主体博弈加剧，"麦强粉弱"掣肘粉企。通过对比，我们可以发现今年我省规模以上企业小麦商业库存、地方储备规模均处于近年的历史高位，无论是传统主力制粉企业还是小麦市场的新军饲料企业，普遍反映"生意难做"，市场节奏阴晴不定，购销企业间博弈加剧处于僵持状态，始终难有改善。今年以来，下游消费趋弱，面粉涨幅始终小于小麦涨幅，加工企业常年处于盈亏边缘。3 月中旬，国家宏观调控紧急出手，麦价曾一度急跌，虽在某种程度上缓解了生产环节的成本压力，但面粉及副产品出厂价相对于麦价回落更多，理论制粉利润环比反而有所下降，制粉企业饱受"麦强粉弱"现象掣肘。

4. 后市展望

当前，湖北省新麦收购价格在 1.5 ~ 1.55 元/斤区间，从零星收购到大面积上市，价格也从快速抬升逐步趋向平稳，总体上呈"上有压力、下有支撑"的高位运行态势。

(1) 新季小麦上市规模正在快速扩大，将对价格形成阶段性压制。从产量产能和市场份额上来看，北方产情仍然是决定年内国内小麦供需基本面的决定性因素，从而真正影响麦价的起伏，后期如天气适宜、病虫害防范有力，在玉米、豆粕等原粮价格相对稳定情况下，随着北方冬小麦主产区的大量收获上市，可能会对新麦收购价的高位运行形成阶段性压力，进而影响我省小麦市场收购价格。

(2) 我省新麦较北方市场收购价格仍具比价优势。今年的小麦种植，受上游农资涨价等因素影响比较明显，每亩生产成本提高约 50 元。在国际方面，全球麦市整体升温，致多国接连出台限制小麦出口的政策措施。上述诸多关联性因素，都对国内新麦价格形成了较强支撑。加之近期河南、山东等部分地区新麦零星收购价超过 1.65 元/斤，且北方陈麦拍卖再次出现价量齐升的势头，而相比之下湖北小麦当前价格，其比价优势依然明显。襄阳某大型饲料企业认为，该地区东北玉米到货价在 1.52~1.54 元/斤(国标二等)，陈麦仍维持在 1.58~1.6 元/斤，收购湖北当季新麦用于替代，仍有一定利润空间。

(3) 国家宏观调控料将起到积极作用。据悉，国家有关部门拟于近期在我省投放定向销售的饲用稻谷，目前省内饲企到厂价格约 2500 元/吨，有较强市场吸引力，一旦具体措施能够持续发力，将对湖北省稳定原粮价格产生积极影响。

综上所述，今年湖北省市场供给总体无虞，但供应紧平衡局面短期内难改，预计我省新麦料将维持在1.45～1.55元/斤区间，且持续高位运行概率较大。

5. 关于市场的几点思考

(1) 提前谋划，狠抓夏收工作落实落地。目前，由于5月中下旬我省小麦主产区大部有多日阴雨天气，各地各部门应指导农户做好麦田排渍工作，降低田间湿度，控制病菌侵染，减少为害损失和毒素产生，以利小麦成熟。同时及时抢晴收获、及时烘干后再归仓，防止赤霉病在谷仓中发展，降低仓储风险。

(2) 优化引导全省小麦种植结构，切实提高农民种粮收益。近年来，湖北产小麦在国内市场具备一定的价格优势，但小麦种植品种良莠不齐、产量偏低，各地区品种、品质间的价差分化极为明显。据了解，目前省内荆门、襄阳等地主要种植品种为郑麦9023，与北方地区硬麦质地相近、相似度高，主要用于生产加工领域的掺混。京山某面粉企业反映，以河南信阳地区为例，当地的软质白小麦产业链已初具规模，取得了较好的经济效益。目前，在省内部分地区，农户小麦种植比较效益较低，如能合理引导当地农民调整优化小麦种植品种、种植结构，将在确保主粮稳产的基础上，切实提升种粮农民积极性和种植收益。例如，低筋软质白麦在我国总产中比重较小，北方主产区产量稀少，种植收益较普通小麦高出0.06~0.1元/斤，是作为面包、白酒等高附加值衍生品的重要原料，用途广泛需求拓展面广，东南沿海地区和南方市场反映较好受到追捧，对国内小麦主产区北纬31°以南地区来说，兼具"质白软糯"与"物以稀为贵"的优点。尤为重要的是，若一旦形成种植规模，将有可能探索和发掘出一条适合湖北特色主粮品种发展的新路子。

(3) 确保口粮绝对安全前提下，保持小麦相对于玉米的合理正向价差符合政策导向。去年以来国内玉米供需缺口短期内难以弥补和扭转，渐已形成行业共识，受玉米、豆粕、菜粕等原粮和农资价格高的影响，小麦价格的跟随上涨从某种程度上属于"价值回归"范畴。2021—2022年，全省冬小麦种植单产的增加使得总产还是有保证的，在确保口粮绝对安全的前提下，保持小麦相对于玉米的合理正向价差，完全契合国家宏观政策的导向。现阶段在口粮市场，国家政策面并不缺乏调控筹码，如适度加大储备投放力度，大力打击哄抬价格投机行为等手段，可以进一步稳定市场预期，为过热麦市降温。

模块七

财经计划文书

财经计划文书一般指财经计划类文书，是财经活动中的主体为达到某一目标或完成某一任务，对目标达到、任务完成前特定时段工作的设计和安排类文书。《礼记·中庸》中写道："凡事豫则立，不豫则废。"这说明工作中提前做好准备，制订好计划对顺利工作有着非常重要的作用。

本模块将介绍财经活动中常用的一些计划类文书，通过学习和掌握这类文书，可以帮助学生提升学习和工作成效。

▶ 学习任务

- 撰写财经工作计划
- 撰写财经工作总结
- 撰写商业计划书
- 撰写营销策划书

【写作故事】

Airbnb(爱彼迎)

2020年12月10日，备受瞩目的共享租赁科技公司Airbnb正式登陆纳斯达克，股价当天收盘涨幅超过112%，上市首日市值865亿美元。

2020年上半年，Airbnb业务蒙受巨大损失，迫使公司裁员四分之一，估值随之下降。不过上市后Airbnb近870亿美元的市值，与其2017年融资时310亿美元的估值相比，仍有巨大的飞跃。这使得Airbnb不仅超越了同行线上旅游巨头Booking公司860亿美元的市值，甚至超过了酒店巨头万豪和希尔顿市值的总和。

尽管现在风头正盛，但是2008年的Airbnb当初也只是一家普通的创业公司，它也需要用一份完美的商业计划书说服其天使投资人。

Airbnb准备天使融资时所做的BP其实很简单，放在PPT中呈现就更为简洁明了，虽然只有14页，但非常清晰地阐明了项目自身的商业模型，以及它所能够解决的问题。没有繁杂冗余的文字信息，也没有混乱不清的逻辑条理，有的只是"简约而不简单"。

Airbnb商业计划书BP如下。

01 WHAT

　　用最简单、最凝练的语言描述产品是干什么的。

02 PROBLEM

　　清晰地直击当前市场及用户痛点。

03 SOLUTION

　　根据痛点所在提出符合Airbnb特色的解决办法。

04 MARKET

　　解决方案是否有效，还需要用数据来验证市场的可行性与否。

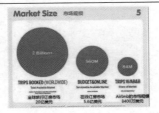

05 SIZE

　　市场规模预估其实就是让投资人看到，项目本身是具有很大市场潜力的。

06 PRODUCT

　　向投资方明了地展示出已上线的产品是如何进行运作的。

07 HOW

　　所有的创业项目，最终能否拿到融资，其实就是看投资人眼中这个项目是否能够带来经济收益，而商业模式的优劣则是对投资人来说最为直观的展示方式。而Airbnb恰好从一开始，就有着清晰的盈利模式。

08 ADOPTION

　　推广方案的制定需要具有不同角度的着眼点。

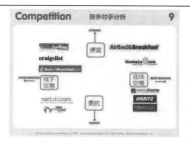

09 COMPETITION

使用四象限法能够向投资人展示出更为全面的竞品分析。

10 ADVANTAGE

核心竞争力其实也是创业者最为重要的秘密武器之一，这是在市场中存在众多竞品的情况下，仍然能够脱颖而出，吸引融资的特别之处。

11 TEAM

创业者需要向投资人展示出核心团队不仅能够分工明确，更为重要的是各自职能可以互补。

12 PRESS

Airbnb向投资人传递的是"我们的项目已经引起各界关注，这是一个极具潜力的好项目"的信息，而创业者们如果还没有引起过多关注，也一定不要弄虚作假。

13 USER

产品接受度的好坏是除资金外，产品能否存活的又一重要指标，只有用户认可，才有可能良性发展。

14 FINANCIAL

清晰的融资条件与目标的提出，能够为投资人大致提供项目对融资金额的需求，以及之后的使用计划。

从Airbnb这份简洁到极致的14页BP之中，其实不难发现，一份好的BP根本不需要长篇大论，也不需要太多装饰，根据BP做出的PPT多用图表的表达形式，能够让投资人更为直观地了解项目本身。

而通篇来说，最重要的是一定要在尽可能短的时间里，有逻辑、有条理，同时有亮点地把项目描述清楚。

任务一　撰写财经工作计划

一、计划的含义和特点

（一）计划的含义

所谓计划，即机关、团体、企事业单位及个人对一定时限内需要实现的目标和为此而采取的具体行动，预先做出大致安排的一种应用文体。无论是单位还是个人，无论办什么事情，事先都应有所打算和安排。有了计划，工作就有了明确的目标和具体的步骤，就可以协调大家的行动，增强工作的主动性，减少盲目性，使工作有条不紊地进行。

《礼记·中庸》中写道："凡事豫则立，不豫则废。""豫"同"预"，也就是事先打算、安排的意思。有了计划，工作就能有条不紊地进行，就能提高自觉性，减少盲目性，成功的可能性就大；相反，事先没做任何打算和安排，或者安排不周，工作就有可能遭受挫折，甚至归于失败。

计划主体是多层次的，计划的对象也是多层次的，因此计划有个人计划、家庭计划、企业计划和国家计划等。作为计划法所涉及的计划，是处于宏观层次的国家计划，而且侧重于经济计划。当计划被用作经济活动的调节手段，并与国家的职能和权力结合起来，就形成了国家经济计划。

计划的时态是指将来的某一时限。计划是面对未来、设计未来。计划的时限可长可短，但对制订计划的时间而言，必须是"将要到来"或者"刚刚到来"。

计划的内容包括两个大项：一是确定工作目标；二是针对完成所定工作目标而采取的各种具体行动。计划是应用写作研究的重要文体之一。它是一个使用得非常广泛的用语，在不同场合其含义可能不完全相同。

（二）计划的特点

1. 整体观念与局部设想的高度统一

计划是本地区、本单位、本部门为自己的未来而设计的蓝图，是本地区、本单位、本部门的共同行动纲领，它关系到国家的整体利益和自身的局部利益。任何一份行之有效的计划，都必须以党和国家的路线、方针和政策为依据，从国家利益、社会利益出发，结合本地区、本单位、本部门的实际情况和具体特点，让整体观念和局部设想做到一致。

2. 多方谋划与择优从善的和谐一致

计划的实质是决策，制订计划的过程实际上是决策的过程。一般来说，计划包括四个要素：制订计划的依据，规定计划的目标，实施计划的措施和方法，完成计划的步骤。在制订计划的过程中，这四个要素的具体内容并不是随意确定的，必须经过慎重的抉择，而且也只有这样，才能分清主次、先后、轻重、缓急，使各个方面关系处理得妥帖。没有多个可行方案的比较，没有择优从善的眼力，一份好的工作计划不可能产生出来。

3. 开拓进取与务实求精的双向沟通

计划是对未来的设计，立足于发展，制订计划必须具有开拓进取的精神。同时，计划又是对现实的革新，不能不面对现实、抓住关键，制订计划必须具有务实求精的态度。因此，制订计划必须把这两者紧密结合起来，做到计划未来又不忘现实可能性，面对现实又要立足于发展。

二、计划的作用和种类

（一）计划的作用

工作计划已经成为人们正确认识和把握客观规律的重要手段，其主要作用如下。

1. 增强预见性，减少盲目性

计划是对现实发展趋势的预见和规划。有了计划，领导和群众对本地区、本单位、本部门的未来发展目标就有了共识，就能明了该做什么，达到什么要求，以及怎么去做。否则，对未来发展前景心中无数，甚至漆黑一团，工作就难免偏离方向，或者内部因各自为政而发生摩擦。

2. 增强主动性，减少被动性

工作中有些单位和部门不太注意制订工作计划，总是事到临头，手忙脚乱。有了计划，会使领导和群众知道该做什么与怎么做，从而充分利用时机，克服困难，绕过暗礁，为完成既定目标而积极努力，勇往直前。

3. 增强规定性，减少随意性

各种工作都是由量变到质变而逐渐发展变化的，工作计划就是这一规定性的正确反映。正因为这样，计划提供了工作标准，可以作为检查和总结工作的尺度。一般来说，计划执行得好，工作前进的幅度也就大。如果没有计划，工作如何进展，哪些做得对，哪些做得不对，都不得而知。如此工作就会随心所欲，瞎抓一气，最后功亏一篑。

（二）计划的种类

"计划"是一个十分宽泛的文种概念，其种类较多，"计划"只是个总称。目前常见的"规划""方案""安排""打算""设想""要点""意见"等都属于计划一类，可以看作计划的别名。不过在使用这些名称时应当注意它们之间的细微区别。"安排""打算"适用的时间较短，内容比较具体。"规划"适用的时间较长，范围较广，内容比较概括。"设想"是初步提供参考的计划。"方案"着重于拟定工作的进程、步骤和方法。"要点""意见"适合领导机关在安排工作、交代政策、指明方向时使用。

从不同的角度，可将计划分为不同的种类。

(1) 按计划内容划分，有行政工作计划、企业经营计划、财务工作计划、劳动工作计划、学习计划等。

(2) 按范围划分，有国家计划、地区计划、单位计划、个人计划等。

(3) 按内容的繁简划分，有综合计划、单项工作计划。

(4) 按时间的长短划分，有长期计划，中期计划，短期计划。

(5) 按计划的作用划分，有指令性计划和指导性计划。

(6) 按计划的结构形式划分，有条文式计划和表格式计划。

三、计划的格式及写法

从内容上看，不论什么形式的计划，都应包括制订计划的"背景、目标、措施、步骤"四个要素。计划的类型虽多，但其结构只有两种：一种是以文字为主的条文式；另一种是以数字为主的表格式。

（一）工作计划多用条文的形式表述

这种格式的特点是通过书面文字分条列项地把整个计划的内容反映出来。格式中一般包括以下三部分内容。

1. 标题

标题一般包括计划的单位名称、计划期限、计划内容、计划的种类，如《××财政局2009年工作计划》。个人制订的计划，标题可省略制订单位部分。有些单项计划标题中可没有执行计划时间部分。如果是"征求意见稿"或"讨论稿"，则要求在标题后面或标题下面用括号注明。

2. 正文

正文主要说明制订计划的依据和思路、计划确定的目标，以及如何实现该目标。一般包括下列内容要素。

(1) 计划依据，即说明制订计划的根据或编制计划的指导思想，或者概括介绍前一阶段完成工作计划的基本情况。

(2) 计划目标，指计划要求达到的目标。目标是计划的核心，也是计划的出发点和落脚点。应根据需要与可能，提出计划期限内必须完成的任务目标。

(3) 计划措施，即为完成计划目标所必须做的工作项目及其实施方法，是实现计划的保证。一般写明应该做什么，以及如何做的原则性要求。

(4) 计划步骤。实施和完成计划需要一个过程，无论是计划目标的实现，还是工作项目的完成，都是分步进行的。必须对计划目标、工作项目进行分解，从而划分出若干阶段，对各个阶段的人、事和检查标准做出合理的部署。

3. 落款

落款一般包括两项内容，即制订计划的单位名称、指定日期。如单位名称已在标题处出现，则落款处可以省去。

（二）业务计划多用表格的形式表述

这种格式的特点是，把计划内容数字化，即通过一系列数字，把计划的目标和任务比较具体地展示出来，并通过必要的文字进行较为详细的说明。这种格式的计划常用于经纪行业。

业务计划文字说明部分的结构，一般包括如下内容。

1. 标题

一般要在标题中写明计划应用的时间、经济业务的性质，并在后边写上"编制说明"或"说明"字样，如《2009年经济效益说明》《××地区2009年信贷差额包干计划编制说明》，如果计划不够成熟，则可在标题后面注上"(草案)"或"(试行方案)"的字样。

2. 前言

前言主要阐明编制计划的主导思想和方针政策依据，扼要说明编制计划的客观基础。

3. 前期计划完成(或预计完成)情况

对前期计划情况做简要分析，可以使人明晰编制本期计划的起点状况。

4. 本期计划安排

应写明本期的计划指标，并与前期相比，说明本期各项计划指标确定的依据。撰写时要运用准确的数据和典型事例。

5. 措施、方法和要求

应简要分析实行计划的有利因素和不利因素，提出完成计划的方法、措施和要求，以保证计划的顺利实施。

6. 署名和日期

如果编制说明的封面上没有署名，则可在文字说明末尾标明制订计划单位的名称，然后写明编制计划的日期。

四、计划写作注意事项

撰写计划需要面对各种错综复杂的矛盾，在对立中求得统一。具体来说，撰写计划应处理好以下几种主要矛盾。

1. 既要全面规划，又要突出重点

计划是对未来的全面设计，要面对全局，面对各单位、各部门、各方面，要通过计划的实现，使各方面工作都有所前进，出现新的面貌。因此，在撰写计划时，必须考虑各方面的利益，做出全面的规划，同时还要看到，在实际工作过程中，总有轻重缓急之分，不能等量齐观地平均使用资源与力量。某一计划期限内，只能突出其中某些地位重要和亟待解决的事项，把它作为重点，并用来带动全盘。

2. 既要目标清晰，又要措施得力

目标是计划的核心，以及计划的出发点和落脚点。撰写计划是从明确计划目标开始的。计划目标必须语言准确、表述清晰，只有这样，才能正确设计具体行动，确定保障目标实现的措施。措施要避免笼统和一般化，要找出推动全局工作、实现计划目标的关键环节、

关键工程和关键事项。做什么，怎么做，有哪些要求，必须立足于计划目标的实现，写得具体而得力。

3. 既要有领先性，又要有可行性

计划目标、计划措施要与时俱进，具有领先性，只有这样，才能在激烈的市场竞争中保持自身的优势。同时，要符合自身的现实状况，脚踏实地，不能操之过急，提出过高的要求。因此，撰写计划时，计划目标的定位、计划措施的选择，既要视野开阔地看到地区、国内及国际的先进水平，又要从实际出发，通过具体的部署与运作，逐渐同先进水平接轨，并不断提升。

4. 既要充分酝酿，又要善于决策

撰写计划不能只由文秘人员关起门来冥思苦想，"妙笔生花"，而要发动群众，充分酝酿。如何推动全局，技术指标以多高为宜，怎样保证计划目标的实现，这些问题群众看得最清楚，要让他们关心整体利益，献计献策。主意多了，办法多了，还要善于决策，择善从优。

任务二　撰写财经工作总结

一、总结的含义和特点

（一）总结的含义

所谓总结，就是对过去一定时期内的实践活动或某方面的工作进行回忆、分析、评价后所写的一种书面文体。总结作为人们认识客观事物，掌握客观事物规律的一种手段，对于人类社会的发展是必不可少的。应立足过去、着眼未来，通过已然实践活动的分析，做出判断，以及肯定成绩和经验，发现缺点和问题，明确工作方向，从而更好地指导未来的实践活动。总结对人类、对社会、对单位和个人都是非常重要的，但要把总结写好并不容易，尤其是要写出有价值的总结，难度更大。

总结的难，主要难在两方面：一是"总"，它要对已然的实践活动进行事实的汇总；二是"结"，它要对汇总的事实进行分析研究，从而得出规律性的结论。只有事实，便成材料的堆砌；只有结论，便成干巴巴的"几条筋"，这都不叫总结。事实是结论的依据，结论是事实的总括，两者互相依存、相得益彰，是谓总结。要能够达到这种程度，并非易事，但如果掌握了写总结的一些基本要领，经过多次实践，完全可以把总结写好。

（二）总结的特点

1. 目的的指导性

无论是法人组织还是个人，要通过写总结达到何种目的，写作前应有考虑，写作时必须思路清晰，写作后要做鉴定。一般意义上讲，总结的目的就是更好地认识世界、解释世界、

寻找规律，从而能动地改造世界。社会中的每个法人主体或个人，都会从自身的实践中找到正面的经验或反面的教训，最直接、最主要的目的就是指导今后的实践活动，而不是其他。

2. 事实的准确性

总结是从事实出发，并对客观事实进行结论式的认识，是一个感性认识上升到理性认识的过程。事实确凿，总结出来的经验教训才能体现出客观过程的本质，才有指导意义；否则，就只能把人们的认识引入歧途，若用以指导实践，将给工作造成损失。事实的准确性，不仅指事实的客观存在，还指总结所依据的事实必须典型且具有普遍意义，体现出事物的本质和主体。

3. 概括的正确性

总结的效用不只是提出事实，告诉读者做什么、做得如何，更重要的是揭示出为什么这样做，这样做的普遍意义何在。这就必须在事实的基础上进行理论的概括。对于同类事实，可以从不同角度概括，也可以从表象或本质概括。要保证概括的正确性，首先要从指导实践的效用角度进行概括。有些总结依据的事实是真实的，运用的方法也对，但角度不对，脱离了总结经验和教训，概括出的观点和实际工作牵强附会，让人不知所云。例如，关于产品市场营销情况的总结，把概括的重点放在证明资金使用效率先进性上；写教学工作总结，把概括的重点放在知识分子是我国经济建设的重要力量上。这样的总结空泛无力，毫无实际效用。其次，要从揭示事物的内在联系的角度进行概括。还有些总结，角度正确，但没有抓住问题的实质，流于事实的表面现象，导致概括观点欠深欠全。如总结企业提高经济效益的工作，概括出要加强企业全体职工勤劳吃苦思想教育的经验，这虽然重要，但从全局出发，提高企业的经济效益关键点并不在此，而在于建立奖勤罚懒充分调动职工积极性的竞争机制、激励机制和分配机制。由此可见，从指导工作效用入手，揭示事物的本质，才能保证总结结论概括的正确性，这是成功的总结必须具备的重要特点。

4. 内容的条理性

总结往往反映一个阶段的工作，时间跨度大，工作内容繁多。因此，总结在表达内容时应层次分明，清楚明了，特别强调分门别类的条理性。它不同于记叙文讲究时间、空间协调，也不同于议论文，只求概念、判断、推理的逻辑统一，只强调事实和结论的协调统一。有些总结，虽未明确地说出条目，但各层次汇集事实、概括观点的条理性仍然是非常清楚的。

【知识拓展】

工作总结作为一种文章体裁，有区别于其他文体的个性特征。这种特征，有的显而易见，有的难以甄别。特别是与之相近似的某些文体，只有认真比较，才能加以区别。另外，我们通过相关文体的比较，能更清楚、更全面地认清总结这种应用文的特点，从而避免在具体运用、操作中出现差错。

第一，总结同公文报告的比较。工作总结同公文中汇报工作的报告相比，两者都以回顾过去一段工作为基础，再全面、系统地陈述情况。它们的区别是：公文报告代表发文机关的意见，直接具有行政效力，总结不用公文形式表现，不具有行政效力；公文报告以陈述事实为主，较少议论，总结则夹叙夹议；公文报告要在回顾的基础上扼要地提出下一阶段的工作思路和工作方法等，而总结主要通过回顾工作，着重总结经验教训，引出规律性的东西。

第二，总结同调查报告的比较。总结和调查报告在写法上既有很多相同点，又有不同之处。相同点主要有：一是就事论理，无论是一篇总结还是一篇调查报告，既不能就事论事，也不能就理论理，只能通过就事论理起到验证政策，总结经验，肯定成绩，克服缺点，掌握规律，指导全局工作的作用；二是用事实说话，两者材料性非常强，都要通过具体的情况、做法、事实来说明主旨，揭示规律；三是要以一定的方针政策为依据。

两者的不同点。①目的不同。调查报告有较强的新闻性，是为了针对现实生活中迫切需要回答的问题及已发生的重大事件而写的；总结是常规性的工作制度，一项工作完成或工作告一段落，就要把情况进行总结，以便找到经验规律，指导今后的实践。②取材范围不同。总结主要取材于本地区、本部门、本单位的事务活动，即必须从实践者亲身经历的范围内取材；调查报告是信息搜集，它可以横向联系，通过超出调查对象以外的范围搜集材料来说明问题。③角度不同。调查报告是非当事人的观察分析，要用第三人称；总结是当事人对自己工作的回顾分析，要用第一人称，属自我评估。④写作手法不同。总结着重论述怎样从实践中获得规律，常有较多的分析，对事实情况、过程常用概括的方法表述；调查报告则以陈述事实为主，引用具体材料较多，它要明显地反映某种事物、某项工作或某种现象，以及某个事故"起因——发生——结局——后果"的发展脉络，过程感较强。

第三，总结同计划的比较。总结和计划属于日常管理工作中的常规性应用文，它们也可以说是一种对应性的文种，因它们实际上反映了一项工作或一段工作管理的起始过程，在工作未进行之前应未雨绸缪，精心谋划，周密安排，预期性地把工作做得更好，在工作完成后，应回过头对做过的工作或对事先计划执行的情况进行回顾检查，找到规律以利今后把工作做得更好。所以从某种程度来说，总结是对计划实施情况和计划科学程度的评估，是对执行计划主体的实践活动的一种理性认识，而下一阶段的计划要根据总结评估来制定。由此不难发现，计划与总结之间相互对应、相互依赖、相互制约，完整地反映了一个管理周期，也反映了"计划(实践)——总结(认识)——再计划(再实践)——再总结(再认识)"永不间断，无限循环的认识规律。

具体而言，总结与计划的相同点主表现在以下方面：①从依据看，两者都以实践内容为基础；②从写作目的看，都是为了揭示事物的本质，找出规律；③从内容反映看，都需要高度的概括性和系统性；④从表达方式看，都以叙述说明为主，兼有议论，不用描写和抒情。它们的区别如下。①写作时间不同。计划制订于事前，要解决"做什么""怎么做"的问题；总结成于事后，要回答"做了什么""做得怎样"的问题。②作用方式不同。计划一经批准对计划期和计划单位的工作有直接的约束作用；总结即使成为正式文件，也主要是为了提高认识，对今后工作产生间接影响。③反映角度不同。总结是对已完成的工作进行回顾、评价，反映的内容是固定的；计划则是对未来工作进行预测，反映的内容是相对灵活的。所以，总结写作应不留余地，深入分析，找到规律；计划写作应留有余地，考虑不测因素，具有弹性。

二、总结的作用和种类

（一）总结的作用

1. 总结是获得正确认识的必由之路

从唯物主义认识论出发，一个正确的认识，往往需要经过由物质到精神、由精神到物质，即由实践到认识、由认识到实践这样多次反复，才能够完成。任何单位和个人对自身实践活动进行回顾、写成总结都是一个由实践到认识，再由认识能动地指导实践的过程，可以使我们把感性认识上升为理性认识，把实践上升为理论，这有利于实践主体透过现象发现客观活动中的规律，从而形成正确的认识。

2. 总结是科学有效的工作方法

总结是一个工作周期或管理活动周期结束的理论概括，它有利于今后实践活动开展得更好，这实际上是一种科学有效的工作方法。它的科学有效性表现在3个方面。一是有利于科学决策。客观事物复杂多变，工作中的偏差失误在所难免，通过认真总结"吃一堑长一智"，能提高决策的科学水平。二是有利于做好各项工作。在经济转型时期，市场经济发展迅速，国内市场和国际市场接轨的速度加快，新生事物层出不穷，这就需要边实践边总结，提高工作的自觉性、科学性，避免工作的盲目性和随意性，尽量少走弯路，减少损失，推动工作向前发展。三是有利于充分调动积极性。总结可以通过表扬和批评，鼓励先进，激励后进，最大限度地调动人们工作的积极性。

3. 总结是对政策、方针、决策的检验

我们的一切工作都是贯彻党和国家政策方针的过程。而具体单位实体的决策，是把国家方针、政策同本地区、本部门的实际情况有机结合，进一步科学化、具体化，而政策方针的正确与否，实施把握准确与否，最终要由实践来证明。总结虽不是法定的公务文书，没有行政效力，但受到各类各级单位及其决策者的重视。

（二）总结的种类

总结是一个统称，在日常工作、学习中，还有"小结""情况""体会""回顾"等名称。它的种类繁多，划分方法也各有所异。

(1) 按内容分，有工作总结、生产总结、经营总结、劳动总结、学习总结、思想总结等。

(2) 按内容繁简分，有综合性总结和专题性总结。

(3) 按范围分，有地区总结、部门总结、单位总结、个人总结等。

(4) 按时间分，有年度总结、半年总结、季度总结、月份总结、阶段总结等。另外，还有两年、三年、五年或十年工作总结。

总结的种类虽有上述分法，但事实上，一篇总结的内容，往往涉及性质、范围、时间等多方面。从实际情况看，为推广某些经验和做法，通常使用专题总结。如某一单位在某个时期各方面工作的成绩均较显著，则多采用综合性总结；如某一个方面的工作很突出，很有特色，则采用专题性总结。

三、总结的格式及内容

（一）总结的格式

人们在长期的写作实践中，已基本形成惯用的一些总结结构样式。最典型的结构样式主要有以下几种。

1. 板块式结构

这是总结的基本格式，也是一种传统格式，按"情况——成绩——经验——问题——建议"的顺序分部分叙述。这种结构将全篇按照内容的不同分成若干块，简明清晰，整体性强，它通常采用以下程式顺序安排板块。

(1) 基本情况部分。这一部分是总结的开头，主要概括介绍总结的对象、范围、目的、背景、工作进程、工作任务等。

(2) 成绩和经验部分。这部分是总结的主要内容，应写明具体成绩、典型事例统计数字，并应相应地进行理论化、抽象化描述，概括出规律性的东西，这是总结写作的难点、重点所在。

(3) 问题和教训部分。主要写工作中还存在哪些不足，尚待解决的问题，以及工作中的主要教训。

(4) 打算和建议。这部分主要写今后工作的努力方向和打算，并提出相应的合理性建议。

上面四部分内容，还被称为工作总结的"四要素"。这种结构形式常运用于综合性总结。

2. 条文式结构

条文式结构是指将从大量材料中概括出的观点，按递进或并列形式列成若干条文，每个条文就是一个观点，所统领的材料必须与观点密切关联。条文之间依总结的内容性质和主次轻重进行排列，但其写法难度较大，若弄得不好，会造成条文之间分散似一盘散沙，故以少用为宜。

3. 小标题式结构

这种结构形式以若干小标题起领全篇的每一部分。这种结构形式多样，写法灵活，小标题往往是成功的原因，或者是工作的阶段性标志。例如，《20××年哈汽安全工作总结》一文把主要经验用小标题的形式概括出来，文章以"公司重视确立安全目标""安全宣传及整章建制"为小标题层层展开，脉络十分清晰。小标题式结构比较适合于专题总结。

4. 阶段式结构

分阶段总结即把人们工作或经历的整个过程分成几个阶段，分别说明每个阶段的成绩经验和教训，并注意怎样从较低阶段推进到较高阶段，从而使读者对整个工作进程有全方位、整体性的了解，进而把握住某项工作的特点及规律。例如，《书记动手，全党办企业》一文是一篇介绍沿海发达地区如何抓办乡镇企业工作的经验总结，文章按"从不懂到懂""从少数人会到多数人会""从镇干部办企业到群众办企业"3个阶段来组合整个总结的结构，通过工作进程的顺序、事物内在联系安排材料的特点非常明显，是典型的阶段式结构。

5. 比较式结构

这种写法有两种格式。一是先立标准后对照比较，发现不足，提出改进意见。例如，《××公司产品质量检查情况》就是先在前言中标明这次检查的内容、对照标准，然后通过检查，发现了某些方面的问题，最后针对问题提出相应改进意见。这种写法多用于工作检查性总结。二是纵横比较，即历史性比较和先进性比较。通过历史性先后比较总结主体具体业务工作的进展性情况，水平是提高还是降低，业绩是前进还是落后；通过横向的先进性比较，看总结主体业务工作发展性情况，水平是领先还是落后，速度是快还是慢，规模是大还是小。

（二）总结的内容

总结一般由标题、正文和落款三部分组成。

1. 标题

总结的标题不求生动形象，而求科学的概括和简明准确。大致有以下4种写法。

1) 公文式标题

它类似于行政公文的标题，主要由单位名称、时间期限、内容范围、总结种类四部分构成。这种标题通常用于工作总结，如《××市工商银行2017年工作总结》《财政部2016年财政工作总结》《××省2017年经贸工作情况》等。根据实际情况标题中的单位名称或时间或内容有时可以省略，如《财政部关于会计干部技术职称评定工作的检查总结》。

2) 主旨式标题

主旨式标题又称经验性标题。这种标题多用于经验总结，标题直接点明总结的主旨，如《学责于思》《树立效益观念降低储蓄成本》《食品卫生工作要做到经常化》。

3) 提问式标题

这类标题采取提问的形式引起读者注意某一块范围的具体事务和工作，如《我们是怎样打开市场销路的》《我们是怎样开拓信用卡市场的》《我们是怎样试办工商联合企业的》。

4) 主副式标题

这类标题写法上分主副两行标题。主题概括总结的内容，副题表明文体特点，如《薄利多销保证质量_____××市便民饮食店先进经验介绍》《发挥整体功能转换经营_____××汽车服务有限公司2017年工作总结》。

2. 正文

总结的正文一般包括前言、主体、结尾三个部分。

1) 前言

前言即基本情况的概述，一般包括背景、条件、时间、任务、成绩和进程6个方面。背景是指工作进程的政治、政策、经济环境；条件是指工作进程所面临的内外部条件；时间是指工作进程所经历的时间跨度；任务是指工作进程所担负的工作、要求，以及要达到的目标；成绩是指完成任务的各种数据或具体表现；进程是指实践中形成的主要步骤和基本环节。它主要介绍情况概述，从而使读者有一个总体印象。因此，应根据总结内容的需要有所侧重，并紧扣总结的中心，画龙点睛，以简约之笔给人以明确而深刻的印象。

2）主体

主体部分是总结的核心，是对前言部分的具体展开，主要包括成绩、经验、体会、问题、教训等内容。无论是综合性工作总结，还是专题性工作总结，主体部分都要做到主旨鲜明、重点突出、突出个性、反映特色，这样的总结才有价值，才有借鉴指导意义。那么，在写作中如何才能做到这一点，具体如下。

(1) 从做法上突出重点，反映特色。具体讲就是要认真回顾本单位的实际情况，做了什么工作，是怎样做的，遇到了什么矛盾，是如何解决的，特别是要与其他单位比较，找出在做法上的创新和独到之处。把这些有特色的东西总结出来，就可以提升总结的价值。

(2) 从效果上突出重点，反映特色。总结不能停留在反映做了什么，怎么做的，而是要归纳出某项任务完成后取得了什么巨大成绩，对社会、对单位产生了一些什么具体影响。否则，会很容易就事论事，只停留在工作事务写作的表面，毫无个性而言。这种总结因无个性特点，放到任何一个同类次的单位都无关大碍，这是典型的总结写作中的形式主义表现。

(3) 从认识上突出重点，反映特色。写总结是对过去一段工作的回忆，分析寻找到规律，形成有规律性和指导意义的认识。做了同样的工作，做法与效果基本相似，但如果各种条件不同，则对事物的认识水平、总结的深度和广度就不一样了。实践出真知，但正确的认识又可以指导实践，因此，写总结一定要反映实践主体的认识发展过程，并归纳出典型认识的脉络，这就可以使总结有重点、有特色。

3）结尾

结尾部分主要写今后的打算或努力方向。打算要切合实际，方向要具体明确，切忌空谈无物、讲大话、讲大道理。

3. 落款

总结的落款包括署名和日期。单位总结的署名，可以放在文后右下方，也可置于标题之下；个人总结的署名，一般写在正文的右下方。总结的日期，有的写年、月、日，有的只写年月，日期的位置一般落在正文的右下方。

四、总结写作注意事项

1. 联系实际，实事求是

联系实际、实事求是是写好总结的基本原理。总结要符合实际情况，它的第一读者应是自己单位的人，它的第一目的是指导实践主体今后的实践。所以，一是要用"一分为二"的观点来分析实践活动，既要充分肯定成绩，又要看到存在的不足，既要概看到现象，又看到本质；二是要恰如其分地评价成绩，既不夸大，也不缩小，要符合客观实际。切忌把总结变成请功邀赏的材料，过分地顺应领导，这很容易导致总结写作中违背客观事实、弄虚作假的形式主义写作行为。

2. 抓住实质，突出重点

抓住实质重点突出是体现总结水平的标志，写总结不能事无巨细、和盘托出、应有尽有，要经过分析，综合筛选，加以提炼，反映工作的主流和矛盾。写总结也不能只反映工作过程，停留在工作的表象，浮光掠影，记流水账，而应根据本身工作的特点，在做法、效果、认识上选择好突破口，抓住要害，突出重点。

3. 精于剪裁，反映特色

精于剪裁、反映特色是提升总结价值的有效方法。单位一年一度汇报性工作总结由于是例行公事不能不写，于是很容易出现老生常谈、应付差事的现象，使总结写作类型化、概念化、模式化、雷同化，大同小异，毫无个性。要改变这一现象，就要实而不虚，善于在不同时期、不同单位的具体做法、具体效果、具体认识上找到差异，找到人无我有，人有我优的东西才会有新意，才会有特色，才会有价值。

4. 熟悉业务，掌握情况

熟悉业务、掌控情况是写好总结的前提条件。写总结者一定要熟悉单位的具体业务，掌握单位的具体情况和各项工作细节。如果作者不谙实情，则一定要调查研究，咨询知情者或者查阅相关资料。否则，对情况一知半解，即使笔头功夫再好，也只能写成概念化、论文化的普通文章。

任务三 撰写创业计划书

一、创业计划书的含义及作用

（一）创业计划书的含义

计划书是指策划者(即创业者、企业家、项目经理人、经营管理者或其他人的总称)为实现一定目标而进行科学的预测并确定未来行动的方案。创业计划书的策划者为抓住商机，力求整合资源，系统确定目标、策略、实施过程和计划未来，再制定行动方案。从项目运作的角度来描述，创业计划书是为了项目立项而系统、全面地考虑自身优势与实力，研究并认定项目优势与前景，整合资源，谋求取得各方支持的行动方案。

对于创业者来说，首先要撰写的创业计划书就是创业经营计划书。创业经营计划书是描述创办一个新企业时所有相关的外部要素及内部要素的书面材料，是创办企业的目的、方向及各项职能的计划，包括研发、生产、市场营销、人力资源、财务、行政管理等多方面内容的集成，是描述企业近期、中期和远期目标及战略的文字载体。创业计划书是一种和国际接轨的商业文件，具有明显的商业价值，这些商业价值是从多方面表现出来的。

（二）创业计划书的作用

1. 创业计划书具有指导作用

创业计划书是创业全过程的纲领性文件，是创业实践的战略设计和现实指导。对于初创的风险企业来说，创业计划书的价值尤为重要，一个酝酿中的项目往往很模糊。通过制定创业计划书，把正反理由都书写下来，之后再逐条推敲，创业者就能对这一项目有更清晰的认识。可以这样说，创业计划书首先是把计划中要创立的企业推销给了创业者自己。因此，创业计划书对于创业实践具有非常重要的指导作用。只有那种没有真正的战略思考和可操作性的创业文件，才没有明显的效果。

2. 创业计划书具有凝聚人才的作用

商业计划书对于人才的凝聚主要表现在：吸引创业人才进入；吸引股东加盟；吸引有志之士参加创业团队；吸引对创业计划感兴趣的单位赞助和支持。

3. 创业计划书具有整合作用

创业计划书的整合作用是一个最根本、最重要的作用。在创业的过程中，各种生产要素是分散的，各种信息是凌乱的，各种工作是互不衔接的。通过编写创业计划书，可以梳理思路，进行调研，完善信息，找到各种程序之间的衔接点，最终把各种资源有序地整合起来、调动起来，围绕创造和形成商业利润进行最佳要素的组合。通过这种整合，才能把各种分散的资源聚拢起来，形成一种增量资源，才能得到明显的经济效益。

4. 创业计划书具有争取创业资金支持的作用

资金是企业的血液，是创业的要素，是创业企业能够获得快速发展和崛起的前提。创业企业要获得风险投资的支持，一个重要的途径就是从审验创业者的创业计划书开始。因此，写好创业计划书具有获得风险投资支持的不可替代的作用。

对于已建的风险企业来说，创业计划书可以为企业的发展定下比较具体的方向和重点，从而使员工了解企业的经营目标，并激励他们为共同的目标而努力。更重要的是，它可以使企业的出资者、供应商及销售商等了解企业的经营状况和经营目标，说服出资者(原有的或新来的)为企业的进一步发展提供资金。

二、创业计划书的内容

创业计划书一般有两份，一份给自己，另一份给投资人。给自己的计划书应包括以下主要内容：简介、企业目标陈述、企业设想描述、市场分析、生产计划、市场营销计划、组织计划、财务计划、风险评估、附录。给投资人的计划书还应包括组织定位、计划摘要等内容。

（一）组织定位

组织定位反映出组织的经营策略，在产业价值系统里，创业者要用自己的产品和服务明确界定自己的角色。进一步说就是创业者得有与众不同的定位。

（二）计划摘要

计划摘要应涵盖计划的要点，一目了然，以便读者能在最短的时间内评审计划并做出判断。计划摘要一般要包括以下内容：公司介绍；主要产品和业务范围；市场概况；营销策略；销售计划；生产管理计划；管理者及其组织；财务计划；资金需求状况等。摘要应尽量简明、生动。

在介绍企业时，首先要说明创办新企业的思路、新思想的形成过程，以及企业的目标和发展战略。其次，要交代企业现状、过去的背景和企业的经营范围。在这一部分中，要对企业以往的情况进行客观的评述，不回避失误。中肯的分析往往更能赢得信任，从而使人容易认同企业的创业计划书。最后，还要介绍创业者自己的背景、经历、经验和特长等。企业家的素质对企业的成绩往往起关键性作用。在这里，企业家应尽量突出自己的优点并表示自己强烈的进取精神，以给投资者留下一个好印象。在计划摘要中，还必须说明下列问题。

(1) 企业所处的行业，企业经营的性质和范围。

(2) 企业主要产品的内容。

(3) 企业的市场在哪里，谁是企业的顾客，他们有哪些需求。

(4) 企业的合伙人、投资人是谁。

(5) 企业的竞争对手是谁，竞争对手对企业的发展有何影响。

（三）组织远景与经营模式说明

创业者应当让自己的组织有一个标注得非常清楚的远景，如未来几年创业者的组织会形成何种格局，让投资人能有所期待。

（四）产品与服务基本介绍

在进行投资项目评估时，投资人最关心的问题之一就是风险企业的产品、技术或服务能否以及能在多大程度上解决现实生活中的问题。因此，产品介绍是创业计划书中必不可少的一项内容。通常，产品介绍应包括以下内容：产品的概念、性能及特性；主要产品介绍；产品的市场竞争力；产品的研究和开发过程；发展新产品的计划和成本分析；产品的市场前景预测；产品的品牌和专利。

在产品(服务)介绍部分，企业家要对产品(服务)做出详细的说明，说明要准确，也要通俗易懂，必须使作为非专业人员的投资者也能明白。一般的产品介绍都要附上产品原型、照片或其他介绍。一般来说，产品介绍必须回答以下问题。

(1) 顾客希望企业的产品能解决什么问题?顾客能从企业的产品中获得什么好处?

(2) 企业的产品与竞争对手的产品相比有哪些优缺点?顾客为什么会选择本企业的产品?

(3) 企业为自己的产品采取了何种保护措施?企业拥有哪些专利、许可证，或与已申请专利的厂家达成了哪些协议?

(4) 为什么企业的产品定价可以使企业获得足够的利润?为什么用户会大批量地购买企业的产品?

(5) 企业采用何种方式改进产品的质量、性能?企业对发展新产品有哪些计划?

产品(服务)介绍的内容比较具体，所以写起来相对容易。虽然夸赞自己的产品是推销所必须的，但应该注意，企业所做的每项承诺都是"一笔债"，都要努力去兑现。要牢记，企业家和投资家所建立的是一种长期合作的伙伴关系，一定要注重诚信。在计划书中要做到既能说明创意，又能保护自己的权益，创业者并不需要在创业计划书中将核心技术问题全面透露，让投资者感到有点意思即可。

（五）人员及组织结构

有了产品之后，创业者第二步要做的就是组成一支有战斗力的管理队伍。企业管理的好坏，直接决定了企业经营风险的大小。而高素质的管理人员和良好的组织结构则是管理好企业的重要保证。因此，风险投资家会特别注重对管理队伍的评估。

企业的管理人员应该是互补型的，而且要具有团队精神。一个企业必须要具备负责产品设计与开发、市场营销、生产作业管理、企业理财等方面的专门人才。在创业计划书中，必须要对主要管理人员加以介绍，介绍他们所具有的能力，他们在本企业中的职务和责任，他们过去的详细经历及背景。此外，这部分创业计划书还要对公司结构进行简要介绍，包括：公司的组织结构图；各部门的功能与责任；各部门的主要负责人及主要成员；公司的报酬体系；公司的股东名单，包括认股权、比例和特权；公司的董事会成员；各位董事的背景资料等。

（六）市场预测

当企业要开发一种新产品或向新的市场扩展时，首先要进行市场预测。如果预测的结果并不乐观，或者预测的可信度让人怀疑，那么投资者就要承担更大的风险，这对多数风险投资家来说都是不可接受的。市场预测首先要对需求进行预测，包括：市场是否存在这种产品的需求；需求程度是否可以给企业带来所期望的利益；新的市场规模有多大；需求发展的未来发展其状态如何；影响需求的都有哪些因素。其次，市场预测还要对企业所面对的竞争格局进行分析，包括：市场中主要的竞争者有哪些；是否存在有利于本企业产品的市场空档；本企业预计的市场占有率是多少；本企业进入市场会引起竞争者怎样的反映；这些反应对企业有什么影响等。

（七）营销策略

营销是企业经营中最富挑战性的环节，影响营销策略的主要因素有：消费者的特点；产品的特性；企业自身的状况；市场环境方面的因素。

最终影响营销策略的则是营销成本和营销效益因素。在创业计划书中，营销策略应包括以下内容。

(1) 市场机构和营销渠道的选择。

(2) 营销队伍和管理。

(3) 促销计划和广告策略。

(4) 价格决策。

对于创业企业来说，由于产品和企业的知名度低，故而很难进入其他企业已经稳定的销售渠道中。因此，企业不得不暂时采取高成本、低效益的营销策略，如上门推销，大打商品广告，向批发商和零售商让利，或交给任何愿意经销的企业销售。对于发展企业来说，它一方面可以利用原来的销售渠道，另一方面以开发新的销售渠道以适应企业的发展。

（八）财务规划

财务规划需要花费较多的精力来做具体分析，其中就包括现金流量表、资产负债表及损益表的制备。流动资金是企业的生命线，因此企业在初创或扩张时，对流动资金需要有周详的计划和进行过程中的严格控制。损益表反映企业的盈利状况，它是企业在一段时间运作后的经营结果。资产负债表则反映某一时刻的企业状况，投资者可以用资产负债表中的数据得到的比率指标来衡量企业的经营状况。

财务规划一般要包括以下内容。

(1) 创业计划书的条件假设。

(2) 预计的资产负债表。

(3) 预计的损益表。

(4) 现金收支分析。

(5) 资金的来源和使用。

可以这样说，一份创业计划书概括地提出了筹资过程中创业者需要做的事情，而财务规划则是对创业计划书的支持和说明。因此，一份好的财务规划对评估风险企业所需的资金数量、提高风险企业取得资金的可能性是十分关键的。如果财务规划准备得不好，会给投资者造成企业管理人员缺乏经验的印象，降低风险企业的评估价值，同时会增加企业的经营风险。

企业的财务规划应保证和创业计划书的假设相一致。事实上，财务规划和企业的生产计划、人力资源计划、营销计划等都是密不可分的。要完成财务规划，必须要明确下列问题。

(1) 产品在每个期间的发出量有多大？

(2) 什么时候开始产品线扩张？

(3) 每件产品的生产费用是多少？

(4) 每件产品的定价是多少？

(5) 使用什么分销渠道？预期成本和利润是多少？

(6) 需要雇用哪些类型的人？

(7) 雇佣何时开始，工资预算是多少？

（九）风险预见

企业的风险来自各个方面，有市场风险，也有执行计划中的风险。在计划书中不仅要一一列出这些风险，还要告诉投资者如何规避这些风险，要根据不同风险制定出不同方案。

三、创业计划书的检查

在写完创业计划书之后，创业者最好对计划书检查一遍，看该计划书是否能准确回答投资者的种种疑问，争取投资者对本企业的信心。通常，可以从以下几方面对计划书加以检查。

1. 经验呈现

创业计划书是否显示出你具有管理公司的经验。如果你缺乏管理公司的能力，那么一定要明确地说明你雇了一位经营大师来管理你的公司。

2. 盈利能力

你的创业计划书是否显示了你有能力偿还借款。要保证给预期的投资者提供一份完整的比率分析。

3. 市场分析

你的创业计划书是否显示出你已进行过完整的市场分析。要让投资者坚信你在计划书中阐明的产品需求量是属实的。

4. 逻辑思路

你的创业计划书是否容易被投资者所领会。创业计划书应该备有索引和目录，以便投资者可以较容易地查阅各个章节。此外，还应保证目录中的信息流是有逻辑和现实意义的。

5. 计划摘要

你的创业计划书中是否有计划摘要并放在了最前面。计划摘要相当于公司创业计划书的封面，投资者首先会看它。为了保持投资者的兴趣，计划摘要应写得引人入胜。

6. 书写文法

你的创业计划书是否在文法上全部正确。如果你不能保证，最好请人帮你检查一下。

7. 产品模型

你的创业计划书能否打消投资者对产品(服务)的疑虑。如果需要，你可以准备一件产品模型。

任务四　撰写营销策划书

一、营销策划书的含义

营销策划书是指企业对市场营销过程中的各个步骤与各种不同的活动进行策划，使企业本身、企业的产品或服务能很快被潜在消费者所认知、了解、接受并购买。它是企业市场营销活动的一项重要内容，也是企业经营计划的重要组成部分。

二、营销策划书的结构

（一）封面

营销策划书的封面信息包括如下方面。

(1) 策划书的名称。

(2) 被策划的客户。

(3) 策划机构或策划人的名称。

(4) 策划完成日期及本策划适用的时间段。

(5) 编号。

（二）前言

前言或序言是策划书正式内容前的情况说明部分，内容应简明扼要，最多不要超过500字，让人一目了然。其内容包括如下方面。

(1) 接受委托的情况，如××公司接受××公司的委托，就××年度的广告宣传计划进行具体策划。

(2) 本次策划的重要性与必要性。

(3) 策划的概况，即策划的过程及达到的目的。

（三）目录

目录的内容也是策划书的重要部分。封面引人注目，前言使人开始感兴趣，目录就务必让人了解策划的全貌。目录具有与标题相同的作用，同时应使阅读者能方便地查阅策划书的内容。

（四）概要提示

阅读者应能够通过概要提示，大致理解策划内容的要点。概要提示的撰写同样要求简明扼要，篇幅不能过长，一般控制在一页纸内。另外，概要提示不是简单地把策划内容予以列举，而是要单独成一个系统，因此其遣词造句等都要仔细斟酌，要起到"一滴水以见大海"的效果。

（五）正文

正文是营销策划书中最重要的部分，具体包括以下几方面内容。

1. 营销策划的目的

营销策划的目的部分主要是对本次营销策划所要实现的目标进行全面描述，它是本次营销策划活动的原因和动力。

2. 市场状况分析

1) 宏观环境分析

着重对与本次营销活动相关的宏观环境进行分析，包括政治、经济、文化、法律、科技等。

2) 产品分析

主要分析本产品的优势、劣势，在同类产品中的竞争力，在消费者心目中的地位，以及在市场上的销售力等。

3) 竞争者分析

分析本企业主要竞争者的有关情况，包括竞争产品的优势、劣势、营销状况，竞争企业的整体情况等。

4) 消费者分析

对产品消费对象的年龄、性别、职业、消费习惯、文化层次等进行分析。以上市场状况的分析是在市场调研取得第一手资料的基础上进行的。

3. 市场机会与问题分析

营销策划书是对市场机会的把握和策略的运用，因此分析市场机会就成了营销策划的关键。只要找准了市场机会，策划就成功了一半。

(1) 营销现状分析。对企业产品的现行营销状况进行具体分析，找出营销中存在的具体问题，并分析其原因。

(2) 市场机会分析。根据前面提出的问题，分析企业及产品在市场中的机会点，为营销策划书的出台做准备。

4. 确定具体营销策划方案

针对营销中问题点和机会点的分析，提出达到营销目标的具体营销策划方案。

(1) 本产品的市场定位是什么？

(2) 本产品的4P's组合具体是怎样的，具体的产品方案、价格方案、分销方案和促销方案是怎样的？

5. 预算

这部分描述的是整个营销方案推进过程中的费用投入，包括营销过程中的阶段费用、项目费用等，其原则是以较少投入获得最优效果。

6. 进度表

把策划活动起止全部过程拟成时间表，具体到何日、何时要做什么，以此作为策划进行过程中的控制与检查。进度表应尽量简化，在一张纸上拟出。

7. 人员分配及场地

此项内容应说明具体营销策划活动中各个人员负责的具体事项，以及所需物品和场地落实情况。

8. 结束语

结束语在整个营销策划书中可有可无，它主要起到与前言呼应的作用，使营销策划书的结尾不至于使人感到太突然。

9. 附录

附录的作用在于提供策划客观性的证明。因此，凡是有助于阅读者对策划内容理解、信任的资料都可以考虑列入附录。但是，可列可不列的资料还是以不列为宜，这样可以更加突出重点。附录的另一种形式是提供原始资料，如消费者问卷的样本、座谈会原始照片等图像资料。附录也要标明顺序，以便阅读者查找。

【温馨提示】

在进行营销策划书的写作时请注意：寻找一定的理论依据；适当举例；利用数据说明

问题；运用图表帮助理解；合理利用版面；注意细节，消灭差错。

【要点总结】

营销策划书是企业根据市场变化和企业自身实力，对企业的产品、资源及产品所指向的市场进行整体规划的计划性书面材料。

所谓"人要衣装，佛要金装"，一份条理清晰、版面活泼的营销策划书，对于提高说服力和接受度有极大的帮助。营销策划书没有固定的格式，但有必备的项目或条件，以及构思、表现等方面的技巧。

【写作训练】

1.请撰写自己前半学期的学习总结。

2.请撰写自己后半学期的学习计划。

3.根据前期选择的创业项目和撰写的市场调研报告、可行性分析报告撰写创业计划书。

4.根据前期选择的创业项目和创业计划书，完成营销策划书。

【例文赏析】

例文一：商业计划书

大学生创业计划书

目 录

第一章 前言

目前，国内文具市场增速及容量惊人，许多主做出口的文具企业，纷纷调整方向，将目光集中于国内市场。

有业内人士分析，这与国内文具市场的迅速崛起有着密切关系。有数据显示，近年来的文具市场年增长幅度均在10%以上，国内文具市场容量更是惊人。2004年我国办公文具的营业额高达350美元，约合人民币3000多亿元。

随着国内商务企业的不断增多，团购能力日益提高，文具行业势必也以更快的速度发展。许多大型外企文具生产商、经销商纷纷进驻国内市场，正是看中文具广阔的市场前景。我们创办的"博学文具有限公司"重点在于"贴心的服务，实惠的价格"，服务是质量的前提，质量是服务的后盾。我们公司能最大限度地满足校内学生购买各种各样文具的需求，以及提供方便快捷的服务，以更好的质量、更便宜的价格为大家服务。

经过一段时间的调查，我们发出去了100份问卷调查表(这些调查表基本平均分发给学院的各个系)，调查结果如下。

调查问题	占百分比
在学院买不到自己所需要的体育文具而感到不方便	75.0%
支持在中职拥有一间体育文具销售店	90.8%
平时有随时购置体育文具的习惯	51.3%
如果您现在正好需要体育文具，你会从我们公司购买	72.4%

根据此次调查的大致数据我们可以得知，校内需要一家实惠的文具商店，本商店为学生们提供方便的服务是十分有必要和有开店潜力的。

我们将不断努力进取，为把"博学体育文具"公司创办成一个代表××大学大学生创业成果的窗口形象而努力奋斗。

第二章 公司描述

一、公司名称

博学文具有限公司。

二、公司性质

销售各类文具和体育用品。

三、公司宗旨

宗旨为方便校内同学购买各类文具和体育用品，以更优惠的价格服务各同学，旨在"品质完美，服务优良"。本公司致力于让各同学以更实惠的价格、更方便的渠道赢得最满意的服务。

四、公司目标

公司目标为在学院内打造第一家专营文具和体育用品的知名商店，博学文具这个词将不断在学生们的耳畔回响、荡漾。

五、创业理念

服务为本；锐意进取，志在超越。

不一定要赚钱，志在实践！

只要有做创业狼的理念，永不放弃，哪怕口袋里只有100元，照旧可以创业成功！

六、公司服务

1. 快捷的服务

只要你的一个电话，我们将为你免费送货上门，只要你们需要，我们博学文具公司将随时为你服务。

2. "优惠模式"的服务

(1) 现在的超市一般会通过给消费者提供优惠来吸引顾客，而这种方式在文具产品店却很少见。文具店可以在保证自己充足利润前提下，如消费一次在50~100元的可得记事本一本，100~150元的可得笔一支等，通过这种方式提高消费者的消费热情。

(2) 不定期打折，或者是买一送一策略，把一些滞销的、过季的物品处理掉，以便存放新的物品。

3. 产品预订服务

本公司还提供产品预订服务，如果本店没有你所需要的文具类产品，你可以向我们的店员反映，我们将尽快为你订货，以最快的时间、最好的质量、最便宜的价格送货上门。

第三章 市场分析

一、市场描述

从文具产业发展、消费水平来看，目前，中国已成为世界文具业生产和出口大国，文具产量占世界总产量接近60%，新学期已经开始，对于学生们来说，除了要换新课本，大大小小的文具也免不了要更新换代。

随着我国加入世界贸易组织和成功举办奥运会，体育事业、体育经济成为中国经济发展的一个新焦点，这使得体育用品市场迎来了一个新的高潮。我国体育文具用品市场自2000年起，每年都以两位数的速度在高速增长，到2004年，整个市场规模达到42亿美金。与此同时，中国是全球最大的体育文具用品制造基地，每年全世界大约有60%的体育文具用品是在中国生产制造的。2004年，全国体育文具用品出口达54亿美元。中国也在大力鼓励体育锻炼，目前，全国有近四亿中国人参加各类体育活动，而且这一数目还在不断增加，这为我国体育用文具品市场带来了强大的需求。

随着体育事业的发展，越来越多的人投入全民健身运动，特别是学生，乒乓球、羽毛球、足球、篮球等各种球类运动已经成为学生们户外运动首选项目。

二、市场目标

我们创业的主要目标人群是在校大学生，远期目标人群是扩大到各个行业的体育爱好者。我们以降低价格、提高信用为主要手段逐渐扩大市场。

三、目标客户

初期目标客户为在校大学生。

四、建设进度

制定本公司的规章制度及利益分红，安排公司内部人员的职责，完善体制。

锁定市场目标群体，进行有效宣传，提高知名度。

寻找校园代理，扩大市场范围。

提高信用，建立自己的品牌。

五、市场发展战略

用一年时间尝试不同的经营方法和经营理念，结合本地经济区域特点，探索适合自己发展的道路，为公司的运行做好基础建设工作。用两年时间顺利巩固自己店面的基础，制定出一条适合本地区经济发展的战略并初具自身特色，初步做成自己的俱乐部。用三年做成本地具有一定规模的和一定竞争实力的综合体育文具用品店。

第四章 公司经营

一、公司精神

诚信，敬业，团结，奋斗。

二、服务宗旨

信誉服务至上；服务体贴、周到、人性化、专业化；成为公司企业和社区顾客心目中值得信赖并达成良好信誉关系的体育文具文化传播公司。

三、竞争战略

公司本着人无我有，人有我优，人优我特，人特我良，人良我贱，人贱我转的原则，诚信经营，专业服务。

四、营销策略

产品策略：质量第一，服务为上；产品多样性和档次性兼顾，零售为主。

价格策略：精品精卖，靠薄利多销，走经营流水，凭质量和服务，赢取顾客认可，这就是我们的经营之道。相信依靠公司同仁的努力，我们的产品会赢得良好的信誉，在获得丰厚利润的同时，帮顾客创造出温馨舒适的家居气氛，实现公司与客户的双赢。

促销策略：免费赠送、直接打折、捆绑销售、买一送一、会员积分卡、逢年过节向学校发放一些购物券等，要懂得"让利销售"。

五、经营障碍

(1) 资金不足导致公司基础建设较落后。

(2) 作为新兴的公司，处于资金投入期和市场开拓初始起步期，是获得利润十分困难的主要原因。

(3) 公司团队整体实力需要做进一步提升。

(4) 知名度不高。

第五章 公司管理

一、管理思想

扁平化的管理，以人为本，采用绩效考核，激励机制。

二、管理队伍

我们将构建一支熟悉营销及赛事流程的管理队伍，并欢迎一切有志于谋求本公司发展的人才加入本公司。

三、管理决策

管理团队主要由创业小组人员组成。我们都是具有大专以上学历的毕业生，具有相关的专业知识，将为公司制定切实可行的决策。我们还将邀请具有各专业技术及管理经验的人员加入。

第六章 资金预算

一、资金来源

资金来源：项目总投资2000~3000元人民币，其中自筹资金1000元左右，向学院争取1500元，拟融资500元左右，建设期一个月。

形式如下。

(1) 中短期融资，限期偿还本金加分红。

(2) 合资、合作、股份制。

二、方案及回报

(1) 内部收益率40%，投资回收期半年。

(2) 以学院出面融资(也可以公司名义)，投资方不参与公司建设、管理和运作，融资方确保投资方固定回报率，并以固定资产作担保。投资回报方式：按国内商业银行同期贷款利率上浮20%结算，两年内还本付息；(不计复息)每年还本付息50%，每年结算一次。

三、投资风险

投资方投资风险小，有以下几个保证：①基础设施全面配套后，公司将会受到一大批消费者的青睐，从而使公司能够很好地盈利，这是投资方得以回报的主要途径；②公司低成本高收益的业务运作会给融资方带来丰厚的收益，这是保证还本付息的可靠来源；③融资金额较小，为500元左右，还本付息资金有保障。中介人员由融资方给予一定手续费，标准面议。

四、计划费用

固定投资(单位：元)

店面装修和设备费用 600

对外宣传广告费　　 50

日常经费　　　　　 50

其他　　　　　　　 50

合计　　　　　　　 750

每月开销：(单位：元)

工资(按当月营业收入提成) 100～300

电费、电话费　　　　　 60

合计　　　　　　　 160～360

五、公司收入

收入将来自(初期)销售额。

初期销售产品如下。

用品	进货价	市场价	本店销售价	每个所得利润
马克笔	3	7	6	3
笔筒	4.9	8	7	2.1
乒乓球拍	65	80	75	10
百乐钢笔	30	45	40	10

由于本店销售各类文具和体育用品，种类众多，故而不能在此一一列举，在我们细算后得知，我们每个月的营利情况大致如下。

每个月进货 300~500 元。

每个月销售额 1500~2000 元。

每个月减去成本和运费(我们从小批发市场进货，由公司的其中一名成员在每个月不定时往返，往返车费为14元，平均一个月往返两次)最终所得利润为1200~1500元。

上述数据只是大概描述，为了降低投资风险，我们可以通过让同学们订货的方式来避免盲目进货，即可以向我们反映你所要的产品，我们再根据不同情况在最短的时间内把货运到店，总之在确保自己一定的利润下可灵活采取各种不同方式面对，目的只有更好地盈利。

第七章 创业团队

一、学历背景

大专及以上学历，具有强烈的求知欲和进取心，有一定的营销常识，对体育文具产业有总体上的把握。

二、人际关系

善于与人沟通，有亲合力，了解客户心理和实际需求，有分析和市场调查的能力。

三、职业素质

信守承诺；注重细节规范；遵循公司宗旨理念。

第八章 项目小结

一、主要工作完成情况调查

通过了解广大大学生朋友的真实需求，公司从现实目标、运营机制、项目策略等方面进行了总体规划。另外，在系统开发计划方面，公司也结合了我国的实际情况，以及公司的系统逻辑方案。最重要的是，针对目前体育文化用品市场上适合大学生朋友特殊要求的情况，我们自行设计了一系列方案，并且制定了合理的价位，不仅满足了广大青年学生的切实需要，也满足了社会不同年龄层次消费者的需求。

二、不足与困难之处

由于我们企业刚刚开始计划，故而资金方面存在严重不足，同时由于时间紧迫和经验的不足，整个计划书难免有些欠缺，不过我们会尽量进行充实和完善。

点评：该创业计划书内容完整，非常好地体现了项目未来可能的情况及创业者未来的设想，让投资者对创业者有较好的信心。

例文二：营销策划书

新产品营销策划书

企业名称：东莞市尼的净化科技有限公司

策划名称：尼的家用产品策划书

策划完成日期及策划适用时间：因为营销策划具有一定的时效性、地区差异化，所以不同的时间、不同区域，营销执行的效果不同。鉴于家用产品刚上市，根据目前广东市场实际情况做出适合广东地区的营销方案，为期半年。

策划投资金额：50万元

目录

一、新产品营销简介

二、计划提要

三、营销现状分析

四、问题分析

五、目标

六、营销策略

七、行动方案

八、营销预算

九、控制

正文

一、新产品营销简介

1.企业名称：尼的净化科技有限公司

2.品牌名称：驱尘仕

3.广告语：给您一个无尘的家

4.产品介绍

尼的科技家用事业部旗下驱尘式粘尘器、家用粘尘垫。驱尘区产品系列以家庭环保无尘为理念，把满足家庭无尘作为最重要的企业使命，对市场格局发展、变化有高度的掌控和关注，从呵护使用者的健康入手，真正做到家庭无尘环保。

驱尘式系列产品把高档社区、高收家庭、有环保的意识的白领作为产品的消费群体，因为这部分人群普遍具备对生活环境保护的高要求，有健康意识，追求成就感和自我认同感。他们注重生活质量，懂得无尘的重要性，愿意给自己一个空气清晰、自由呼吸的环境。尼的驱尘仕产品系列讲求健康自然、无尘环保的健康理念。

二、计划提要

本营销计划的主要目的是：把本公司家用系列产品——驱尘式粘尘器、家用粘尘垫品牌打入市场。第一阶段是在广东地区将产品投入市场，做为期1~2个月的市场测试，投石问路，在广大消费者中建立很好健康的企业文化，让大家感受到产品给他们家庭除尘带来的方便及环保的重要性，使广大消费者真正接受本产品。

三、营销现状分析

1. 市场环境分析

3M思高家庭系列产品主要针对城市的消费者进行营销，对不同消费者的需求是不区分的。

从目前的市场占有率来看，它已达到45%，占据了本行业的霸主地位，但就今年的市场竞争情况来看，3M思高若想保住其霸主地位，它的市场规模则显得很有限。

根据我们的调查报告，3M思高在同行的家用产品市场中，在消费者的心目中占了主导的地位，而且占了45%以上的市场份额。所以，我们的竞争对手是3M思高。我们了解到，3M思高将城市高收入上班族群作为自己的目标消费群，因为这类人群普遍为具备活力与进取心的白领，有健康意识，追求成就感和自我认同，他们注重生活质量，懂得环保无尘的重要性。

四、问题分析

产品优势：驱尘仕家用系列家用粘尘垫为我公司研发生产新一代产品，目前市场未有此类型产品出现，产品采用环保材料精制而成，本产品特点为任何经过胶面的鞋底将会最大限地粘除尘埃，此为本产品推向市场的最大优势。本司产品采用独特产品结构包装，以产品组合方式出售，将达到最佳效果。

市场优势：驱尘仕家用型产品系列在目前市场上没有第二家入市，南方市场以家用粘尘垫为主导。面对人们生活水平不断提高，家庭对无尘环保的环境尤为重视。城市人口人员增多，高收入人群将被培养成我们的忠实顾客。

劣势：市场产品单一，新产品刚进入市场在一段时期内不能得到消费者的认可，缺少产品认识。在消费者与品牌之间还没有架构起一座品牌的桥梁，驱尘式家用系列产品在消费者心里没有一个品牌概念。产品定位于高端消费者，但这部分人群只占全国总人口的一小部分市场。

机会：在当前的市场背景下，新的环保除尘产品将进入一个崭新的时代。可以预见，一旦新一代家用环保除尘产品正式实施，该产品的身份与地位也将很快得到高端消费者的认可与接纳，品牌的形象将在市场得到较大的发展空间，新型产品技术革新将很快得到市场认可。

威胁：从目前市场环境分析，其他品牌产品进入市场早，无论市场占有还是包装、价格，都比我们占有先机。而且3M思高、丰华"净得利"不断有新品进入市场，在中国北方市场已占据主导地位。

五、目标

财务目标：尼的家用产品系列初期进入市场，第一阶段进入广东市场，广告费用3万至5万元。新产品的研发与生产发费用为10万至20万元，剩下的资金用来作为资金的周转和促销产品时其他方面的用途。预计在投入市场的三个月后，促销会获得很好的效果，同时实现利润的回升，在消费者心目中建立好的品牌形象，获得一定的消费者群体。

营销目标：让销售的相关机构及制度朝向合理化，并得以提高受理订货、交货及收款等事务的效率。销售人员在接受订货和收款工作时，必须和与此相关的附带性事务处理工作分开，这样销售人员才能专心做他的销售本务。因此，在销售方面应另订计划及设置专科处理该事务。

六、营销策略

1. 目标市场

把高收入、高级白领上班族群作为自己的目标消费群。因为这类人群普遍具有对生活环境保护的高要求，有健康意识，追求成就感和自我认同感。他们注重生活质量，懂得无尘的重要性，希望给自己一个空气清新、自由呼吸的环境。

本公司驱尘仕产品系列理念：讲求健康自然，无尘环保的健康理念。对于市场做出的细分可以看出，后期研发生产新品以吸引消费者，利用产品优势和消费者忠诚度使产品继续保持其良好的发展势头。

2. 产品计划

采取产品品种和产品创新战略。我们通过家庭无尘、环保理念，吸引消费者的目光，满足消费者家庭除尘的需求，使用方便。

新产品的推出阶段，我们以电视广告的方式吸引消费者的目光，以身心健康的宗旨引起消费者的注意。同时，我们还会结合大型超市的促销活动、买一送一的活动，对于购买量多的客户，会得到我们品牌的优惠。

3. 定价计划

产品市场价格目标为：××元。

4. 分销计划

优惠方针：对于交易的批发商、代理商和零售商，提供免费送货上门等服务。

进货应尽可能集中在某季节，有计划性地做订货活动。交易契约的订立除了要设法使自己有利，也要让对方有安全感。

为使进货业务能合理运作，本公司每月召集由各进货厂商、外包商及相关人员参加的会议，借此进行磋商、联络、协议。

5. 促销计划

品牌、渠道两手抓：一方面，在产品的包装物上做广告，以极低的成本为产品做宣传，扩大渠道；另一方面，可以在产品包装上搭载其他知名公司的广告，这样不仅可以获得广告费用，与强者为伍，还可以凸显企业实力，打响知名度，建立品牌。

选取广东地区大型高档社区进行促销活动，引发更多潜在消费者的需求。

七、行动方案

市场部在营销中占主要的引导地位，同时配合客户部、销售部各个部门实现企业的目标。

事业部员工为10人，市场部员工为3人，客户部员工为5人，销售部员工为5人，预计费用为20万元。本营销策划计划为期六个月。

在服务战略上，我们可以通过培训有经验、受过良好训练的营销和销售人员，提供优质的服务和高质量的产品，以满足客户的需求。产品的研究设备是现代化的，符合消费者的健康理念。

八、营销预算

本公司的家用系列产品在打入市场初期，投入的广告促销费用为3万元左右，新产品的研发及制造费用为20万元。剩下的资金作为周转资金和促销产品时其他方面的用途。预计在3~6个月后，促销可以实现很好的效果，同时实现利润的回升，在消费者心目中建立好的品牌形象，获得一定的消费者群体。

九、控制

制定该方案的预计损益表，收入方列出预计销售数量和平均实现价格，支出方列出设计、研究成本，实现分销成本和营销费用，收支差即预计利润，报管理部门审核，批准后可作为制订计划和进行生产、营销等活动安排的基础。所有计划和方案，有必要时，要切合市场的变动而进行必要的调整。

模块八

财经个人职业管理文书

随着我国社会主义市场经济体制的建立，以及人力资源竞争机制的形成，职业管理文书成为人们职业生涯中传递职业信息、表达职业意向的最基本、最广泛的方式。大学生毕业后面临求职、深造、工作等选择，在这一系列过程中，往往离不开使用各类职业管理文书，因此，熟练掌握职业管理文书的写作是大学生必备的基本职业技能。

本模块将介绍职业生涯规划书、求职文书、述职报告、申请书，通过对职业管理文书的学习和掌握，学生可以强化职业管理文书的写作技能，从而提升职业竞争力。

▶ 学习任务

- 撰写职业生涯规划书
- 撰写求职文书
- 撰写述职报告
- 撰写申请书

【写作故事】

达·芬奇的求职信

1482年，31岁的达·芬奇离开故乡佛罗伦萨，来到米兰。他给当时米兰的最高统治者、米兰大公卢多维科·斯福尔扎写了一封求职信，希望谋得一个军事工程师的职位。这封求职信就是著名的《致米兰大公书》，具体如下。

尊敬的大公阁下：

来自佛罗伦萨的作战机械发明者达·芬奇，希望可以成为阁下的军事工程师，同时求见阁下，以便面谈机密。

(1) 我能建造坚固、轻便又耐用的桥梁，可用来野外行军，这种桥梁的装卸非常方便，我也能破坏敌军的桥梁。

(2) 我能制造出围攻城池的云梯和其他类似设备。

(3) 我能制造一种易于搬运的大炮，可用来投射小石块，犹如下冰雹一般，可以给敌军造成重大损失和混乱。

（4）我能制造出装有大炮的铁甲车，可用来冲破敌军密集的队伍，为我军的进攻开辟道路。

（5）我能设计出各种地道，无论是直的还是弯的，必要时还可以设计出在河流下面挖地道的方法。

（6）倘若您要在海上作战，我能设计出多种适宜进攻的兵船，这些兵船的防护力很好，能够抵御敌军的炮火攻击。

此外，我还擅长建造其他民用设施，同时擅长绘画和雕塑，如果有人认为上述任何一项我办不到的话，我愿在您的花园或您指定的其他任何地点进行试验。

向阁下问安！

达·芬奇

米兰大公收到此信后不久，就召见了达·芬奇。在短暂的面试后，正式聘用达·芬奇为军事工程师，待遇十分优厚。

达·芬奇这封短短的求职信为何能够产生这样好的效果？分析起来，不难发现，主要是他的求职信有以下两个优点。

1. 针对对方需要

米兰大公当时的处境可谓强敌环伺，他要击败意大利的敌对城邦和消除来自北欧与西亚的威胁，就不能不大力发展军事制造业，因此急需这方面的人才。达·芬奇深切地了解他的需要，于是有针对性地设计了求职信。

达·芬奇是个多才多艺的人，在绘画、歌唱、医学、哲学和其他领域都拥有卓越的才能，但在这封求职信中，他只详细描述了自己在军事工程方面的技能。通过这些细致的介绍，他生动而含蓄地告诉米兰大公："我清楚您的处境，我会帮助您打赢战争！"而对自己的其他能力，达·芬奇则在信中一笔带过。

这封详略得当、针对性很强的求职信，无疑给米兰大公留下了深刻印象，信中所述的种种军事技能，对于他来说，也堪称雪中送炭，因此他毫不犹豫地给了达·芬奇面试的机会。

2. 语气充满自信

在求职信中，达·芬奇一连使用了六个"我能"，有条不紊地列举自己在军事工程方面的才能，语气坚定，而且他敢于在信中声称："如果有人认为上述任何一项我办不到的话，我愿在您的花园或您指定的其他任何地点进行试验。"这是何等的自信！这份自信当然来自对自己实力的清醒认识，而且显然也感染了见多识广的大公，既激起了他的求贤若渴之意，也引发了他的好奇之心。大公很可能会想："此人既然敢口出豪言，想来有些真才实学，给他个面试机会又何妨？"

任务一　撰写职业生涯规划书

一、职业生涯规划书的概念

职业生涯规划书是出于不同职业生涯发展阶段的人员或正处在学习阶段的学生，根据其目前所处阶段、职业生涯发展现状、专业学习情况，通过对自身的主观因素和客观环境的分析，确立自己职业生涯发展的下一步目标，选择实现这一目标的职业，以及制订相应的计划，并采取必要的行动及制定行动方案的书面表达形式。学生职业生涯规划是学生在大学时期根据对主观因素和客观环境的分析，确立自己的职业生涯发展目标，选择实现这一目标的职业，制订相应的计划，以及采取必要的行动实现职业生涯目标的过程，也就是大学生对自己的职业生涯发展目标的选择、实施计划及行动方案的书面表达。

二、职业生涯规划书的特点与类型

（一）职业生涯规划书的特点

1. 目标明确

职业生涯规划首先必须要有明确的目标，制定者要根据自己目前所处的环境、工作阶段、职业发展现状、自身素质、所学专业、工作经历、经验积累、外部条件，规划在一定时期内自己将要达到的目标、获取的职业地位或职业成绩。

2. 期限可长可短

一般的职业者可以按照自身的条件和客观环境的特点，制定不同期限的职业生涯规划，大学生的职业生涯发展规划时限基本上是根据大学学习的年限制定的。

3. 实施策略灵活

职业生涯规划的实施策略主要是根据职业发展目标，制订一些职业范围内的学习培训、专业技能提高、职场人际关系沟通、企业文化融合等方面的行动计划；或根据未来就业取向，完成与未来可能从事职业相关的学习任务，但可根据实际情况不断调整。

（二）职业生涯规划书的类型

职业生涯规划书按照不同的分类标准，可分为以下类型。

(1) 按照撰写者身份的不同划分，可分为在职人员职业生涯规划书、大学生职业生涯规划书。

(2) 按照写作的外在表现形式划分，有表格式规划书、条列式规划书、复合式规划书等。

① 表格式规划书。表格式规划书为不完整的职业生涯规划书，常常仅写有最简单的目标、分段实现时间、职业机会评估和发展策略等几个项目，有的只相当于一份完整的职业生涯规划书的计划实施方案表，适合作为日常警示使用。

② 条列式规划书。条列式规划书具有职业生涯规划的主要内容，但多只是进行简单的表述，没有详细的材料分析和评估，文字精练，但逻辑性和说理性不强。

③ 复合式规划书。复合式规划书就是表格式与条列式的综合，也称论文式规划书。一份优秀的论文式职业生涯规划书能够对一个人的职业生涯规划做出全面、详细的分析和阐述，是最完整的职业生涯规划书。

(3) 按规划时间的长短划分，可分为短期规划书、中期规划书、长期规划书和人生规划书四种，规划制定者可根据自己的实际情况，特别是现阶段的处境来具体选择。

【知识拓展】

大学生职业生涯规划与一般职业生涯规划的区别

大学生正处于职业的学习、准备和起步阶段，因此，与已工作过一段时间的职业者的职业生涯规划相比，大学生的职业生涯规划有其一定的特点，在总体原则和操作步骤大体一致的情况下，两者的规划内容和侧重点不尽相同。

1. 设定目标不同

一般的职业生涯规划的总体目标是获取一定的职业地位或取得一定的职业成绩。例如，规划自己32岁前要进入某企业的高级管理层，或为自己定下两年内的销售业务量等业绩目标。一般职业生涯规划的阶段目标划分也并不明晰，视个人的总体目标和现实差距而定。而大学生的职业生涯规划，其最根本也最现实的目标是初次就业成功，能拥有一个与自己的兴趣、爱好、能力等匹配的职业岗位，如规划自己毕业进入某单位的宣传部门。大学生职业生涯规划的阶段目标可以十分明朗，例如，大一应该达到什么要求，大二应该完成什么计划，大三、大四要实现什么目标等。

2. 规划年限不同

一般的职业者可以按照自身的条件和客观环境的特点，制定期限可长可短的职业生涯规划。大学生活是一个完整和固定的阶段，其时间维度上有一个标准的划分方法，即大学的学制为大学生活的起止时限，其规划年限一般与学生的毕业年限相同。例如，一般院校的本科学制为四年，如果一个新生从入学之初开始进行职业生涯规划，则其规划的起止年限为四年，如果是从一年级下学期开始进行职业生涯规划，则其规划的起止年限为三年半，所以，大学生的职业生涯规划基本为中期规划。

3. 实施策略不同

一般的职业生涯规划，其实施策略主要是根据职业发展目标，制订一些职业范围内的学习培训、专业技能提高、职场人际关系沟通、企业文化融合等行动计划。大学生处于职业的准备阶段，其职业生涯规划的实施策略主要是了解和探索职业，完成与未来可能从事职业相关的学习、培训任务，以具备未来职业生活的基本能力和素质。行动计划与大学生本身的学习任务和校园活动联系密切。

三、职业生涯规划书的写作格式

职业生涯规划书的常规格式一般由以下几部分组成。

（一）封面与扉页

职业生涯规划书必须有封面、扉页。封面上应写上有：名称——大学生职业生涯规划书；日期——署上年月日；还可以在封面上插入图片和警示格言。扉页填写个人资料，包括真实姓名、笔名、性别、年龄、籍贯、身份证号码、所在大学、学院、班级、专业、年级、学号、联系电话、联系地址、邮编、邮箱等信息。

（二）目录

目录部分应列出正文部分的前两级标题。

（三）总论

总论是整个职业规划书的前言或引言部分。此部分着重写写作这篇职业规划书的理由及目的。

（四）正文

正文部分一般包括认识自我、职业生涯条件分析、职业目标定位及其分解组合、具体执行计划、评估调整五部分内容。

1. 认识自我

认识自我指结合相关的人才测评报告对自己进行全方位、多角度的分析。自我分析是指在依据心理学的测评系统对自己的心理素质、人格特征等进行测评的基础上，结合自己的兴趣、爱好及以往的经历等加以综合评价，给自己"画像"。自我分析包括以下几方面的内容。

1) 主观分析

主观分析主要包括个人兴趣爱好、性格特点、各方面能力和潜质，以及特殊才能、个人价值观念和信仰等。

2) 客观分析

客观分析主要依据现存的心理测评系统和软件，对自己各方面(智力、职业兴趣、人格特质、职业倾向和能力、职业价值观)进行测评，形成分析报告，还包括其他人对自己的评价内容。

3) 以往的经历和目前处境分析

这部分内容包括以往的学习与工作经历，尤其是取得引以为荣的成绩，以及自认为对自己影响特别重大的事件；目前的处境包括处在人生的哪个阶段、正在做什么等，以及对与自己职业生涯发展有密切关系的一些情况，如家庭情况、对自己有帮助的人和事等环境因素分析。

4) 自我分析小结

这部分根据自我分析的结果进行总结，可先介绍个人基本情况、职业兴趣。职业兴趣前三项是××型(××分)、××型(××分)和××型(××分)，具体情况是×××；我的职业能力及适应性——能够干什么；我的人才素质测评报告结果显示，××能力得分较高(××分)，××能力得较低(××分)。

我的具体情况是×××；我的个人特质——适合干什么；我的人才素质测评报告结果显示×××；我的具体情况是×××；我的职业价值观——最看重什么；我的人才素质测评报告结果显示前三项是××取向(××分)、××取向(××分)和××取向(××分)；我的具体情况是×××；我能胜任工作的能力优劣势是×××，最后进行自我分析小结。

2. 职业生涯条件分析

职业生涯条件分析是指参考人才素质测评报告的建议，对影响你职业选择的相关外部环境进行较为系统的分析。在进行职业规划时，必须全面、客观、正确地分析和了解自己所处的环境和将要面临的环境，即在"知己"的基础上还要"知彼"，这样才能百战百胜。外部环境包括家庭环境分析(如经济状况、家人期望、家族文化等，以及其对本人的影响)、学校环境分析(如学校特色、专业学习、实践经验等)、社会环境分析(社会经济环境、文化环境、人们的价值观念、就业环境和社会政治制度)、职业环境分析(如职业的特点和要求、现有从业人员的情况、所在行业的发展情况及其对从业人员的要求、未来有哪些行业可能会对你的目标职业有需求)。最后对职业生涯条件分析进行小结。

3. 职业目标定位及其分解组合

综合第一部分(自我分析)及第二部分(职业生涯条件分析)的主要内容，得出本人职业定位的SWOT分析。

1) 职业目标的确定

职业目标的确定是指在自我剖析及对外部环境进行分析的基础上，确立自己明确的职业定位。如结论部分：职业目标——将来从事(××行业的)××职业；职业发展策略——进入××类型的组织(到××地区发展)；职业发展路径——走专家路线(管理路线等)。

2) 职业目标的分解与组合

把职业目标分成三个规划期，即近期规划、中期规划和远期规划，并对各个规划期及其要实现的目标进行分解。

4. 具体执行计划（行动计划及目标实现策略）

目标实现策略就是行动计划，即通过各种积极的具体措施与行动去争取职业生涯目标的实现。也就是说，在职业生涯规划书中，对如何实现自己的职业生涯发展目标制订一个比较详细而又切实可行的行动计划和策略方案。

(1) 制订行动计划表。

(2) 制订详细具体的实施计划。

要分清职业生涯规划各个阶段的目标，并以发展目标为准绳，确定行动策略，平衡各个目标，使其协调发展。例如，短期目标的具体实施计划、长期目标的具体实施计划、人生总目标的具体实施计划。

5. 评估调整

职业生涯规划是一个动态的过程，必须根据实施结果的情况及变化情况进行及时的评估与修正，自觉地总结经验和教训，修正对自我的认知和对最终职业生涯目标的界定。一般情况下，可定期(半年或一年)评估规划；当出现特殊情况时，应随时评估并进行相应的调整。评估出现的或可能出现的危险因素，调整修正及制定备选方案。

评估内容包括以下几方面。

(1) 自我认知的评估、职业目标评估、职业路径评估、实施策略评估，如是否需要重新选择职业。

(2) 职业路径评估，如是否需要调整发展方向。

(3) 实施策略评估，如是否需要改变行动策略。

(4) 其他因素评估，如身体、家庭、经济状况，以及机遇、意外情况的及时评估。

（五）结束语

此部分着重写自己的信念及对未来的展望。

四、职业生涯规划书写作注意事项

1. 资料翔实，步骤齐全

收集资料有多种途径，可以通过访谈、从书报刊中摘抄、从网上下载等方式获取资料，要尽可能注明资料的出处，并多运用图表数据来说明问题，以提高资料来源的可信度和说服力。

2. 论证有据，分析到位

要了解有关的测评理论及知识，认真审视、思考自己的测评报告并对照自我认识与测评结果的异同，分析与测评结果形成差距的原因，从而确定自我评估结果，做到有理有据、层层深入。

3. 结构紧凑，逻辑严密，重点突出

撰写时应密切注意整篇文章的结构和重心所在，职业生涯规划书一般包含对职业规划的认识、对自我的剖析、对所学专业的认识、对职业方向的探索，以及确定的目标并制订计划这5个方面的内容。在对这些内容进行分析阐述时，必须紧紧围绕职业目标这条主线来展开，从而体现文章论述的逻辑性和连贯性。要将重点放在自我评估、环境评估、目标实施上，体现出它的科学性和可行性。

4. 目标明确、合理

撰写职业生涯规划书应围绕论述的中心展开，职业生涯目标不能过于理想化，应"择己所爱""择己所长""择世所需""择己所利"。职业生涯规划书撰写是否成功，在很大程度上取决于有无正确适当、切实可行的目标。

5. 分解合理，组合科学，措施具体

目标分解、实现路径选择要有理论依据，而且要与备用路径之间有内在联系。目标组合要注意时间上的并进、连续，功能上的因果、互补作用，全方位的组合要涵盖职业生涯、家庭生活、个人事务等方面。

6. 语言朴实自然，言简意赅

职业生涯规划书的语言不需要太花哨华丽，应与表达内容相符，追求一种朴实自然、简洁明晰的风格。要注意用词精练准确、行文流畅、条理清楚，这是最基本的写作要求。

7. 格式规范，图文并茂

写作职业生涯规划书要符合写作规范，各种要素都要具备，在使用文字叙述的同时可

用表格配合说明，使规划书条理清楚。

任务二　撰写求职文书

毕业生为了求职，递交给用人单位的自荐书、推荐信、应聘信、个人简历、毕业生推荐表、大学生活总结等统称为求职文书。

求职文书是求职者实现自我推荐，以及用人单位了解和筛选人才的重要媒介，对劳资双方而言都是必要的。一般有以下三种形式：一是表格式，如简历表、毕业生推荐表；二是信函式，如求职信、自荐书、应聘信等；三是文章式，如大学生活总结、个人简介等。本部分着重说明求职信及个人简历。

一、求职信

（一）求职信的概念

求职信是指从业人员或非从业人员为谋求某种职业、职位而撰写的信函。

求职信的主体既包括从业人员，即在职人员，还包括非从业人员，即非在职人员。从业人员为追求较高的经济收入，或取得深造、高就和发展的机会，需要改换门庭和变换工作，这就需要运用求职信作为实现愿望的桥梁。非从业人员包括下岗职工及大中专院校毕业生。他们眼下无工作可做，不能依靠自力取得经济来源，不得不加入求职队伍。他们更需要通过求职信体现自身形象，表达自己的愿望，从而吸引招聘者。

求职信的内容是谋求某种职业或职位。在上述两类求职人员中，从业人员的求职大多是谋求某一职位，以更大地释放自身的潜能；而非从业人员，迫切需要解决的是生活上的燃眉之急，一般只要求有个适合自己的职业。

求职信在文体格式上属书信类。求职者与招聘者用书信形式进行沟通，以达成共识。

（二）求职信的作用

在人才竞争日趋激烈的条件下，求职信的主要作用如下。

(1) 求职信是展示求职者个人才能的窗口。求职的过程就是积极推销自己的过程。求职信是求职中的书面介绍，是求职者的广告和宣言。

(2) 求职信充分体现求职者与待聘岗位的匹配性。应根据待聘岗位的特殊要求，充分展示自己的学历、经历、能力、业绩及优势，让招聘单位尽快发现自己，尽可能多地了解自己，尽量能选择自己。

(3) 求职信是需求双方进行沟通的桥梁。求职信既是求职者意愿和才能的表达，又是招聘单位认识、了解求职者的第一步。求职信担负两方面的任务：既要把求职者"推"出去，又要把招聘者"吸"过来。如何让需求双方达成共识，是求职信孜孜以求、着力解决的基本问题。

（三）求职信的分类

1. 按求职者是否在职划分

1) 从业人员求职信

该类求职信的主要目的在于改善职业或职位，大多具有隐秘性。

2) 非从业人员求职信

该类求职者暂无职业，希望通过谋求的职业来取得生活来源，并实现自我价值。这类求职信一般无秘密可言，具有公开性，还可细分为再就业求职信和大中专学校毕业生求职信。

2. 按所求职业的宽窄划分

1) 专门性求职信

该类求职者所谋求的职业、职位是确定的，不可变更的。

2) 普通性求职信

该类求职者所谋求的职业较为宽泛，不提出确定的岗位，具有较大的适应性，这样能减少就业的难度。

3. 按求职的层次划分

1) 申请职位的求职信

该类求职者所谋求的是领导或管理层中的某一职务。这类求职信侧重于业绩、工作经验、领导和管理能力。

2) 申请职业的求职信

该类求职者所谋求的仅仅是某种职业，着重介绍的是适合于这种职业的专业知识和工作经历。

（四）求职信的格式及写法

1. 求职信的格式

求职信一般由标题、称谓、正文、落款四部分构成。

求职信

尊敬的××：

(正文)×××××××××××××××××××××××××××××××××
××××××××××××××××××××××××××××××××。

×××××××××××××××××××××××××××××××××
××××××××××××××××××××××××××××××××。

×××××××××××××××××××××××××××××××××
××××××××××××××××××××××××××××××××。

×××××××××××××××××××××××××××××××××
×××××××××××××××××××××××××××。

此致

敬礼！

求职人：××
××年××月××日

2. 求职信的写法

1) 标题

可以采用"求职信"作为标题，也可以"求职信"前加申请某一职位的格式，如《申请销售经理职位的求职信》。

2) 称谓

称谓即求职信送到何人手里，一般是招聘单位人事部的负责人或经办人。如"尊敬的××经理""敬爱的××女士"。

3) 正文

这是求职信的主体部分，一般由应聘岗位(职位)、资格条件、表达愿望及说明联系 方式等部分组成。

(1) 应聘岗位。即求职者打算实现的目标。求职目标愈明晰愈好，对专门性求职信来说尤其如此。如在《申请工程与开发经理职位的求职信》中，开头部分就直截了当地说："我正在寻找一个高科技大制造厂的工程与开发管理职位。"在普通性求职信中难以说得如此确切，但也要给招聘者一个便于接纳安排的范围，如"申请教学管理的工作"。

(2) 资格条件。特指对照应聘岗位的特殊要求，求职者在理论和实践上已经具备的条件。如对照工程与开发经理职位的特殊要求，一求职者在信中说道："作为一个具有 15 年经验的工程与开发主管，我的资格条件如下：负责改进××药品的包装系统；为液体填装产品开发新的包装技术；有 5 年管理整个顾客产品部下工程与机械人员的经验；对消费品实行有效的降低包装费用战略。"

(3) 表达愿望。进一步说明自己是所求职位的最佳人选，能给招聘单位带来价值。如"我相信，基于我扎实的工作作风、我的领导才能，以及对我现在和过去雇主的忠诚服务，我是总经理这个职位的理想人选"。

(4) 说明联系方式。这是指招聘单位读了求职信后认为可考虑录用，需与求职者取得联系的方法，一般是留电话号码。如"如果您认为我对综合工程公司可能是有价值的，欢迎您随时给我打电话，我的电话号码是：138××××××，盼望您的回音"。

4) 落款

求职者应在落款处署名，并写上发送的年、月、日。

（五）求职信写作的注意事项

若想写出一份出色的求职信，应当注意以下几点事项。

(1) 使用专用的纸张，求职信、个人简历、附件等求职材料要使用配套纸张，它们能显示求职者的档次和职业风范。

(2) 尽量把求职信的长度控制在一页之内。应确保求职信简短达意，确保求职信中不出现拼写、打印和语法错误。同时，要尽可能避免求职信与个人简历中信息的重复。

(3) 在求职信中，尽量展示你独特的与用人单位招聘岗位所"吻合"的解决问题的技能，并且用特定的实践经验加以支持。

(4) 如果没有被要求，不宜在求职信中谈论薪金。

(5) 不要说谎或者夸大其词。求职信和简历中说的一切，都必须能够在面试中得到支持和证实。

(6) 写求职信要态度诚恳端正、自信，不卑不亢。

【例文】

自荐信

尊敬的贵公司领导：

您好！感谢您在百忙之中阅读我的自荐信，我叫李丹丹，是××学院在校大学生。在进入大学后，我就耳闻贵公司是一个人才济济、技术先进、管理规范、气氛和谐的公司，因此贵公司是我第一求职目标。听闻贵公司招聘信息管理人员，本人在第一时间向您提交这份自荐信。以下是我的个人资料，感谢您翻阅。

我是一个乐观自信、认真细心、吃苦耐劳且具有高度责任感的女孩。我现在即将毕业，面临着自己的人生选择，但面对机遇和挑战我很有信心。

在校期间，我通过刻苦学习，掌握了信息管理方面的基本理论和基本技能，成绩一直名列前茅，受到老师好评。经过两年的学习，我不仅在信息管理方面有了很大的收获，而且变得更加成熟稳健，专业功底更加扎实，实习时受到老师、同学好评。

过去并不代表未来，勤奋才是真实的内涵。对于贵公司的工作，我相信我能够很快适应工作环境，进入工作角色，并且在实际工作中不断学习，不断完善自己，努力做好本职工作，提升工作能力和水平。如果有幸能够加入贵公司，我坚信在我的不懈努力下，一定会为贵公司做出应有的贡献。因此，我对自己的未来充满信心。

在此次应聘中，我不一定是最优秀的，但我仍然很自信，行动会证明一切。希望贵公司能够给我一次机会，让我有充分施展自己才能的机会，我会尽心尽力、尽职尽责，让贵公司满意、客户满意。

自荐人：李丹丹
××年××月××日

二、个人简历

（一）个人简历的概念与写作原则

1. 概念

个人简历是求职者说明个人基本情况、教育背景、工作经历、所获荣誉等的书面材料。个人简历是对过去生活经历的精要总结，在一定程度上是一个人过去经历的浓缩。简历通常作为求职信的附件，一起呈送给用人单位，求职者希望借此让用人单位全面了解自己，从而为面试创造机会，最终达到就业目的。

2. 原则

一份好的个人简历是开启事业之门的钥匙。正规的简历有许多不同的样式和格式，大多数求职者会把能想到的情况都写进简历中，但我们都知道没有人会愿意阅读一份长达五页的流水账般的个人简历，尤其是繁忙的人事工作者。以下是三条写简历的重要原则。

1) 精练性原则

精练性指个人简历越短越好。在大多数情况下，个人简历应该限制在一页以内，工作介绍不要以段落的形式出现；应尽量运用动词短语使语言鲜活有力；可以在简历页面上端写一段总结性语言，陈述在事业上最大的优势，然后将这些优势以工作经历和业绩的形式加以叙述。

2) 正面性原则

正面性指内容应当是正面性的材料。招聘者对理想的应聘者也有要求，他们希望看到应聘者对事业表现出认真负责的态度。应聘者应该符合这些关键条件，这样才能打动招聘者并赢得面试机会。同时，简历应当告诉人们真相，但没有必要告诉全部真相。虽然不能说谎，但不需要全部都说出来，不要有其他无关信息，以免影响招聘者的判断。

3) 真实性原则

真实性指写简历时一定要客观理性地总结自己的经历，做到真实、准确、诚实地描述自己，不要自吹自擂，也不要过于谦虚。写作简历时，在用词、术语及撰写上要准确，这样才能取信于人；要强调工作目标和重点，语言简短，多用动词，并且避免会使应聘者被淘汰的不相关信息。人力资源管理者大多很繁忙，通常不会花费大量时间浏览每份简历。当应聘者获准参加面试，简历就完成了使命。

（二）个人简历的形式和基本内容

1. 形式

个人简历有三种典型的形式，每种形式都有它特定的目的和特有的说服力，可以采用其中的任何一种。

1) 编年体个人简历

用这种形式写简历时，个人经历和学习或社会实践活动中取得的成就，应按照时间先后次序排列，且重点强调近几年的情况。该类简历的优点是看上去一目了然，容易看懂，它也是最普遍采用的形式。

2) 功能体个人简历

这种简历无须把个人取得的成就按年代顺序排列，而应该将它们分别列在不同的实践活动名称下。然后按照这种排列，将具体日期写上，把它们作为辅助资料，即把最重要的成就排列在前面。这种简历可以掩饰就业经历不足的劣势，可以针对最感兴趣的职位目标组织个人经历背景。

3) 目标型个人简历

大多数个人简历着重于过去，目标型简历则着重未来。在写明具体求职目标(意向)之后，第一项内容的标题应是"能力"，可以列举5~8种能做好的事情；也可以列举自认为可以胜任的、与求职目标相关的岗位，即使应聘者从未实际做过的也可以。第二项内容的标题应是"成绩与才能"，应该从过去非职业性的成就中选出具体事例，而且事例最好与"能力"一项相呼应。这种简历的优点是便于未来的上司考虑应聘者可能会在哪个职位上充分发挥自身才能,而这些工作应聘者可能并未做过。

2. 基本内容

个人简历的写作格式一般由七部分组成,即标题、个人基本情况、求职意向、学习经历、工作经历、所获得的各种奖励和证书、自我评价。

1) 标题

标题可以直接标明文种"简历""个人简历",首行居中位置。

2) 个人基本情况

个人基本情况包括姓名、性别、出生年月、籍贯、民族、教育程度、专业、职务职称、政治面貌、婚姻状况、健康状况、身高、兴趣爱好、性格及自己的联系方式(通信地址、电话、Email等)等。这部分内容放在最前面,联系方式一定要写清楚,便于用人单位进行联系。另外,根据工作的性质要求,有些求职者需要在简历中准备个人照片,如文秘、公关、销售等职位对外貌有一定要求,这些需要灵活处理。

3) 求职意向

求职意向即求职目标或个人期望的工作职位。应聘者应用简短的话表达自己的求职意向,让用人单位一目了然地看到应聘者的求职意向,这也正是用人单位所需要的。

4) 学习经历

学习经历主要介绍求职者受教育的情况。通常按倒序时间写自己的学习过程,要写清学习的起止时间、毕业的学校、专业。重要的学习经历可以列上主要的、有特色的专业课程及成绩,尤其要体现与所谋求的职位有关的教育科目、专业知识。写学习经历要突出重点,有针对性,使用人单位感到求职者的学历、知识结构与其招聘条件相吻合。

5) 工作经历

写工作经历时,要突出与求职目标相关的工作经历;一定要说出最主要、最有说服力的资历、能力和工作经历。写工作经历时,时间要倒序,最近的工作情况要放在最前面。在每项工作经历中,先写工作日期,然后写工作单位和职务。

对于初出校门的大学生,工作经历可以改为社会实践和实习经历,包括在学校、班级所担任的职务,勤工助学、课外活动、义务工作的经历,以及参加各种团体组织、实习的经历等。

6) 所获得的各种奖励和证书

所获得的各种奖励和证书包括发表的论文、社团成员资格、奖励,以及获得承认的计算机技能、英语等级、语言技能等资格证书,有关个人兴趣爱好的荣誉证书也可以针对求职意向有选择地列举两三项,让用人单位了解求职者的工作、生活情况。这部分内容主要是向用人单位证明自己的应聘资格,用人单位比较重视这一部分的内容,所以应该认真对待。

7) 自我评价

自我评价可以帮助用人单位更全面地了解求职者,如果概括真实、重点突出、简洁得当,有助于求职者从众多简历中胜出。在求职者书写"自我评价"时,千万不要有虚假成分,如夸大自己的能力、优点或工作经验等。经验丰富的招聘者很容易通过求职者的措辞判断求职者是否中肯且踏实,一旦语句让人感觉到浮夸,招聘者往往会不露声色地把求职者的简历淘汰。另外，求职者要学会找到自己真正的闪光点，如果自我描述没有重点，与所求职的岗位没有任何联系，或者过于大众化，则难以突出自我的优势。

（三）个人简历的写作要求

1. 简历内容要简

简历的"简"字，就决定了简历的篇幅不能太长，应做到简明扼要。

2. 详细写出特长

求职者在填写自己的特长时，如果比较模糊和笼统，没有说明到底"特"在哪里，会让用人单位很难做出准确判断，也容易产生怀疑。因此，填写特长时一定要详细。

3. 求职目标明确

所有内容都应有利于应征职位，无关甚至妨碍应征的内容则不要叙述。

4. 突出过人之处

每个人都有自己值得骄傲的经历和技能，如有演讲才能并得过大奖，应详尽描述，这会有助于应征营销职位。

5. 用事实和数字说明

不要只写上"善于沟通"或"富有团队精神"这些空洞的字眼，应举例说明曾经如何说服别人，如何与一个和自己意见相左的人成功合作，这样才有说服力并让人印象深刻。

6. 自信但不自矜

充分准确地表达才能即可，不可过分浮夸，华而不实。

7. 适当表达关注及兴趣

在简历中适当表达对招聘单位的关注和兴趣，会引起招聘人的注意和好感。

（四）个人简历的写作技巧

简历的内容、式样、设计方案很多，仁者见仁，智者见智，那该如何制作个人简历呢？求职者应明白，任何一个好单位，他们收到的求职简历都会堆积如山。没有哪一个人事主管会逐一仔细阅读简历，他们都是以快速浏览的方式匆匆而过，每份简历所花费的时间一般不超过两分钟。无法吸引他们注意的简历很可能被忽略而过，永久地沉睡在纸堆里。在各种个人简历模板、写作规则、注意事项前，许多求职者迷失了自我，个人简历失去了个性，他们把个人简历当成了自我吹捧的抒情散文，过于专注自己取得的每项成就，这些毫无新意的个人简历在求职竞争中不仅不能为求职者带来帮助，反而会将原本有个性的求职者淹没在众多泛泛而谈的个人简历中。因此，"突出个性、与众不同"便是设计个人简历成功的法宝。

因此，写作时个人简历要注意以下几点技巧。

1. 内容上突出个性

内容就是一切，求职者写简历时一定要突出个人的能力、成就及过去的经验，使简历更出众。

2. 形式上与众不同

如果想求职成功，首先应将简历设计得与众不同，要用足够的时间，从形式到内容把简历设计得落落大方，从而脱颖而出。

3. 篇幅上短小精美

简历的目的是使招聘者在最短的时间内读到更多的信息，所篇幅最好不超过两页(A4复印纸)。

4. 表达上转劣为优

求职者如果只是一个刚毕业的学生，可能会与有相同学历但是有更多工作经历的人竞争。没有相关职业的丰富工作经历等是刚毕业求职者的弱势，写作时需要巧妙处理，以转劣为优。

5. 用证据证明实力

招聘人员一般会想要通过证据证明求职者的实力。因此，求职者要证明以前的成就及前雇主通过自己得到了什么益处，包括为前雇主节约了多少钱、多少时间等，也可以说明有什么创新等。

6. 用词上力求精确

求职者在阐述自己的技巧、能力、经验时要尽可能准确，不夸大也不误导，确信所写内容与自身的实际能力及工作水平相同。切忌写错别字，否则会给招聘人员留下不好的印象。

7. 从招聘企业出发进行创新

个人简历要具有唯一性和原创性。求职者要认真思考、深入分析应聘单位，多认识、多了解应聘单位的基本情况，充分考虑招聘官的情感需求和心理愿望，以恰当的方式表现自己。个人简历应独具个性、富有创意，这样才会被招聘人员从众多的个人简历中抽出来。

8. 突出求职岗位

个人简历还可以从体现求职者应聘岗位所需的职业技能和职业修养的角度进行创新。在个人简历上表现出求职者具有符合应聘岗位要求的能力、水平和职业意识，是个人简历创新的第二个方面。

有位同学应聘的岗位是某房地产开发公司的策划专员，他把自己的求职个人简历做成了一份楼盘预售公告，一份楼书。对于房地产开发公司而言，策划专员这个岗位要求应聘者具备独特的思维，富有创意和激情，要能做好策划工作。而这位同学，既结合了从求职单位进行创新的要求，在个人简历中体现了招聘官喜闻乐见的基本要素，还结合了应聘的岗位进行个人简历的创新。楼书是房地产开发公司与顾客沟通的重要工具，也是最能体现房地产开发公司专业能力和策划水平的重要载体，还是最常见的楼盘表现形式，这位同学能进行大角度的思维转换，充分说明了他完全具备策划人员的基本素质，是极富创意的策划人员，这样的人员正是企业最需要的，他的求职一定能成功。

9. 从专业出发体现专业素养

大学里的专业门类繁多，各个专业有其专业特点和专业语言，用专业语言来对个人简历进行处理能体现专业素养，这也是进行个人简历创意的体现。每个专业学科都有本学科的专业语言，以自己的专业语言来诠释、体现并制作你的个人简历，就一定会打造出一份让人过目不忘的个人简历。有一位同学是会计专业毕业的，应聘的岗位是某公司财务人员，他把自己的求职个人简历做成了一份会计报表中的资金平衡表。这份个人简历体现了让招聘人员乐于见到的新鲜元素，还与他应聘的岗位——财务工作相结合，以会计语言——会计报表的形式表现了这位同学极好的专业意识和专业素养。

总之，只要放开想象的翅膀，大胆尝试，敢于创新，任何人都能做一份有创意的个人简历。同时，个人简历的创新要注意以下几方面的问题：个人简历创新要把握方向，切不可偏离目标，个人简历的目标就是获得面试机会，能实现目标的个人简历就是最好的个人简历；个人简历创新要慎重，千万不要离谱，要以招聘者和常人能接受的方式进行创新；个人简历创新要结合企业和自己的具体情况，把两者有机地结合起来，让所有的创新都为个人简历的主人服务。

【例文】

××× 简历

个人简介

姓名：×××　　　　性别：男　　　　出生年月：1995年3月10日

籍贯：陕西西安　　民族：汉　　　　政治面目：团员

学历(学位)：大学本科(学士)　　　专业：电子商务

本人性格：开朗、谦虚、自律、自信

学习经历

毕业院校：××大学管理系2014.9—2018.7电子商务专业

其他培训情况

1.英语通过国家CET六级考试，英汉互译表达流畅

2.擅长利用Internet进行各种网际信息交流，具有一定网站建设、规划经验

3.能熟练运用并操作html、Frontpage 98等工具制作各类网页及特效图

4.能熟练操作windows平台上的各类应用软件(如Word 97、Excel 97、Internet Explorer等)

工作经历

1. 2015.9—2016.7××公司客服部兼职

2. 2016.9—2017.7××公司客服部兼职

求职意向

××××××

联系电话：029—12345678手机：139××××××

联系地址：××市××区××大道××号　邮编：××××××

Email Address：××××××@sohu.com；××××××@163.com

证明材料：略

任务三　撰写述职报告

一、述职报告的概念

述职报告是任职者向上级主管部门和下属群众陈述任现职以来履行职责情况的书面报告。

述职报告的主体是任职者，即担任一定领导和管理职务的人员。任职者，从前限于单位和部门的中上层领导人员，后来随着岗位责任制的推行，已经普及到普通职工。

述职报告的内容是任现职以来履行职责的情况，包括做了哪些事，取得了哪些成绩，有什么经验，还存在哪些不足等。

述职报告属叙议结合的陈述性文体。陈述的基本内容是事实，是反映事实的材料，这是述职报告写作的基础。同时，还必须从事实材料中提炼出恰如其分的观点，并用这一观点去组合材料，使述职报告主旨明确，重点突出。

二、述职报告的特点

述职报告是与职业相关、目的明确、范围确定的陈述性文体，其共同特点如下。

(1) 规定性。述职报告所写的内容必须在任职者职权范围以内，并且受述职时限的限制。同时，上级或主管部门要求述职报告回答的问题，都应当做出回答。

(2) 真实性。述职报告要取信于人，其前提与基础就是内容真实，所运用的事例和数据必须准确无误，不能有丝毫的虚假或差错。

(3) 竞争性。述职报告的主体要有竞争意识。从表面上看，述职报告只是汇报工作，好像是例行公事。其实不然，它是考察，是展示，是比赛。述职报告过后，便是评先评优，这就说明"述职"是评先评优的"基础"。述职者如果看不到这一点，缺乏竞争意识，即使平日工作做得再好，但述职报告一般化，也难以给人建立良好的印象。

(4) 简明性。述职报告要写得简明扼要，富有个性，准确介绍自己。述职者面对履行职责以来的诸多事实，如何条理化，如何以简驭繁，如何突出主旨，也是认识能力、决策能力高低的一种生动体现。

三、述职报告的作用

随着新的干部管理体制和专业技术人员管理及考核体系的建立与实施，述职报告具有其他文体不可替代的作用，具体如下。

(1) 述职报告是考核、选拔、任用干部的重要依据。组织和人事部门通过任职者的述职报告，可以对其任职情况进行全面、系统的了解，可以选拔任用德、才、勤、绩、能诸方面出众的人才。

(2) 促进任职者不断总结提高。述职报告可以帮助被考核人员养成不断总结经验的习惯，明确自身的职责，提高政治水平、领导才干和业务素质，不断攀登新台阶。

(3) 便于群众对干部实行公开监督。干部和管理人员履行工作职责的情形如何，本单位本部门的群众最有发言权。向群众陈述自己的工作情况，不仅可以得到有效的监督，而且可以得到切实的帮助，从而密切与群众的联系，获得进一步做好工作的强大力量。

四、述职报告的种类

述职报告可以进行多种划分。

（一）根据述职报告主体的不同划分

(1) 代表机关或部门的述职报告。各级人民政府的工作报告和各级人民法院向各级人民代表大会的工作报告，都属于这种述职报告。报告人应是机关部门的主要负责人，特殊情况下，也可以是机关或部门的副职。这类述职报告的署名一般应在报告人的前面冠以机关或部门的名称及报告人职务。

(2) 任职者个人的述职报告。这类述职报告不是代表机关或部门做述职报告，而是就自己在任职期间所负责和分工的工作情况向上级机关或所属群众进行简要陈述。这类述职报告中应使用个人名义，其报告由报告人自己负责。

（二）按照述职目的的不同划分

(1) 晋职述职报告。即任职者晋升更高一级职务时，应向有关部门报告履行现任职务的情况。这是考核拟提拔晋升职务人员必经的一个程序。

(2) 任职述职报告。即担任一定职务的人员定期向有关组织和公众汇报担任该职务的情况，以接受组织的考核和群众的监督。

（三）按述职时限的不同划分

(1) 年度述职报告。任职者每到岁尾或年初向上级机关和公众汇报其履行职务的情况，时间上仅限于本年度。

(2) 任期述职报告。任职者任期届满，需向上级机关和公众报告其工作，时限则是整个任期内。

五、述职报告的格式及写法

（一）述职报告的格式

述职报告一般由标题、署名、主送单位、正文、附件、落款等部分构成，具体如下。

××公司经理××的述职报告

××公司的各位领导、同事们：

(正文)×××××××××××××××××××××××××××××××，
×××。

×××××××××××××××××××××××××××××××××××，

××××××××××××××××××××××××××××。

　××××××××××××××××××××××××××××××，

×××××××××××××××××××××××××××。

谢谢大家！

附件：1.×××××××；

　　　2.×××××××。

述职人：××

××年××月××日

（二）述职报告的写法

1. 标题

(1) 采用"述职报告"作为标题。

(2) 由述职者职务、姓名加上"述职报告"作为标题，如《××公司经理××的述职报告》。

(3) 在"述职报告"前加上述职的时间、任职做标题，如《2021年至2022年任财务总监的述职报告》。

(4) 运用正副标题。正题用来点明述职报告的主旨或基本观点、基本经验；副题交代由何人进行何职务的述职报告，如《会计工作也要与时俱进——××银行总会计师××的述职报告》。

2. 署名

一般应在标题的正下方署名，也可以在正文之后的落款处署名。往往在述职人姓名前冠以单位和职务名称，如标题中已经出现述职人姓名，则署名部分可以省略。

3. 主送单位

这是指述职报告的呈送单位、部门或负责人，如"××市财政局""××院职称评定委员会"。

4. 正文

这是述职报告的中心内容，一般由基本情况、政治思想、工作实绩、存在的问题与薄弱环节、努力方向及打算，以及结束语等部分组成。

1) 基本情况

简要交代任职者的学历、政治面貌、任现职的时间、完成任务的总体概括等。该内容属于述职报告的前言部分，起引领作用。

2) 政治思想

这部分主要写政治学习、政治表现、工作责任心、敬业精神等方面的情况。

3) 工作实绩

工作实绩一般要写明所分管工作的内容和对工作职责的认识，以及分管工作的总体评价、胜任程度；陈述所做的主要工作，取得了哪些成绩，并讲明哪些是自己主持的，哪些是协助他人或指导监督他人做的，说明自己在这些工作中所起的具体作用。对于一些难题的应对思路和重大问题的解决过程，以及最后的效果和影响，也要交代得一清二楚。

4)存在的问题与薄弱环节

这部分主要是自我评价在履行职务时的工作失误或有待改进和完善的地方。该部分应重在剖析自己工作中的失误和造成的损失，并认真分析原因，说明自己应负的责任。

5) 努力方向及打算

这部分简要写出述职者今后的努力方向、工作所要达到的目标，以及将采取的一些具体措施等。

6) 结束语

述职报告的末尾常用"以上报告，请予审示""述职至此，谢谢大家"做结尾。

5. 附件

如果有补充说明正文的材料、图表等，可用附件形式表达。附件需写明名称、件数，置于正文末尾左下方。

6.落款

署上述职者职务、姓名和成文日期。如在标题处已有署名，则此处省略。

六、述职报告写作注意事项

述职报告应用面广，使用频率高，而且与撰写者的切身利益有关，写作时应当处理好以下几种关系。

(1) 既要有针对性，又要有说服力。述职报告在写作目的、写作内容上有很强的规定性。述职报告仅有针对性还不够，还必须有说服力，能够吸引和打动读者，使他(或他们)能够读(或听)下去，并引起共鸣和共识。只有这样，写作目的才能得以实现。

(2) 既要严格尊重事实，又要充分展示自己。述职报告讲求真实，容不得半点虚假。真实是对客观事实的尊重，也是对读者与听众的尊重。述职报告中成绩的陈述、经验的概括，都要遵循实事求是的原则。但真实只是写作述职报告的基本要求，一份好的述职报告必须在不影响真实性的条件下充分展示自己。尊重事实与展示自我这两者并不矛盾。在述职报告中展示自己，不能凭虚言巧语，必须凭借货真价实精选出来的事实材料。同样，在述职报告中处处尊重事实，恰如其分，才能给人以亲和感和信任感，才能展现出良好的自我形象。因此，撰写述职报告必须把严格尊重事实与充分展示自己有机结合起来。

(3) 既要顾及方方面面，又要突出重点。写述职报告要求视野宽广，思路开阔。撰写述职报告，要面对岗位职责的全部，不能挂一漏万，顾此失彼。谈成绩，不能只着眼于某方面或某部分；分析取得成绩的原因，不能只归功于自己；不能只谈成绩，不谈问题，报喜不报忧。但又不能面面俱到，平均使用力量。对总体的情况，要有概括性的交代，但主要力量应集中于对全局来说处于重要地位、发生重要作用的部分或方面，谈代表全局的部分或方面的成绩，并从中找出经验和教训。全局靠重点支撑，重点靠全局显现。撰写述职报告，要认识与把握这种关系。

(4) 既要内容丰富，又要语言简练。述职报告要力戒内容贫乏，追求所含信息的充分。

述职报告要使读者或听众明白你所做的工作是大量的，所遇到的困难是很多的，所处理的矛盾是复杂的。只有这样，才能突出成绩得来的不易，积累经验的可贵。但语言表达要简练；要抓住主要和重点，分清主次；要提高语言的概括力、表现力和说服力；要避免琐屑、苍白和无力。

【例文】

员工个人述职报告

各位领导、同事：

时间一晃而过，弹指之间，××年已接近尾声，过去的一年在领导和同事们的悉心关怀和指导下，在自身的不懈努力下，我在工作中得到了锻炼，取得了一定的成绩，但也仍旧存在诸多不足。

一年就这样不知不觉间悄无声息地消逝了。这一年里，我敲打着键盘绘出了工作的抛物线；坚守着那一份愉悦，一份执着，一份收获。每天记账、结账、做传票……虽然并没有赫赫显目的业绩和惊天动地的成就，但我尽心尽力，忠于职守，微笑面对每位客户。一年来我就用这平平淡淡的生活、平平淡淡的工作勾画出了生活的轨迹，收获着丰收的喜悦。

首先在业务知识和工作能力方面，我通过不断学习积累经验，经过自己的努力，具备了较强的工作能力，能够较为从容地处理一些突发情况。我在业务技能、协调办事、文字语言表达等方面，通过学习有了较大的提高。在平时的工作中，我按照业务操作规程与要求，把最方便可行的方法运用在平时的业务操作上，以客户需要为主。我觉得在工作中我们都是彼此的老师，大家往往可以从别人的身上看到自己的影子，有好的也有坏的，在面对问题的时候，我们又成了彼此的后盾，相互并肩扶携着。在遇到需要解决的问题时，同事们会给我提好多建议，或跟我说怎么解决会比较好之类的，这对我在提高独立处理问题能力方面的帮助很大。他们告诉我情况一切由我自己来解决，几次下来我已经完全不会像第一次碰到问题时那样手足无措。也许有的问题会让我们方寸大乱，或让我们愤愤不平，这时候最容易让自己陷入无穷无尽的情绪化当中。我觉得在这时候，反正也这样了，不如让自己坦然一些，好好问自己几个为什么，然后再想想怎么去解决，这意思不是破罐子破摔，而是在最短的时间内以平常心看待这个问题。出现问题有时候并不是一件坏事，因为从问题中我们会看到和学到更多的东西或发现一个新的机会，就像失败的总结永远比成功的报告更深刻一样。就我个人而言，在工作的过程中我真的受益匪浅，从做事到做人，从看问题到解决问题，都给了我新的机会和经验。

其次在工作态度和勤奋敬业方面，我热爱自己的本职工作，能够正确、认真地对待每项工作任务。一年下来，我学到了很多，也感悟了很多，最大的感触就是，做好服务品质比学好业务知识还要不容易。以前在实习的时候，导师曾说："要自信，要忍让！"做到自信可能更加容易，但在很多时候我们容易情绪化，我们都知道其实这样很不好，影响了自己原本清晰的思路不说，更在所有人面前放大了你的弱点，而真正做到又是一件难事。虽然说我们不提倡虚伪做人，但是也得维护自己的形象。而且很多机会往往就在身边不经意的地方，我想谁也不想输。最简单的总结是：尽量给别人一个好印象，其实就是给自己多开了一条路。所以，在不触犯自身原则的情况下照顾好自己的情绪，这一点我个人认为真的很重要。虽然我现在不像以前那般不安与担心了，但是新的压力、新的问题激励着我不断努力和进取。新业务不断增多，业务方面需要不断地了解和学习；技能要求不断提高，需要继续练习和提升；服务品质的提升，需要继续努力和完善。

一年的工作里，我虽然有了一定的进步和成绩，但在一些方面也存在着不足之处：个别工作做得还不是很完善；业务技能还不过硬；业务知识方面不够全面，需要继续学习更多的业务知识，扩大自己的知识面。这些都有待于在今后的工作中加以改进并继续努力。

抚往思今，我学到了很多，也感悟了很多。看到公司的迅速发展，我深深地感到骄傲和自豪。这一年来，我最大的收获莫过于在敬业精神、业务素质、工作能力上都得到了很大的进步与提高，这也激励我在以后的工作中不断地前进与完善。在今后的工作和学习中，我会进一步严格要求自己，虚心向其他领导、同事学习，我相信凭着自己高度的责任心和自信心，一定能够改善自己的不足之处；我会用谦虚的态度和饱满的热情做好我的本职工作，争取在各方面取得更大的进步。

××年是全新的一年，也是自我挑战的一年，我将努力改正过去一年工作中的不足，抓紧学习，更好地充实自己，以饱满的精神状态来迎接新的挑战，把新一年的工作做好，为公司的发展尽一份力。

谢谢大家！

述职人：××
××年××月××日

任务四　撰写申请书

一、申请书的定义

申请书是个人或集体向组织、机关、企事业单位或社会团体表述愿望、提出请求时使用的一种文书。申请书的使用范围广泛，也是一种专用书信，它同一般书信一样，也是表情达意的工具。申请书要求一事一议，内容要单纯。不同的对象有不同的申请书，常见的有入团申请书、入党申请书、大学生助学贷款申请、大学生创业贷款申请等。

【拓展知识】

大学生创业贷款是国家给大学生提供的创业优惠措施，为支持大学生创业，国家出台了许多优惠政策，涉及融资、税收、创业培训、创业指导等诸多方面。申请大学生创业贷款必须符合这些条件：大学专科以上毕业生；毕业后6个月以上未就业；在当地劳动保障部门办理了失业登记。大学毕业生自主创业的小额贷款方式为担保、抵(质)押贷款。国家为大学毕业生提供的小额创业贷款是政府贴息贷款，其期限为1~2年，2年之后不再享受财政贴息。符合条件的借款人根据个人的资产状况和偿还能力，最高可获得单笔50万元的贷款支持；对创业达一定规模或成为再就业明星的，还可提出现高额度的贷款申请。要获得这项贷款，毕业生必须提供相关材料，书写一份正式的申请书。

二、申请书的格式及写法

（一）申请书的格式

申请书由标题、称谓、正文、结语和落款五部分构成，具体如下。

×××的申请书

尊敬的××：

　　(正文)××××××××××××××××××××××××××××××××××，××××××××××××××××××××。

　　××××××××××××××××××××××××××××××××××，××××××××××××××××××××。

　　××××××××××××××××××××××××××××××××××，××××××××××××××××××××。

　　特此申请，恳请予以批准！

　　此致

敬礼！

申请人：××

××年××月××日

（二）申请书的写法

1. 标题

申请书的标题由申请内容和文种名构成，如"××申请书"等。题目要在申请书第一行的正中书写，而且字体要稍大。如入党转正申请书就由入党转正(内容)和申请书(文种名)构成，入党申请书、入团申请书、转职申请书等也是同样的道理。

2. 称谓

在标题下面空一行或者两行，顶格写出接受申请的人或组织的名称，并在称呼后面加冒号。一般是"尊敬的""敬爱的"等形容词+接受申请的人或者组织名称，如入党申请书是"敬爱的党支部"，转职申请书则是"尊敬的人事部"等。

3. 正文

正文前面一段先自我介绍，然后说明对申请的事件的认识、动机、理由等，后两者要重点写。如果申请的理由比较多，则可以从几个方面、几个阶段来写。

例如，入党申请书正文包括以下三项内容。

(1) 申请内容。开篇就要向领导、组织提出申请什么，要开门见山，不含糊其词。

(2) 申请原因。即为什么申请，也就是说明申请书的目的、意义，以及自己对申请事项的认识。

(3) 决心和要求。最后进一步表明自己的决心、态度和要求，以便组织了解申请人的认识和情况，应写得具体、详细、诚恳、有分寸，语言要朴实准确，简洁明了。

4. 结语

申请书可以有结语也可以没有。正文写完后下面空一行，在这行前面留两空格，写上"此致"，然后在下一行顶格写"敬礼"。结语一般是表示敬意的话，如"此致、敬礼"等；也可写表示感谢和希望的话，如"请组织考验""请审查""恳请领导批准"等。

5. 落款

在结语右下方署明申请人姓名，并另起一行注明年、月、日。

三、申请书写作注意事项

(1) 申请的事项要写清楚、具体，涉及的数据要准确无误。
(2) 理由要充分、合理，实事求是，不能虚夸和杜撰，否则难以得到上级领导的批准。
(3) 语言要准确、简洁，态度要诚恳、朴实。

【拓展知识】

入党申请书又称入党申请报告，是要求入党的人向所在单位的党组织提出的一种书面材料。入党申请书标志着申请人经过了郑重思考，向党组织表明自己有入党的志愿和要求，使党组织了解申请人的政治信仰和追求，便于党组织对申请人有针对性地进行培养、教育和考查，这也是党组织确定入党积极分子和发展对象的重要依据。

【拓展知识】

大学生助学贷款是由政府主导、财政贴息，银行、教育行政部门与高校共同操作的专门帮助高校贫困家庭学生的银行贷款。

借款学生不需要办理贷款担保或抵押，但需要承诺按期还款，并承担相关法律责任。申请国家助学贷款条件为：具有完全的民事行为能力(未成年人须由其法定监护人书面同意)；诚实守信，遵纪守法，无违纪违法行为；学习刻苦，能够正常完成学业；因家庭困难，在校期间所能获得的收入不足以支付完成学业所需的基本费用(包括学费、住宿费、基本生活费)；由所在学校审查同意；符合中国人民银行公布的《贷款通则》中规定的其他条件。

【例文】

大学生助学贷款申请书

尊敬的××银行××分行领导：

我是××大学××系××班的学生××，学籍号为××××××××××。我的家在××省××县××村，那里非常偏远，交通不便，经济落后。为了维持生计，我的父母在我和弟弟很小的时候就离开家乡，到广东打工。他们都是普通的农民，没有很高的学历，只能在建筑工地上打零工，靠微薄的收入支撑起我们这个六口之家。我和弟弟跟着年迈的爷爷奶奶在小山村里长大，过着清贫的生活，每年只有在春节的时候才可以见到父母一面。由于很早就知道生活的艰辛和父母的不易，因此我特别珍惜读书的机会，希望能够靠知识改变自己的命运，将来以诚实的劳动改善家人的生活。2015年，我凭着优异的成绩考上了××大学。读大学期间，我勤奋读书，并获得了许多荣誉，同时，我利用课余时间打工赚取生活费，减轻父母的经济压力。我渴望早点走上社会，成为自食其力的人，回报父母的养育之恩。艰苦的生活并没有击垮我的意志，可突如其来的灾难让我无力承担。今年夏天，我的父亲突然生病，为了给他治病，我们一下子背上了几万元的债务，我大四学年的6000元学费也没有了着落。大学的最后一年，我不想失去学习的机会，更不想因为学费无法交齐而中断学业，所以在此申请助学贷款。

本人在校期间品行良好，成绩优秀，遵纪守法，诚实守信。如果能够获得贷款，缴上学费，我将加倍努力、顺利完成学业，为班级、为学院争光，成为一名优秀的高校毕业生。在离校后我一定努力工作，按协议规定按时归还贷款，让更多像我这样陷入困境的同学获得帮助。请领导和银行相信我的人格，相信我的还款能力和信心。

特此申请，请予批准！

此致

敬礼！

申请人：××

××年××月××日

【写作训练】

1.请为自己撰写一篇职业生涯规划书。

2.请为自己撰写一篇求职文书。

3.假设你打算创业，但是没有启动资金，请为自己写作一篇创业贷款申请书。

【例文赏析】

例文一：求职信

求职信

尊敬的领导：

您好！我是××大学××系的一名学生，即将毕业。非常感谢您能在百忙之中审阅我的求职信，我的心情是平静而激动的。之所以平静，是因为我深信我的知识与能力不会让您失望；之所以激动，是因为我希望能加入你们，实现共同的辉煌。

艰辛的生活铸就了我淳朴、诚实的性格，培养了我不怕困难挫折、不服输的奋斗精神，我深知学习机会的来之不易，故非常珍惜匆匆而过的大学四年，这一路有艰辛与欢笑，我始终用自己的勤奋和踏实，凭自己的毅力和汗水，充实自己。我学习掌握了坚实的市场营销专业知识，系统地学习了营销战略、营销策略、市场定位、分析管理，具备了销售的定价、渠道、促进与市场推广等方面的技能，在专业学习成绩的排名中名列前五。"梅花香自苦寒来，宝剑锋从磨砺出"。我相信，一分耕耘，一分收获。

四年来，在师友的严格教育及个人的努力下，我具备了扎实的专业基础知识，系统地掌握了有关理论；熟悉涉外工作常用礼仪；具备较好的英语听、说、读、写、译等能力；能熟练操作计算机办公软件。同时，我利用课余时间广泛涉猎了大量书籍，不但充实了自己，也培养了自己多方面的技能。更重要的是，严谨的学风和端正的学习态度塑造了我朴实、稳重、创新的性格特点。

短暂的几年，有限的学习，培养的仅仅是一种思维方式和学习方法。"纸上谈兵终觉浅，绝知此事要躬行"。一个人只有把才识应用到实际工作中，服务于社会，让效益和效率来证明自己，才能真正体现自己的价值。所以大学期间我通过参加各种实践活动，培养了较强的工作能力、组织领导能力和良好的合作精神，培养了自己较强的集体主义责任感和荣誉感。我坚信，只有脚踏实地地努力工作，才能做出出色的成绩。

此外，我还积极地参加各种社会活动，抓住每一个机会，锻炼自己。大学四年，我深深地感受到，与优秀学生共事，使我在竞争中获益；向实际困难挑战，让我在挫折中成长。祖辈们教我勤奋、尽责、善良、正直；母校培养了我实事求是、开拓进取的作风。我热爱贵单位所从事的事业，殷切地期望能够在您的领导下，为这一光荣的事业添砖加瓦，并且在实践中不断学习、进步。

"器必试而先知其利，马必骑而后知其良驽"。只要给我一个支点，我就能撬起整个地球；只要给我一片土壤，我会用青春和生命去耕耘。热切期望我这拳拳寸草心、浓浓赤诚情能与您同呼吸，共命运，携发展，求奋进！

恳请接纳，回函是盼！

此致

敬礼！

求职人：××

××年××月××日

例文二：

入党申请书

敬爱的党组织：

我怀着十分激动的心情向党组织提出申请，自愿要求加入中国共产党，愿意为共产主义事业奋斗终身。

我衷心地热爱中国共产党，因为中国共产党是中国工人阶级的先锋队，同时是中国人民和中华民族的先锋队，是中国特色社会主义事业的领导核心。中国共产党以马克思列宁主义、毛泽东思想、邓小平理论、"三个代表"重要思想、科学发展观和习近平新时代中国特色社会主义思想为行动指南，是用先进理论武装起来的党，是全心全意为人民服务的党，是领导全国人民走向繁荣富强的党。中国共产党始终代表中国最广大人民的根本利益。

党的最高理想和最终目标是实现共产主义。中国共产党建立和发展的历史，就是为中华民族的独立、解放、繁荣，为中国人民的自由、民主、幸福而不懈奋斗的历史。在新民主主义革命时期，我们党经过北伐战争、土地革命战争、抗日战争、解放战争的艰苦卓绝斗争，领导中国人民推翻了帝国主义、封建主义、官僚资本主义的反动统治，实现了民族独立和人民解放，建立了人民当家作主的新中国。在社会主义革命和建设时期，我们党领导人民确立了社会主义基本制度，在一穷二白的基础上建立起独立的比较完整的工业体系和国民经济体系，实现了中国历史上最广泛、最深刻的社会变革，使古老的中国以崭新的姿态屹立在世界的东方。在改革开放和社会主义现代化建设时期，我们党领导人民开创了中国特色社会主义道路，坚持以经济建设为中心，坚持四项基本原则，坚持改革开放，建立和完善社会主义市场经济体制，大幅度提高了我国的综合国力和人民生活水平，为全面建成小康社会，加快推进社会主义现代化开辟了广阔前景。历史证明，没有共产党就没有新中国，没有共产党就没有中国特色社会主义；有了共产党，中国的面貌就焕然一新，中国的发展就充满希望。

当前，我们党正带领全国人民为实现中华民族伟大复兴中国梦而努力奋斗。中国梦反映了近代以来一代又一代中国人的美好夙愿，进一步揭示了中华民族的历史命运和当代中国的发展走向，指明了全党全国各族人民共同的奋斗目标。实现中国梦必须走中国道路。中国特色社会主义道路是党和人民多年来探索、奋斗、创造、积累的根本成就，是改革开放40多年来实践的根本总结，凝结着实现中华民族伟大复兴的光荣梦想。我坚信：经受历史和实践检验、有着光明前景的中国特色社会主义，必将无往而不胜。中国梦是民族的梦，也是每个中国人的梦。只有实现了每个人的梦，才能实现民族的梦、中国梦。我坚信：在中国共产党的领导下，全国各族人民心往一处想，劲往一处使，用14亿多人的智慧和力量汇聚起不可战胜的磅礴力量，必将实现国家富强、民族振兴、人民幸福的中国梦。

多年来，在党的教育和培养下，我认真学习马克思列宁主义、毛泽东思想、邓小平理论、"三个代表"重要思想、科学发展观和习近平新时代中国特色社会主义思想，加强思想政治修养，真心拥护党的领导，加入党组织的愿望日益强烈、日益迫切。这种政治上的进步与追求转化为进一步学习和工作的不竭动力，为人民服务的素质和能力不断提高，学习上、工作上不断取得新的成绩，得到单位领导和同事的好评。我深深地认识到，作为当代年轻人，要想更好地为人民服务，为国家和民族贡献自己的聪明才智，就应该自觉站到党旗下，加入我们党这样一个伟大、光荣、正确的政治组织，积极主动地接受党组织的教育和培养，不断成长、不断进步。

今天，我郑重地向党组织递交入党申请书，这是我人生历程中最庄严神圣的一件事，是我在入党前对人生的一次宣誓。但我也知道，自己身上还有许多缺点和不足，如对党的认识还不够全面深入，与广大党员相比还有一定差距，等等，恳请党组织从严要求。如果党组织在严格审查后吸收我入党，我将时刻按照党章、用党员标准严格要求自己，自觉接受党组织和同志们的监督，严于律己、勤奋进取，努力做一名合格的共产党员，为党的事业贡献我毕生的精力和热血。如果组织上认为我还不符合一名党员的条件，我也将继续努力，严格要求，克服缺点，弥补不足，争取早日加入党组织。请党组织在实践中考验我！

我的个人履历是：(略)

我的家庭主要成员和主要社会关系的情况是：(略)

此致

敬礼！

申请人：××

××年××月××日

财经研究文书

　　财经研究文书能够反映财经活动中的新动态、新情况、新经验、新问题，并认真地加以剖析研究，从而探索和发现财经活动的发展规律，为制定经济方针、政策做出决策，提供科学的依据。我国从事财经工作的财经工作者为数众多，他们的科学研究、技术创新都需要以财经研究类文书的形式体现，尤其是我国财经类专业在校生已接近400万人，占全部在校生人数的近20%，财经研究文书更是他们获得毕业资格的关键要素。

　　本模块将介绍财经活动中常用的财经研究文书，通过对财经研究文书的学习和掌握，学生可以顺利地完成学业，并为今后工作中的积累与突破奠定基础。

▶ 学习任务

- 撰写财经学术论文
- 撰写财经毕业论文
- 撰写科研课题申报书

【写作故事】

达尔文与华莱士的纠葛

　　达尔文是19世纪著名的科学家，进化论的创始者，他生前常说，他的《物种起源》等著作和学说是"集体的产物"。在一封信中他曾这样写道："我清楚地看到，如果没有那些可钦佩的观察者所搜集的大量材料，我绝写不出那本书来。"事实上，他和华莱士的交往便是科学家这种谦虚无私精神的体现。

　　华莱士是英国著名的自然科学家和旅行家，比达尔文小14岁，他和达尔文一样，进行着科学考察的活动，曾到南美等地进行生物考察，采取动植物标本，在同一个课题上进行研究和写作。其间，他读过达尔文的《一个植物学家的航行日记》，也和达尔文有过几次通信，讨论交流研究心得，不过两人都没有提及他们各自的独立研究和正在写作的具体内容。

　　1858年6月18日，正在努力撰写《物种起源》一书的达尔文，收到了华莱士寄来的一篇关于进化论的手稿——《论变种无限地离开其原始模式的倾向》。达尔文惊诧得目瞪口呆，他说："我从未见过有这种令人惊奇的偶然巧合，他现在采用的学术名词，甚至和我的书稿中各章题名相同……"

如果是这样的话，进化论的优先权将归于华莱士，达尔文再发表著作，就有抄袭和剽窃之嫌。达尔文这时思想斗争十分激烈。要知道达尔文已经从事20多年的研究，当他环绕全球进行科学考察时，华莱士还是一个刚入学接受启蒙教育的小学生。达尔文由于旧病复发，加上孩子们身体不好，写作时断时续，进度很慢，才让华莱士后来居上。但他不愧是品德高尚的人，他建议华莱士赶快将论文发表出来，同时为了避嫌，他打算中断自己的写作，让华莱士独享荣誉。

但是，华莱士也是品德高尚的人，他知道了这件事情后，不仅果断地放弃了优先权，而且满怀敬意地对人说："当我还是一个匆忙急躁的少年时，达尔文已经是一个耐心的、刻苦的研究者了，他勤勤恳恳地搜集证据，来证明他发现的真理，却不肯为争名而提早发表他的理论。"

最后在别人的劝说下，达尔文同意和华莱士的论文合并，以合著的名义提交林奈学会宣读。达尔文非常感谢华莱士，他写信致意，并说："如果有着可钦佩的热情和精力的人应该得到成功的话，那么您就是最应该得到成功的人。"

在华莱士的鼓励下，达尔文在1859年11月24日这一天，终于出版了《物种起源》这一巨著，1250册书在当天销售一空。华莱士高兴地喝彩，称这本书是"迄今为止最重要的书籍之一"，并将进化学说这一理论称之为"达尔文学说"。

任务一　财经学术论文

一、财经学术论文的概念

财经学术论文隶属于学术论文的范畴，是用来研究财经领域中的各种问题，介绍财经活动中研究成果的文章。

国家标准化管理委员会出台的《科学技术报告、学位论文和学术论文的编写格式》(GB7713-87)中指出，学术论文是指某一学术课题在实验性、理论性或观测性上具有新的科学研究成果或创新见解的知识和科学记录；或是某种已知原理应用于实际中取得新进展的科学总结，用以提供学术会议上宣读、交流或讨论；或在学术刊物上发表；或作其他用途的书面文件。

财经学术论文主要运用逻辑思维，通过说理辨析、推理论证，阐明客观财经活动的某些本质和规律。它是在专门对社会财经实践活动、现象进行深入研究的基础上，以议论的方式提出作者见解、探讨经济规律，并将其研究成果用于指导财经工作实践的学术性文章。

二、财经学术论文的写作步骤

（一）选定论题

1. 选题的意义

撰写财经学术论文的第一个步骤就是选题。所谓选题，是指在写论文之前，选择并确定所要研究、论证的学术课题。一个好的选题是完成一篇优秀论文的关键。爱因斯坦认为："提出一个问题往往比解决一个问题更重要。因为解决问题也许仅是一个数学上或实验上的技能而已。而提出新的问题、新的可能性，从新的角度去看旧的问题，却需要有创造性想象力，而且标志着科学的真正进步。"通过选题，可以大体看出作者的研究方向和学术水平。提出问题是第一步，选准了论题，就相当于完成了论文写作的一半。

2. 选题的原则

(1) 现实需求原则。应注意选取与社会发展和经济建设息息相关的论题。撰写论文时应该根据现实需要来选题，论文的选题一定要切合社会实际，有利于社会的进步和发展，并且对社会发展和经济建设有一定的指导意义。宏观财经论文的选题，要从国民经济发展的宏观角度出发，选择关系整个国民经济发展、部门经济发展、地区经济发展的重大理论问题和实践问题进行论述。微观财经论文的选题，要从微观经济角度出发，密切结合企业或其他经济部门的生产经营实际，选择关系企业发展、影响企业经济效益的问题进行论述。

(2) 科学性原则。选择的论题既要有创新精神，又要从实际出发，选择有学术价值的论题。选题应具有一定的理论深度，能够回答并解决现实财经活动中的实际问题，能够敏锐地发现并选择学科领域内有价值但未被充分挖掘研究的领域，要着眼于社会效益和价值。

(3) 可行性原则。选题的可行性原则包括两方面：其一是要选择适合自己特点的论题，可以根据自己的兴趣爱好、业务专长等进行选择，从而充分发挥自己的优势；其二是要选择客观条件有利的论题，即能够搜集到一定的研究资料。

(4) 适度性原则。即要根据自己的实际情况选择难易适中的论题。如果选题难度过大，必然难以完成，急功近利可能导致失败；如果选题难度过小，又难以发挥出自己的实力，不能写出具有较高水平的论文。

【知识拓展】

论题切忌定得宽泛

"宽泛"，说明研究的状态还大体停留在对问题的一般了解或概貌的宽泛了解上，还没有抓住其精髓的东西和具有鲜明个性的东西，还缺乏应有的深度。

"宽泛"，反映思维的状态还大体停留在对问题的发散性思维上，思想还没有"聚焦"，围绕核心的问题进行集中深入的聚敛性思维还不够。

"宽泛"，往往还伴有初学者思想上的问题，如喜欢"贪大求全"，难以"忍痛割爱"。凡是读过的资料总想用上，凡是调查来的材料总想写上，凡是自己掌握的知识总想让读者也都了解。面面俱到，反而无法突出中心思想，冗长拖沓。

总之，论题绝不能太宽且泛、大而不实。最好的办法是对每个"宽泛"的论题都来一个"三级收缩"，如表9-1。

表9-1　选择论题的"三级收缩"

一级	二级	三级
我国人口问题研究	我国农村人口问题研究	我国农村人口就业率研究
大学生网购问题研究	某市大学生网购问题研究	近三年某市大学生消费动因及影响因素研究

从表9-1中可以很清楚地看到，一级论题较宽，二级论题有所收缩，三级论题比较具体、实在。这种论题的"伸缩性"是普遍存在的，由大而小，由宽到窄，越来越实。一级论题适于写"专著"，如博士论文；二级论题适于写长篇论文，如硕士研究生学位论文；三级论题较适合一般论文的写作。

（二）搜集资料

按照确定的选题和内容，通过各种方法搜集大量的资料，能为科学地研究财经活动打下坚实的基础。撰写财经论文需要占有尽可能丰富、全面的参考资料。占有资料稀疏贫乏，必然导致整个研究工作的失败；占有资料不典型、不完备，也势必影响整个研究工作的可信性与周密性。

财经学术论文的资料主要包括三类：数据资料、事实资料和理论文献资料。

搜集资料的具体要求是：①搜集的资料要全面，要有针对性；②搜集的资料要真实，要有客观性；③搜集资料的方法要广泛，可采用资料法、观察法、调查法和实验法等。

【知识拓展】

参考资料的类型

1. 数据资料

(1) 一手数据。第一手的数据与事实资料通常是通过实地调查得来。

(2) 二手数据。二手资料通常来自各种年鉴，如统计年鉴；官方网站，如国家统计局官方网站；权威调查机构数据。

2. 事实资料

事实资料一般是指选题所涉及的各种事实性的参考资料，包括各种相关的事件、相关现象，以及各种实地调查的资料等，如"银商刷卡纠纷"现象、"房奴现象"。

事实资料的来源：①纸质报刊媒体的报道；②电子网站资料；③年鉴、史料；④政策文件；⑤实地调查。实地调查是获取一手数据与事实资料的常用方法。

在进行此类调查研究中应注意如下问题。

(1) 拟定计划。无论是针对大自然的历史和现状的调查，还是对社会现象进行有目的的调查，都要事先拟定调查提纲，做到心中有数。

(2) 确定调查方式与范围。如采用普查、典型调查、抽样调查、实地调查法、追踪调查。

(3) 明确调查方法。如座谈会、个别访问、问卷调查等。

3. 理论文献资料

理论文献资料是指对论文选题所涉及的相关问题进行分析时所要用到的各种相关理论的参考资料。这些资料可以是各种相关理论的专著、教科书、论文等。认真分析这些理论资料有助于了解相关问题的理论基础、当前的研究进展，以形成自己的观点，并加以论证。理论文献资料的种类有一次文献资料、二次文献资料和三次文献资料。

1) 一次文献的含义及种类

一次文献是在社会实践中形成的，以文字或图片形式出现并流通的各种原始文献。一次文献信息新颖，具有较高的利用价值。

(1) 报纸、学术期刊。报纸的内容覆盖面大、信息传递迅速，适应社会各行各业的需要。在报纸中搜集信息要注意报纸的权威性；期刊具有较强的专业性指向，在其中所发表的论文能够较好地反映本领域的权威与前沿的学术观点。例如，管理类期刊有《管理世界》《管理科学》《经济管理：新管理》《会计研究》《企业管理》等；经济类期刊有《经济研究》《世界经济》《中国工业经济》等。

(2) 图书、专著、教材。图书蕴藏着人类的智慧，是作者阐释各种系统观点，传播信息的载体。而专著、教材是图书的两种类型，它是对某学科或某专题进行研究或总结，具有论述系统、观点鲜明、内容成熟的特点，经典的专著与教材，则上述特点尤为突出。

(3) 政府出版物。主要指各级党组织和政府机关的文件、政报、公报及参考资料，如《全国人民代表大会常委会公报》《国务院公报》及各类党政报纸。政府出版物一般能站在战略的高度发现社会问题，引导社会朝健康的方向发展。查阅此类出版物，无疑是获取政策类信息的捷径。

(4) 档案资料。对于一些较为清晰的研究目标，查阅文书档案或科技档案是了解问题来龙去脉的可靠途径。由于档案的信息比较分散和繁杂，一般情况下，人们不愿意花太多时间去寻找档案信息。

2) 二次文献的含义与种类

二次文献的重要形式是文摘报刊，它是一次文献再加工的产品。文摘报刊较为全面地汇集了某一领域公开发表的文献，并用选择的手段对原始文献进行间接的评价，保持了科学的统一性和系列性，极大地节省了人们获取信息的时间，人们可以用最少的时间从中获取尽可能多的信息，如人民出版社主办的《新华文摘》、中国人民大学书报资料中心的《复印报刊资料》等。此外，还可以注意另一种称作"综述性文献"的资料。它是一定时期内，对某一问题或某些问题，就选定的原始文献或其他情报来源中摘取要点进行综述，其特点就是将散见于各处的有价值的材料加以分类、评价，因而包含着大量的信息，同时可以提供查阅文献的快捷线索。《经济学动态》《世界经济》等学术杂志会定期或不定期地刊登有关某一领域内现有研究的综述性文章。例如，何雄浪的《国外产业集群理论：一个文献综述》，载于《工业技术经济》2006年第2期；何伟的《新经济地理学研究文献综述》，载于《经济学动态》2004年第7期。

3. 三次文献的含义与种类

三次文献是在一、二次文献的基础上，经过分析、研究、综合而形成的文献，是高度浓缩的信息，具有很强的综合性、评述性和预测性。三次文献的重要作用在于：着手某个专题研究之前，可以通过三次文献了解科学研究的历史和当今的现状，并通过三次文献深入一次文献和二次文献。综述、动态、专题论述、科学年度总结、年鉴、手册、字典、词典、百科全书等都是三次文献。

（三）编写提纲

论文提纲是作者谋篇布局、组织设计论文篇章结构的具体体现。编写提纲的过程就是理顺思路、形成粗线条的论文逻辑联系、框架结构的过程。作者依据论文提纲，可以依纲逐段写作，相对集中于主旨、主题，保持清晰的写作思路，能更好地掌握论文结构的全局，保持论文前后的统一完整。拟定论文提纲要进行多次补充、取舍、增删和调整，并不断完善。

一篇完整的论文提纲应包括以下内容。

(1) 标题，有的论文也包括副标题。

(2) 论文的写作意图，包括选题理由、题材价值、中心思想等。

(3) 内容纲要。这是论文提纲的主要内容，也是论文结构的骨架，主要包括引论(言)、本论(提纲的主体)、结论三部分。

(4) 主要参考资料，包括数据资料和理论文献资料。

（四）撰写初稿

撰写初稿就是按照拟好的提纲，把自己研究的初步成果或形成的观点完整、准确地表达出来。它是作者在认识不断深化的过程中，使论文基本成型。通常情况下依据论文提纲先后逻辑顺序进行，按照引论、本论、结论的顺序撰写。

撰写初稿时要求做到：尽量提高撰写初稿的质量；切实做到以论为纲，观点与材料统一，逻辑思维严谨，论文层次清晰，文字表达精练。

常用财经论文写作的论证方法如下。

1. 例证法

例证法又叫举例法，是运用归纳推理进行论证的一种方法，既可以是概括的事例，也可以是具体的事例。但所选择的事例必须是典型的或具有代表性的。要注意防止它的偶然性，避免引起不同的理解。

2. 引证法

引证法又叫引用法，这种方法就是引用党和国家的方针政策、法律、法令、国家领导人或导师的讲话或著作的某些论断，以此作为论据来论证其论点的方法。

3. 因果法

因果法又称分析法，这种方法是通过分析，揭示论点和论据之间的因果关系以证明论点正确的方法。一般要从五方面来分析：①实质；②特点；③危害或好处；④观点；⑤办法或措施。

4. 归纳法

归纳法是指从许多事实论据中概括出事物的一般规律，即从个别到一般的推理方法。这实际上是一种定量分析的方法。

5. 演绎法

演绎法是从一般到个别的推理方法，一般用直言三段论和假言推理方法。

6. 类比法

类比法是指用某些属性相同的事物进行比较，来证明论点。如果甲与乙是属性相同的两种事物，已知甲有某种属性，则可推知乙也有这种属性，这种推理方法也称为类推比较法。

7. 对比法

把两种性质相反或有差别的事物进行比较，然后得出结论，这种方法叫作对比法。

8. 反证法

反证法是指通过证明对方论点是错误的，来证明自己的论点是正确的。这是驳论论文中常用的一种方法。

9. 归谬法

先假设要反驳的论点是正确的，然后由它引出荒谬的结论，以推翻要反驳的论点，这种方法叫归谬法。

10. 比喻法

比喻法指用比喻的手法证明自己的论点，举一反三。

（五）修改定稿

修改定稿是论文的完善阶段，是提高财经学术论文质量的重要环节，需要一丝不苟地进行修改，最终形成合格的论文定稿。修改过程不仅是修改正文中出现的问题的过程，也是认识不断深化、全面展开的过程。

1. 推敲论文题目

应考虑论文的题目是否合适，能否概括文章的核心内容与特点、体现文章主旨。一般说来，论文的题目应新颖、醒目、明确、具体，文字应具有相当的概括力。

2. 检验材料真伪

将论文中的材料作为论据，是为了说明论点。修改论文，要看采用的材料是否典型、确凿有力；是否都有出处、真实可信；是否都能相互配合，说明论点；是否鲜明，能发挥论证的力量；是否符合逻辑，具有说服力。对不真实、不典型的多余材料要进行删减，对缺少的材料要适当增补。

3. 审视调整结构

论文的逻辑性较强，因此需要验证推理的层次，审定文章的结构。要理顺思路，突出中心论点，检查各部分之间是否清晰、严密，衔接过渡是否自然，前后部分是否照应，结论是否水到渠成，全文是否具有系统性。

4. 斟酌修饰语言

修改语言，要对字、词、句反复琢磨，精益求精。修改语言一是要务求通顺；二是要推敲表达的效果，删繁就简；三是要在合乎文体特点的基础上，变换表达方式，增强文章的感染力；四是要检查行文格式、文字书写及标点的使用是否正确。

三、财经学术论文的写作格式

一篇完整、规范的财经学术论文通常由以下部分构成。

（一）标题

论文标题是文章的总纲，是文章中心内容的反映。财经学术论文的标题力求简明、醒目。标题一般不宜超过20字，若表达不完整，可用副标题对论文研究内容加以具体补充或界定。

（二）作者署名和隶属单位

作者姓名在题名正下方，隶属单位、省份(城市)、邮编在作者姓名正下方，并用圆括号括住。

（三）摘要

摘要是对论文的思想内容不加注释和评论的简短陈述。要求语言准确、精练，一般以200～300字为宜，尤其要说明结果或结论。摘要中不应使用公式、图表，不标注引用编号，并应避免将摘要撰写成目录式的内容介绍。

（四）关键词

关键词位于摘要之后，是从题名和论文之中精选出来的、用以表达全文主题内容的单词或术语。每篇论文可以选取3～8个关键词。

（五）正文

正文一般包括"引言""本论"和"结论"等部分。

1. 引言

引言又称前言、绪论、导言，主要作用是破题，并引出下文。引言中应简要说明研究工作的目的、范围、相关领域的前人工作和知识空白、理论基础和分析、研究设想、研究方法和实验设计、预期结果和意义等。

2. 本论

本论是论文的主体部分，是对研究问题全面、详尽的阐述和论证，包括研究内容与方法、实验材料、实验结果与分析(讨论)等。在本部分要运用各方面的研究方法和实验结果，要把论点、论据、论证有机地结合起来。或以纵向的发展过程、横向的类比分析提出论点，分析论据，论证观点，要处理好详略与条理性，可以用小标题的形式把每个小分论点清晰地标出。

3. 结论

结论是对论文全文的高度概括和总结。结论观点要鲜明，要与前文相呼应。结论一般要求总结全文，突出主题；照应开头，首尾呼应；言简意赅，恰当有力。结论也可以展望未来，增强信心或抒发感情，增强论文的感染力。

（六）参考文献

参考文献是指研究过程中参考过的文章或作品，主要指公开出版的书籍、报纸和杂志等。列出参考文献一方面是对他人劳动成果的尊重，另一方面是为读者核实和深入研究提供线索。

（七）致谢

致谢是对在课题研究和论文写作中给予自己较大帮助的导师或其他有关师友公开表示谢意的文字，也可以在此部分概括论文写作过程中的一些感悟。

（八）附录

附录是作为报告、论文主体的补充项目，并不是必需的。附录是与论文正文有密切关系的资料。这些资料在内容上有相对的独立性，列入正文可能会影响正文叙述的条理性和连续性，因此将其附加在正文之后作为附录，以帮助读者阅读、掌握正文中的有关内容。

任务二　财经类毕业论文

一、毕业论文的概念及特点

（一）毕业论文的概念

毕业论文是指各类高等院校和科研机构的学生(研究生)毕业时，在导师的指导和审定下，在一定时间内完成的，用一定的篇幅反映自己在本专业的学习成果和从事本专业工作、科研的能力，以及应该达到的学术水平，具有一定的理论价值和学术价值，并以此进行答辩而取得毕业资格和学位的书面论文。也就是说，毕业论文的写作主体是学生。毕业论文的撰写和完成必须经过导师的指导和审定。毕业论文的内容、格式、篇幅、完成时间及写作过程中的各个环节都必须符合明确的规定和要求。毕业论文的内容尤其应表明作者确已对本学科的基础理论、专门知识有一定深度和广度的掌握，以及作者具有运用专业知识从事科学研究工作和独立担负专门技术工作的能力，体现出一定的专业性、理论性和学术性。毕业论文的成绩是决定作者毕业与否和能否获得相应学位的重要依据，在这个意义上，毕业论文又称为学位论文。

【知识拓展】

学年论文、毕业论文、学位论文比较

	写作对象	写作目的	字数要求	写作要求
学年论文	大学三年级学生	锻炼运用已有知识分析和解决一个学术问题的能力	3000~5000字	要求运用前人的知识解决一些前人没有解决的问题
毕业论文	本科和专科毕业生	运用所学的基础课和专业课知识，独立地探讨或解决本学科某一问题	专科：不少于5000字 本科：不少于6000字	要求有一定的创见性，能够较好地分析和解决学科领域中不太复杂的问题
硕士论文	硕士研究生	掌握坚实的基础理论和比较系统的专业知识，具有从事科研工作和专业技术工作的独立能力	3万~5万字	在学术问题上有自己的新的见解和独创性，篇幅一般要长一些，撰写前应阅读较多的有关重要文献
博士论文	博士研究生	必须在某一学科领域中具有坚实而深广的知识基础，必须有独创性的成果	5万字以上	有较高的学术水平和学术价值，对别人进行同类性质问题的研究或其他问题的探讨，有明显的启发性、引导性，在某一学科领域中起先导、开拓的作用

（二）毕业论文的特点

毕业论文的特点主要有创见性、理论性和专业性。

1. 创见性

毕业论文的主要目的在于表明作者对本学科的基础理论、专门知识和基本技能掌握的程度；表明作者是否具有理论联系实际，从事或者独立从事科研和专门技术工作的能力。科学的本质是创造，科学研究的生命在于发现和创造，毕业论文的特点首先是创见性。所谓创见性，是指作者对所研究的问题有新颖独到的见解，不能人云亦云，即发前人之未发。大至开创一门新学科、建立一个理论体系，小至发现一条有价值的信息、纠正一个观点、悟出一点新意，都属于一种创见。此外，创见性还表现在问题研究的途径、角度、方法等的独特上。

2. 理论性

具有较强的理论性是毕业论文的一个本质特征。一般而言，毕业论文的表现形态同其他类论文一样，也是概念、判断组成的推理体系，表现出对一般现象或一般原理或实践经验的高度概括和升华。在毕业论文里，事实往往被浓缩、抽象或凝聚为数据、图表，感性的东西被深化为理性的东西，在客观的存在中加入科学思维的序列。基于缜密而又新颖的推理判断，抽象而又生动的科学概括，作者对事物本质和规律的深刻认识，彰显出毕业论文的理论色彩和理论深度。

毕业论文的理论性是对科学性的印证，也是对论文创见价值的一种说明，要求作者必须遵循具体学科中的推理规则，持之有故，言之成理；要求作者必须为自己的创见能够令人接受和信服而尽可能寻找出充分成立的论据、科学正确的思维方法。

3. 专业性

强调专业性是毕业论文对研究者写作内容的规定。所谓专业性，是指要求毕业论文所研究、探求的内容应具有专门性和系统性，一定要反映作者研究的专业方向。为与此相适应，在书面表达时，其语言的应用、概念的诠释和术语的表达都应有鲜明的专业特色，如财经方面的论文势必要运用财经方面的概念、术语等。倘若一篇毕业论文不能反映出作者对自己专业的基本原理系统而又全面地掌握，不能言之有据、言之成理地分析、解决一个重要的专业问题，不能就所研究的专业方向提出自己独到的科学见解，则无专业性而言。

毕业论文的专业性，要求作者必须立足于雄厚的专业基础，准确地运用专业理论、专业术语，发掘本学科研究的前沿问题，向研究的深度、广度和高度进军，研究所得的创见能够经受本专业发展进程的检验。

二、毕业论文的作用和种类

（一）毕业论文的作用

撰写毕业论文是每个高等院校(研究机构)的学生(研究生)在校学习必须完成的最后一项学习任务，毕业论文的作用主要是表明作者是否系统、全面、熟练地掌握本学科基础理论、专门知识和基本技能，是否可以综合运用本专业的基本理论、基本概念、基本观点分析、解决本学科中带有基本性质的某个重要问题，以此作为考查学生的学习成果、从事专门技术工作和科学研究的能力，判断学生能否毕业、授予学位的重要依据。毕业论文虽然可以不像其他类作者所撰写的论文那样要求直接面向社会、面向现实，必须产生社会效用，但毕竟是论文的一类。从论文是科学研究的工具和科学研究成果的载体，论文标志着国家、民族乃至社会的科学水平、科研实力，论文孕育了人类的文明进步、把人类引向未来，以及论文写作的主要思维方式是理论思维，而理论思维的水平是衡量人们处理人类自身及人类与自然之间关系的自觉程度、成熟程度的重要标志这些角度看，毕业论文同样是推动社会和科学进步的重要力量和基本手段。

（二）毕业论文的种类

毕业论文可涉及的范围非常广泛，因分类标准的不同而有不同的分法。如按作者分类，可分为学士学位论文、硕士学位论文、博士学位论文等。

三、毕业论文的选题

（一）选题的意义

从本质上来看，毕业论文的撰写着意于科研能力的培养和提高，撰写毕业论文的过程也就是学术研究的过程。无论是从学术研究的角度，还是从论文写作的角度来看，其首要和重要的问题都是选题。选择和确定课题的意义之所以重大，是因为选题有如下重要作用。
①选题决定着论文写作的方向和目标，标志着学术研究活动的开始。撰写毕业论文是目的

性很强的活动，选题的准确限定，表明作者学术研究的目的已经明确，并且作者已经集中精力，全力以赴，方向明确，目标清楚地开始了具体的科研活动。②选题决定着论文写作的成败和学术研究活动的价值。对于毕业论文来说，选题是其成败的关键，选准了题，论文也就成功了一半。因为选题可以显示出论文研究的问题与作者知识结构的相互适应，表明论文研究的问题在本专业领域的重要程度，以及作者具有分析、解决问题，完成学术研究的能力和条件。③选题决定着论文写作的水平和科学研究的创新能力。课题的选择和确定，本身就是在发现问题、提出问题和思考问题，而对值得研究的问题的发现、提出和思考，则意味着作者有较强的认识能力和创新能力，有较高的知识水平和科研水平。因此，撰写一篇毕业论文之前，必须选择好要研究的课题。

（二）选题的思路

题好文一半，选好论文的题目是论文成败关键性的第一步。要选好一个课题，必须从主观条件和客观条件两方面进行考虑。

1. 从主观条件方面考虑

(1)选择自己有浓厚兴趣并能发挥专长的课题。

(2)选择要从自己的能力、时间，以及获取资料的条件等方面的情况综合考虑，选择大小适中的课题。

2. 从客观条件方面考虑

(1) 选择填补空白的课题。任何一个学科在发展过程中都有其不平衡性。这种不平衡可能表现在一个学科领域，也可能表现在两个或两个以上学科之间，由此而形成的一些空白，自然需要填补。写作论文时，如果选择了这类课题则是最有前景的。

(2) 选择前沿课题。即选择社会生活和科学领域里亟待解决的课题。

(3) 选择有争鸣的课题。这类课题因为争议未决、众说纷纭，以致多种观点并存，这给选题提供了空间。

(4) 选择纠正或补充前人观点的课题。这是发展性研究。由于历史的局限，前人的观点难免会有错误或不够确切、不够完善的地方。写作的论文如果能够使前人不够完善的地方得以完善，对学科的发展将有相当大的作用。

当然，作为毕业论文的课题或论题，它的选择和确定必须经过导师的指导和审定，相对来说，难度不会太大。而对于毕业论文的作者来说，欲使课题或论题选准、选好，则必须注意平时的积累，选题才能有方向；注意研究的方向专一，选题才能有目的；注意重视课题或论题的价值，选题才能有意义；注意课题或论题的利于展开，选题才能对写作者有利。

四、毕业论文的格式及写法

实际上，论文的写作并没有固定的或者一成不变的模式，但毕业论文的写作，从学习、熟悉、掌握论文写作的角度来说，应该从掌握人们一般采用的论文基本格式开始。下面就论文的一般格式进行介绍。

（一）标题

标题是以最恰当、最简明的词语反映论文中最重要的特定内容的逻辑组合。标题既要准确地描述内容，又要尽可能简短，一般不宜超过20字。并且，标题中应避免使用不常见的缩略语、字符、代号和公式等。在表现形式上，一般可有以下几种。

1. 单标题

这类标题在内容上可以直接揭示论文的论点，也可以揭示论文研究的对象，还可以指明论文研究的范围；在形式上既可用判断句和陈述句表示，也可用疑问句表示。例如，《按质论价是改革第三产业价格的路子》《现代统计方法在企业管理中的应用》《关于社会主义经济的若干问题》等。

2. 双标题

这类标题是由正题和副题组成的正副标题，正题概括论文的论点或主要内容，副题对论文的研究对象或论述范围做出说明。这类标题往往在以下两种情况下使用：一是用副题对正题进行说明或阐释，如《科技创新、利用外资与资本配置效率——基于疫情危机和金融危机的分析》；二是用副题说明对某人、某作品或某论点的反驳或商榷，如《究竟谁抄谁的底?——质疑对国际汽车品牌兼并收购》。

（二）摘要和关键词

摘要是毕业论文极为重要且不可缺少的组成部分。作为论文的窗口，频繁地用于国内外资料交流、情报检索、二次文献编辑等。一般来说，摘要是论文要点的摘录，含有整篇论文的主要信息，是论文要点不加注释和评论的一篇完整的陈述性短文，能独立于论文使用和被引用。

摘要的内容应包括：研究的前提、目的和任务，以及所涉及的主题范围；用于研究的原理、理论、条件、对象、手段、程序等；研究的结果和对结果的分析和研究；虽然不属于研究的主要目的，而就结论和情报价值而言也很重要的信息。在形式上，摘要一般不用图、表、化学结构式、计算机程序，不用非通用的符号、术语，以及非法定的计量单位。在篇幅上，摘要一般不做限定。

关键词是论文内容、观点、涉及的问题等方面的标志和提示，作用是易于分类、存储和检索。关键词的标注在摘要的下方，以3~7个为宜，涉及的内容、领域从大到小排列，便于文献编目与查询。

此外，与中文摘要和关键词相对应的还应有英语摘要和关键词。英语摘要应用词要准确，使用本学科通用的词汇；使用因忽略主语作用的被动语态；使用正确的时态，必要的冠词不能省略，并注意主语、谓语的一致。

（三）正文

1. 引论——文献综述

在正文前的引论(引言)部分，应对相关领域前人的研究工作进行文献综述，简要说明研究工作的目的与范围、研究设想、实验设计预期结果和意义等。在内容上，文献综述必须分析和综合现有研究成果、理论基础，指出相关的知识缺陷和知识空白。文献综述的篇幅要求一般是：学士学位论文要求不少于600汉字；硕士学位论文要求不少于1000汉字；博士学位论文要求不少于3000汉字。

2．本论

本论是论文的主体部分。在本论中，作者要展开论题，对论点进行分析论证，阐述和公布研究成果的中心内容。一般来说，本论中关于科学的假说、理论的充分论证极为重要，它们决定着假说、理论能否成立，决定着研究成果能否准确、有效地表达、公布出来，决定着论文写作的成败。

本论的结构方式主要有总分式、层递式、并列式、综合式和散论式。

(1) 总分式。总分式是一种有总论、分论的结构方式。根据总论与分论安排上的先后不同，又可分为：①先总后分式；②先分后总式；③先总、再分、后又总的总分总式。

(2) 层递式。层递式又称递进式或推进式，即各层次之间是逐层深入的关系。这种结构中，前一个层次是后一个层次的基础，后一个层次是前一个层次的进一步深化。

(3) 并列式。并列式又称平列式，即各层之间为平等并列的关系，围绕中心论点从不同方面、不同角度进行论证，各层次的分论点与中心论点是局部与主体的关系。尽管各部分事实上不可能绝对平等，但它们的轻重缓急差别不大，次序变换一下，对全文影响不大。这种结构适宜论证较为复杂、又易列项或诸多有相对独立性的问题。

(4) 综合式。综合式即是把总分式、层递式、并列式等结构方式结合起来交错运用的结构方式。这种结构的长处是可以容纳丰富复杂的内容，可使论证充分并富于变化。篇幅较长或论述的问题较为复杂则常常运用这种结构，并且常以一种形式为主，其他方式为辅。

(5) 散论式。散论式是边分析论述边做结论，每个层次都有较大的独立性，层次之间的联系不十分紧密的一种较为自由开放的结构形式。这种结构也通常围绕一个中心、一个范围较广的论题，但论述中可以有重点地专论某些方面自己有见解的问题。采用这种结构的文章往往以"关于某某问题的几点思考""关于某某的若干问题"等为题。

总之，论文的本论应该包括研究对象、研究方法、实验和观测方法、实验和观测结果、计算方法和编程原理、数据资料、经过加工整理的图表、形成的论点和导出的结论等。各章节标题要大致对称，内容之间有严密的逻辑论证关系，各部分篇幅长短不宜悬殊太大，章节标题不宜太长。

3.结论

结论部分表明的是作者在本论部分对问题进行综合分析研究的基础上，所归纳出的论文的中心论点。同时，对研究成果的意义、推广应用的现实性或可能性，以及进一步的发展等加以探讨和论述。这部分是收束论文的结尾，遣词造句上要求准确、完整、明确、精练。

（四）注释

毕业论文中的所有引文，均须注明出处。给论文加注，一是为了说明有根据，二是为了便于查考。注释一般有夹注、脚注和尾注三种。注释要求准确、完整，引文部分的作者、出处、时间、原书名及文章题目、页码等，都应一一写出。

（五）参考文献

在尾注的下方，按文中出现顺序列出直接引用的主要参考文献，先列出中文文献，再列出外文文献。列于参考文献表的文献类型，包括图书、期刊、会议论文集、专利和学位论文等。

五、毕业论文写作注意事项

在毕业论文的写作中，凡有明确规定和要求的方方面面，相对来说是比较容易熟悉和掌握的。比较有难度的是毕业论文正文的"本论"的写作，这部分内容要有自己的创新。因此注意以下两点。

1. 早定方向，了解学术前沿

本科生最晚在三年级就应有毕业论文的写作方向，并及时了解学术动态，这样才会胸中有数。不能到了快毕业时才临时抱佛脚，这是写不出有质量的论文的，只能是东拼西凑而已。

2. 建立材料库，做有米之炊

写作论文者平时应多走、多看、多记、多思，注意积累。手中有丰富的材料，写论文时就会水到渠成，否则，将捉襟见肘。

【知识拓展】

毕业论文答辩注意事项

1. 答辩过程全体验

(1) 学生必须在论文答辩会举行之前半个月，将经过指导老师审定并签署过意见的毕业论文一式三份连同提纲、草稿等交给答辩委员会，答辩委员会的主答辩老师在仔细研读毕业论文的基础上，拟出要提问的问题，然后举行答辩会。

(2) 在答辩会上，先让学生用15分钟左右的时间概述论文的标题及选择该论题的原因，较详细地介绍论文的主要论点、论据和写作体会。

(3) 主答辩老师提问，主答辩老师一般提三个问题。老师提问结束后，有的学校规定，可以让学生独立准备15~20分钟后，再来当场回答。也有学校规定，主答辩老师提出问题后，要求学生必须当场立即做出回答(没有准备时间)，随问随答。可以是对话式的，也可以是主答辩老师一次性提出三个问题，学生在听清楚问题并记下来后，按顺序逐一回答。根据学生回答的具体情况，主答辩老师和其他答辩老师随时可以适当地插问。

(4) 学生逐一回答完所有问题后退场，答辩委员会集体根据论文质量和答辩情况，商定予以通过还是不通过，并拟定成绩和评语。

(5) 召回学生，由主答辩老师当面向学生就论文和答辩过程中的情况加以小结，肯定其优点和长处，指出其错误或不足之处，并加以必要的补充和指点，同时，当面向学生宣布是否通过答辩。至于论文的成绩，一般不当场宣布。对于没能通过论文答辩的学生，则提出修改意见，并允许学生半年后再次参加答辩。

2.答辩过关小技巧

要顺利通过答辩，并在答辩时真正发挥出自己的水平，除了在答辩前充分做好准备，还需要了解和掌握答辩的要领和答辩的艺术。

1) 携带必要的资料和用品

首先，参加答辩会，要携带论文的底稿和主要参考资料。如前所述，有的高等学校规定：在答辩会上，主答辩老师提出问题后，学生可以准备一定时间后再当面回答。在这种情况下，携带论文底稿和主要参考资料的必要性是不言自明的。即使有的老师提出问题后，不给准备时间，要求当场立即回答。但在回答的过程中，也是允许翻看自己的论文和有关参考资料的。答辩时虽然不能完全依赖这些资料，但当一时记不起答辩内容时，稍微翻阅一下有关资料，可以避免出现忘词的尴尬和慌乱。其次，还应带上笔和笔记本，以便把主答辩老师所提出的问题和有价值的意见、见解记录下来。通过记录，不仅可以减缓紧张心理，而且可以更好地理解老师所提问题的要害和实质是什么，同时还可以边记边思考，使思考的过程变得很自然。

2) 要有自信心，不要紧张

在做了充分准备的基础上，大可不必紧张，要对自己有信心。树立自信心，消除紧张慌乱的心理很重要，因为过度的紧张有可能会使本来可以回答出来的问题也答不上来。只有充满自信，沉着冷静，才会在答辩时有良好的表现，而自信心主要来自答辩前的充分准备。

3) 听清问题后经过思考再进行回答

主答辩老师在提问题时，要集中注意力认真聆听，并将问题回答简单记录下来，仔细推敲主答辩老师所提问题的要害和本质是什么，切忌未弄清题意就匆忙回答。如果对所提问题没有听清楚，可以请提问老师再说一遍。如果对问题中有些概念不太理解，可以请提问老师进行解释，或者把自己对问题的理解说出来，并问清是不是这个意思，等得到肯定的答复后再进行回答。只有这样，才有可能避免所答非所问，答到点子上。

4) 回答问题要简明扼要，层次分明

在弄清了主答辩老师所提问题的确切含义后，要在较短的时间内做出回答，要充满自信地、以流畅的语言和肯定的语气把自己的想法讲述出来，不要犹豫不决。回答问题，一要抓住要害，简明扼要，不要东拉西扯，使人听后不得要领；二要力求客观、全面、辩证，留有余地，切忌把话说"死"；三要条分缕析，层次分明。此外，还要注意吐字清晰，音量适中等。

5) 对一时回答不出的问题，不可狡辩

有时答辩委员会的老师对答辩人所做的回答不太满意，还会进一步提出问题，以求了解论文作者是否切实理解并掌握了这个问题。遇到这种情况，答辩人如果有把握讲清，则可以申明理由进行答辩；如果没有太大把握，可以审慎地试着回答，能回答多少就回答多少，即使讲得不很确切也不要紧，只要是同问题有所关联，老师会引导和启发你切入正题；如果的确是自己没有弄清的问题，则应该实事求是地讲明自己对这个问题还没有弄清楚，并表示今后一定会认真研究这个问题，切不可强词夺理，进行狡辩。因为答辩委员会的老师对这个问题可能进行过专门研究，再高明的谎言也不可能蒙混过关。我们应该明白：在答辩会上，某个问题被问住是不奇怪的，因为答辩委员会成员一般是本学科的专家，他们提出来的某个问题答不上来也是很正常的。当然，所有问题都答不上来，或一问三不知，就不大符合逻辑了。

6) 当论文中的主要观点与主答辩老师的观点相左时要沉着应对

在展开论文答辩中，主答辩老师可能会提出与你论文中基本观点不同的观点，并请你谈谈看法，此时应全力为自己的观点辩护，反驳与自己观点相对立的思想。主答辩老师在提出的问题中，有的是基础知识性的问题，有的是学术探讨性的问题，对于前一类问题，是要你做出正确、全面的回答，不具有商讨性；而后一类问题，是非正误并未有定论，持有不同观点的人可以互相切磋商讨。如果你论文的基本观点是经过深思熟虑，且言之有理、持之有据、能自圆其说的，则不要因为答辩委员会老师提出不同的见解，就随声附和，放弃自己的观点。否则，这就等于是你否定了自己辛辛苦苦写成的论文。要知道，有的答辩老师提出的与你论文相左的观点，并不是他本人的观点，而是想以此引起你对这种观点的评价或看法，是考察你的答辩能力或你对自己观点的坚定程度。如果与答辩老师展开辩论，要注意分寸，运用适当的辩术。一般来说，应以维护自己的观点为主，反驳对方的论点要尽可能采用委婉的语言、请教的语气，用旁敲侧击的办法，不露痕迹地把自己的观点告知对方，让他们明理而诚服或暗服。让提问老师感到虽然接受了你的意见，但自己的自尊并没受到伤害。

7) 要讲文明礼貌

论文答辩的过程也是学术思想交流的过程。答辩人应把它看作向答辩老师和专家学习，请求指导，讨教问题的好机会。因此，在整个答辩过程中，答辩人应该尊重答辩委员会的老师，言行举止要讲文明、有礼貌，尤其是在主答辩老师提出的问题难以回答，或答辩老师的观点与自己的观点相左时，更应该注意调整好自己的心态。答辩结束，无论答辩情况如何，都要从容、有礼貌地退场。

此外，毕业论文答辩之后，作者应该认真听取答辩委员会的评判，进一步分析、思考答辩老师提出的意见，总结论文写作的经验教训。一方面，要弄清楚通过这次毕业论文写作，自己学习和掌握了哪些科学研究的方法，在提出问题、分析问题、解决问题，以及科研能力上得到了哪些提高。总结自己还存在哪些不足，以此作为今后研究其他课题时的借鉴。另一方面，要认真思考论文答辩会上，答辩老师提出的问题和意见，加深研究，精心修改自己的论文，求得纵深发展，取得更大的战果，使自己在知识和能力方面有所提高。

任务三　撰写科研课题申报书

一、科研课题申报书的含义与作用

（一）科研课题申报书的含义

科研课题(项目)申报书由于目前基本上采用统一的表格填写，因此也称申报表；由于课题(项目)申报是申请立项、提出开题，即开始课题研究，启动或开辟新的研究课题，因此又称为开题报告书、开题报告、开题报告表；同时，课题申报书一经上级或有关部门批准，又成为上级机关下达的科研项目(课题)任务书，不过名称一般不做改动。科研课题(项目)申报书可以说是科技人员根据科研主管机构或课题委托机构的科技项目指南和自身的专业能力及研究条件，经过初步调查之后，按照一定格式要求撰写的关于选立科研课题或开展科研项目，在一定时期内的安排、打算和设计的请求性科学技术文件。

为了加强科研工作的计划管理，正确地选定科研课题，合理地使用人力、物力、财力，凡申请承担国家、国务院各部、委，各省、自治区、直辖市重要科研项目，尤其是科技攻关项目、国家自然科学基金项目、国家人文社会科学规划项目、科技成果推广项目，以及火炬、星火计划项目等，都必须按照统一的格式编制科研课题(项目)申报书。科研课题申报书由课题执行人即承担课题的单位或课题组负责人填写，经主管部门审查后一式多份上报。

（二）科研课题申报书的作用

科研课题(项目)申报书的作用主要有以下几点。

(1) 请求科研课题(项目)的主管部门或委托单位对研究项目的批准，并在经费、设备、人力等方面予以支持。

(2) 在项目批准后，作为科研计划任务书，供上级主管部门或委托单位实施科研管理，是检查科研进度、经费使用和人员安排等情况的依据。

(3) 它是科研人员完成科研项目的总体设计方案，是科研人员顺利开展课题计划研究的依据和指导。有了申报书，就有了明确的研究任务和目标，能促进科研人员增强责任感，加强相互协作，按照整个计划有条不紊地进行科研活动。

(4) 作为科研计划任务书，它又是科研课题验收和鉴定的依据，如有关指标是否按计划完成，是否具有科学价值等。

二、科研课题申报书的结构

由于科研课题(项目)的内容、性质、类型不同，故而申报书的内容结构也有所不同，但一般包括以下组成部分。

（一）封面

科研课题申报书的封面主要有课题名称、学科分类、负责人、申报部门、填报时间等内容。

（二）课题申请者基本情况

文本内的第一项内容主要是课题申请者基本情况，包括课题名称、主题词、学科类别、负责人基本情况(姓名、性别、民族、出生日期、学历学位、专业职务、研究专长、联系电话等)、主要参加单位、协作单位、主要参加者基本情况、预期成果、申请经费、预计完成时间等。

（三）课题设计论证

这是科研课题(项目)的主体部分，一般包括以下内容。

(1) 本课题国内外研究述评，本课题研究的目的、理论与实际意义。

国内外研究述评主要介绍国内外研究概况，即阐明该科研课题的背景，说明其来龙去脉，指出该课题在国内外同类研究中所处的学术地位或技术水平；说明国内外研究现状、水平和发展趋势，已有哪些先进技术或理论方法，采取的科学技术原理，主要技术经济指标或学术水平；说明现有的技术或理论方法存在的缺点或尚待解决的关键技术或理论问题。写作时应简明扼要，不可将一大堆材料不分主次地全部罗列，以避免杂乱无章。

选题的目的是指该项研究致力于解决什么问题，以及它最终要达到的目标。它不仅是课题组成员努力的方向，也是批准选题的重要依据。选题的目的通常为概括性的语言，并提出观点句将其放在显著位置。课题的理论意义是指课题取得预期成果以后在学术上有什么价值，对学科的发展有什么重要作用。实际意义主要是说明课题成果对国民经济建设会产生什么样的作用和影响，会取得什么样的经济效益和社会效益，或能解决什么样的实际问题。这部分内容是课题能否获准的关键，领导及有关评审人员关心的也正是这些内容。写作时，这部分内容既要实事求是，又要深入浅出，论述要合理恰当，不可有过头语言，同时还要突出重点。

(2) 本课题研究的基本内容、技术关键和指标，或主要观点。

这部分是科研课题申报书的技术(学术)核心，主要内容是指该项目研究哪些方面的内容(或子课题)，包括主要观点、主要内容组成部分。技术(学术)关键是指该课题主要的技术环节、难点、关键性技术(或理论观点)等。指标是指该课题最终所要达到的技术水平(或理论水平)和获得的综合经济、社会效益指标。这一项内容很重要，它是课题获准的技术或理论依据，写作时，一般采用条款方式将内容和主要观点逐一列出。

(3) 本课题的主要措施和研究方法。

主要措施是指为了完成该研究课题准备采取的技术措施和组织措施。技术措施主要包括拟采取的研究方法、技术路线及技术条件等。组织措施是指课题人员的选择和配备、协作安排和协调等。

(4) 本课题技术、理论创新程度或实际价值，预期研究成果。

技术、理论创新主要是指有哪些技术和理论的突破，它是科学研究的关键所在。实际价值包括经济价值、社会价值、理论价值、实际应用价值等。研究成果主要是指提供科研成果的方式。技术成果主要以实物或有关技术指标等反映；理论成果主要为出版的学术著作、发表的学术论文或综合性研究报告等。这一部分内容很关键，它不仅是课题获准的技术或理论依据，还是课题完成后进行验收和鉴定的标准，其写作一定要清楚明了，简明扼要。特别是成果指标要恰当，不可过高或过低，指标过高则不能完成，指标过低则失去价值，也就不可能得到批准。

(5) 本课题前期研究状况及成果，主要的中外参考资料。

这一部分内容主要是显示研究者的基础条件和研究实力，为课题的评审和获得批准提供参考。

（四）完成课题的条件和保证

条件保证主要是指保证完成该课题研究任务的主客观条件，如实验场地、实验设备、可供查阅文献资料的图书馆、人员水平结构，以及课题经费不足时的经费自筹等。

（五）实(试)验地点、规模和进度安排

实(试)验地点、规模是指课题研究所需进行实(试)验的场所和大小程度。进度是指分阶段(如月、季度或年)的安排意见，各阶段预计完成的指标，并说明各单位、课题组成员的具体分工情况，各自承担的任务等。进度安排是检查课题研究进展的依据，要写得详尽、具体，具有可操作性，在时间安排上要留有余地。

（六）经费预算和经费来源

经费预算包括课题研究中所需的材料费、设备购置费、差旅费等。经费预算一般要实事求是，从需要出发，还要考虑批准的可能性，一般在上级主管部门规定的课题经费范围之内。经费来源分国家(上级部门)拨款、自筹和委托方支付几种情况，应写明具体数量及分段支付的比例。

（七）项目负责人所在单位、部门意见

这一部分主要对项目负责人及有关人员的科研能力、条件等进行肯定，并表明同意申报的意见。

（八）评审委员会及主管部门评审（审查）意见

这一项主要由评审委员会及接受申报书的科研项目主管单位填写，内容包括：对申报项目提出的综合评价；对是否批准项目实施提出建议，以及其他需要说明的问题。

三、申报书写作要求及注意事项

科研课题(项目)申报书的写作还应注意以下要求和事项。

(1) 认真阅读有关部门下发的课题指南，严格按照规定的事项进行写作。

(2) 根据平时科研的实际情况，在进行初步的试验研究和比较周密的文献调研，以及对有关问题开展研究的基础上选择恰当的课题项目，能体现出学术或技术研究上的创新性，选择好的研究课题或技术项目是写作的基础。写作中应突出项目的必要性、迫切性、学术理论的前沿性和创新性。

(3) 申报书要以尽量短的篇幅，采用适当的方式(如借助于图表)，深入浅出地把内容表达清楚，而不要写成专题学术报告。要抓住关键性的问题，突出主要的观点或技术；内容具体、周密、完整，行文流畅，书写规范，使人看后一目了然。

(4) 根据课题时间要求，恰当地进行内容设计，以保证课题完成的可能性和时间的可行性。

【写作训练】

请从自己所学的专业出发完成一篇学术论文。

【例文赏析】

例文一：财经学术论文

人力资源管理中的风险管理浅谈

摘要：随着企业之间竞争力的日趋激烈，企业管理者越发认识到人力资源的重要性。为企业人才提供一个良好的发展平台，使他们发挥自身的主观能动性，有利于提高效率和实现人力资源的合理配置。企业管理中的核心部分就是人力的资源管理，用于识别和分析人力资源管理中的风险，最终有效地驾驭风险，对企业的稳定和发展具有重大意义。本文首先介绍了人力资源管理风险概述，然后对人力资源管理中风险的认识进行了分析，最后对人力资源管理中的风险管理提出相应措施。

关键词：人力资源；风险管理

一、人力资源管理风险概述

人力资源面对的对象是与企业全体职工有关的一系列管理活动，在企业的管理和发展中起着非常重要的作用。知识经济时代，企业的竞争不仅是产品的竞争，更是企业经营管理水平的竞争，各类经营管理人才对企业在这场竞争中的成败至关重要。(略)

二、对人力资源管理中风险的认识

在人力资源管理中，每个环节都存在不同程度的风险，如招聘风险、考聘风险、薪金管理风险、人员管理风险等。人力资源管理具有敏感性和复杂性，尤其是高速发展和处于不断变化中的企业，如电力企业。(略)

在企业人力资源管理存在的风险中，有些是可以预知的，而有些是无法预知的。下面就对企业普遍存在的风险进行一个初步的认识和分析。

1. 人员招聘风险

进行员工招聘是需要花费成本的。发布招聘广告、租用招聘摊位，以及招聘人员的工资等都是招聘成本的组成部分。(略)

2. 培训中的风险

如今，影响企业长足发展的除了自然资源、资本、技术等因素，还有一个重要因素，那就是人力资源。企业之间的竞争在很大程度上是企业人才之间的竞争。(略)

3. 薪酬管理风险

一般企业制定的薪资标准是参考了同行业标准的，其中也包含企业对该岗位的预期。而双方在约定薪酬时只是基于一个初步的判断，劳动过程还没有真正发生。(略)

4. 劳资管理风险

当劳资出现冲突的时候，企业内部将面临一个巨大风险。在我国，劳资冲突案例所占比例快速递增。《中华人民共和国劳动法》《中华人民共和国劳动争议调解仲裁法》等法律的实施也表明了国家对劳资问题的重视程度。

三、人力资源管理中的风险管理措施

1.人员招聘过程中的风险管理

(略)

2.培训中的风险管理

(略)

3.薪资管理过程中的风险管理

(略)

4.劳资管理中的风险管理

(略)

综上所述，在人才竞争日益激烈的大背景下，人力资源管理得到了更多的关注和重视。人力资源管理中存在着一定的风险，对这些风险进行认识和分析，然后对风险进行管理，最后规避风险是每个企业需要重点考虑的问题，只有正确地驾驭风险才有助于企业的稳定发展。

参考文献：

[1] 黄洁娟. 我国企业人力资源风险管理[J]. 商场现代化，2008(18).

[2] 刘铁明. 人力资源管理风险与防控文献综述[J]. 湖南财政经济学院学报，2011(01).

[3] 范晨. 人力资源风险及其管理[J]. 人才资源开发，2008(08).

[4] 李耘涛. 商科高校教师智力资本价值评价实施研究[J]. 天津商业大学学报，2011(1).

例文二：科研课题申报书

××省社科规划课题设计论证(活页)

(本表不得出现申报者姓名、单位等有关信息)

课题名称：建立健全农村社会保障体系研究

一、本课题国内外研究现状述评，选题意义

1. 国内外研究现状述评

(略)

2. 选择本课题的意义

农村社会保障是以农业人口(即农民)为保障对象，以各级地方政府为管理主体，以农村基层社区为依托，通过政府、社区和个人三方面共同努力和多种保障形式的提供，最终保障全体农民基本生活的制度安排和总体设计。建立健全农村社会保障体系对于解决"三农"问题，促进国民经济的协调发展有十分重大的意义。

(1) 它有利于完善我国的社会保障制度。(略)

(2) 它有利于巩固和发展农村改革的成果。(略)

(3) 农业是国民经济的基础，党和国家历来重视农业的基础性地位和农业发展问题。(略)

(4) 长期以来，城乡社会保障差异是造成中国城乡差异的一个重要原因。(略)

(5) 教育保障是现代社会保障制度的一个重要组成部分。(略)

二、本课题研究的主要内容，以及重点难点、主要观点、基本研究思路和方法

1. 主要研究内容

(1) 农村社会保障的本质。(略)

(2) 农村社会保障的历史与现状。(略)

(3) 建立农村社会保障体系的条件、步骤和对策。(略)

2. 拟解决的重点难点问题

(1) 农村社会保障如何社会化。

(2) 农村最优社会保障模式的构建与选择。

(3) 农村社会保障基金筹集的方式及基金保值增值的措施。

(4) 国家在城镇和农村社会保障政策上如何体现统一、公平和效率原则。

(5) 如何构建非均衡的农村社会保险体系。

(6) 新型农村合作医疗试点面临的问题及其对策。

(7) 城市化进程中阻碍失地农民社会保障制度建立的因素及其对策。

(8) 农村五保供养问题。

3. 主要观点

从理论上阐述了建立健全农村社会保障体系的必要性与紧迫性。通过全面分析我国农村广泛存在的隐性失业和显性失业的成因，得出结论：现阶段我国农村尚不具备全面建立社会保障体系的经济基础，必须分阶段、分步骤、由易到难地将农民逐步纳入社会保障体系。要迅速建立攸关广大农民生存的最低生活保障制度、多层次医疗保障体系。(略)

4. 课题研究的基本思路和方法

课题研究思路：①相关理论的学习与研究；②广泛收集国内外有关农村社保方面的资料和研究成果，以构建本项目的理论框架和初步确定研究的主要内容。(略)

研究方法：采用理论与实践相结合、定性与定量相结合，以及比较分析等研究手段。(略)

三、预期价值：本课题理论创新程度或实际价值

1. 创新之处

(1) 从经济全球化的视角，尤其是以中国加入世界贸易组织为着眼点。(略)

(2) 提出了构建城乡一体化的社会保险制度的最佳模式。(略)

(3) 课题论证了农民失业概念的理论依据和现实意义。(略)

按"土地换保障"思路将城市化进程中的失地农民纳入社会保障体系。由于失地农民的农地转化为工商业用地后，其市场价格骤升，而现行征地制度的缺陷，农村集体土地产权的模糊性，以及政府急功近利的倾向，使得失地农民未来基本生活无法得到保障。要解决此问题，必须从多方面着手：①改革现行征地制度，提高对失地农民补偿标准；②明晰农村集体土地产权。(略)

在经济欠发达的广大中西部农村地区，按照"粮食换保障"思路建立农村社会养老保险制度。(略)

2. 研究成果的预计去向和使用范围

本课题对中国农村社会保障体系的专门研究及相关的国际比较，对于中国建立和完善

新型的可持续发展的农村社会保障制度具有重要意义。(略)。

(1) 作为社会保障专业、农业经济专业、公共管理专业、社会学专业的本科生、研究生及其他类学生的学习资料。

(2) 作为社会保障专业、农业经济专业、公共管理专业及其他相关专业教师的教学参考资料。

(3) 作为社会保障专业、农业经济专业、公共管理专业及其他相关专业研究人员的研究参考资料。

(4) 作为农村工作、社会保障有关管理层的学习参考资料。

(5) 研究成果可作为政府有关部门，包括立法部门、政府行政主管部门(劳动与社会保障管理部门、财政部门、民政部门等)制定有关法律和政策的重要参考依据，也可作为有关部门制订相关计划(如计划部门)和有关部门制订研究计划的参考依据。

四、主要参考文献(限填20项)(略)

五、课题研究已有的前期研究成果

1. 课题负责人近年来已有相关研究成果(限填10项)(略)

2. 为本课题研究已做的前期准备工作(已收集的数据，进行的调查研究，写出的部分初稿等)

课题组负责人及主要成员为本课题的研究进行了一定调查研究及准备工作，掌握了有关"建立健全农村社会保障体系研究"的第一手资料近400万字，从有关书籍和报刊资料中辑录、检索、收集资料近500万字，课题组负责人及主要成员在相关课题的研究过程中，对本课题的研究内容已进行一定深度的研究。

3. 课题负责人曾完成重要研究课题、科研成果的社会评价(引用、转载、获奖及被采纳情况)(略)

4. 完成本课题的时间保证及科研条件(略)

参考文献

[1] 李薇. 财经应用文写作[M]. 北京：高等教育出版社，2019.

[2] 熊晓亮. 财经应用文写作[M]. 长沙：湖南师范大学出版社，2014.

[3] 郑延琦. 财经应用文写作方法与技巧[M]. 北京：人民邮电出版社，2017.

[4] 方有林，娄永毅. 经济应用文写作[M]. 上海：复旦大学出版社，2009.

[5] 闫秀荣. 市场调查与市场预测[M]. 上海：上海财经大学出版社，2009.

[6] 王立名. 财经应用文写作[M]. 北京：经济科学出版社，2009.

[7] 刘春丹. 财经应用文写作[M]. 北京：北京大学出版社，2017.

[8] 邓红. 经济应用文写作[M]. 重庆：重庆大学出版社，2016.

[9] 付家柏. 财经应用文写作[M]. 北京：清华大学出版社，2014.

[10] 郭英立，秦颐，吴成巍. 经济应用文写作[M]. 北京：清华大学出版社，2016.

[11] 申作兰，彭文艳. 商务应用文写作[M]. 北京：中国轻工业出版社，2021.

[12] 刘常宝. 财经应用文写作[M]. 北京：机械工业出版社，2020.

[13] 方玲，万立群. 财经应用文写作[M]. 北京：人民邮电出版社，2020.

[14] 朱孔阳，吴义专. 商务应用文写作[M]. 大连：东北财经大学出版社，2021.